모모 김영민과 함께하는 간조간조 현지일본어

개그맨

저자 이장우 김영민 모모

도서출판 예빈우

학습자들이 일본어를 배우는 이유 중, 능통한 회화를 구사하기 위한 것이 늘 상위권을 차지한다. 많은 단어를 알고 있지만, 막상 실전에서 사용하려고 하면 머리 속에서만 어휘나 문장이 맴돌 뿐이고, 입으로 나오지 않는 경우가 다반사이다. 그건 왜 그럴까? 30년 가까이 일본어교육과 교재집필을 한 저자는 그 이유를 정확하게 알고 있다. 물론 실전에서 많은 경험을 하면 자연스러운 일본어를 구사할 수 있지만, 현지로 유학이나 파견근무 등이 힘든 경우가 많은 것이 일본어를 배우는 학습자들의 현 상태이다. 그럼, 간접경험을 통해서 최대한의 효과를 얻으려면, 다양한 시뮬레이션을 통해서 일본인이 자주 사용하는 문장이나 단어, 표현방식을 익힌다면 언제든 자연스러운 일본어를 할 수 있을 것이다.

그래서 저자는 현지에서 발생할 수 있는 거의 모든 일상을, 상황·메뉴·게시판·간판이라는 작은 제목으로 대화문이 있는 본문을 구성해 보기로 하였다. 일본에 여행을 가든, 유학을 가든, 늘 부딪히는 일상에서 실제 일본인들은 어떤 문장으로 대화를 하며, 어떤 생각을 가지고 있는가를 알아야만 바로 써먹을 수 있는 일본어를 익힐 수 있다. 단 하나의 단어나 문장을 외우더라도 능률 있게, 효과적으로 공부한다면 더할 나위가 없을 것이다.

　일본어는 한국어와 어순이 같기 때문에 어느 정도의 어휘력이 있다면 기본적인 회화는 할 수 있을 것이다. 그러나, 그것을 어떤 상황에서 어떻게 말을 해야 하는지는 고도의 이해력과 판단력이 필요하다. 일본인과 대면했을 때, 미리 그러한 시뮬레이션을 통해서 학습을 하였다면 당황하지 않고 자연스럽게 회화를 이어 나갈 수 있을 것이다. 여러 명의 평범한 일본인과, 다양한 지역의 일본인들이 충분히 감수를 하였고, 또 그들과 많은 회의와 격렬한 토론을 통해서 본 교재를 완성하였다. 일본어를 배우는 학습자들이 본 교재에 대한 이해가 충분히 있다면 굳이 일본에 가지 않더라도 자연스럽고 다양한 회화를 구사할 수 있을 것이다.

　본 교재를 구입하신 학습자 여러분들의 무한한 영광과 꿈 같은 현실이 실현되기를 바라며 교재집필의 이유와 동기에 대한 소회를 마친다.

저자 이장우

이 책은 상황·메뉴·게시판·간판이라는 작은 타이틀 아래에 제 각각 15과로 구성되어 있다. 일본어를 배우는 학습자들이 가장 많이 접하는 장면을 일상회화 및 응용표현, 연습문제로 만들었기에 회화연습, 문형 익히기, 문장에 대한 이해, 복습의 과정을 저절로 습득할 수 있도록 하였다. 본 교재를 꾸준히 공부하면 기본적인 일본어회화뿐만 아니라, 실생활에서 바로 사용할 수 있는 문장이나 표현을 익힐 수가 있다.

학습사항.1 본문

본문에 등장하는 인물은 한국인과 일본인, 일본인과 일본인이다. 일본에서 가장 많이 사용되는 일상회화와 문형, 문장을 두 명의 등장인물이 자연스럽게 대화를 나눈다. 모든 본문은 실생활에서 일어나는 상황을 시뮬레이션해서 만들었다. 여러 명의 평범한 일본인의 감수를 거친 것이므로 이 대화문만 정확히 암기하여도 상당히 도움이 될 것이다.

학습사항.2 응용표현

5개의 예문으로 구성을 하였다. 본문에서 나오는 중요 어휘나, 문장, 문형을 가지고 다양한 표현방법을 실생활에서 많이 사용되는 단어 중심으로 만들었다. 본문의 내용만으로는 충분히 이해가 되지 않았던 문형이나 어휘 및 문법을 다른 표현 방법으로 제시함으로써 학습자가 충분히 납득하고 일상회화에서도 바로 사용할 수 있도록 하였다.

학습사항 3 연습문제

1. 어휘 복습 2. 작문 연습으로 구성하였다. 본문과 응용표현의 내용들을 충분히 학습하였다면 누구나 문제를 풀 수 있도록 하였다.

   1. 어휘 복습은 학습자들이 별도의 단어공부를 하지 않고, 본 교재만으로도 충분히 복습을 할 수 있도록 구성을 하였다. 본문의 어휘뿐만 아니라 교재 전반에 나오는 어휘를 각 과를 중심으로 구성하였다.
   2. 작문 연습은 본 교재의 하이라이트라고 할 수 있다. 아무리 교재를 충분히 공부하였다고 해도 학습자들은 스스로가 확실하게 공부하였는지를 느끼지 못하는 경우가 많다. 따라서 작문 연습을 통해서 문장을 만들다 보면, 학습자가 어떤 부분이 부족하고 무엇을 잘못 기억하고 있는지를 알 수 있다. 본문에 있는 대화문의 내용을 충분히 이해했다면 누구라도 풀 수 있을 것이다.

학습사항 4 부록

모든 과에 알아 두면 좋을 일본 상식을 수록하였다. 일본을 여행할 때 반드시 알아두어야 할 것들을 저자의 경험을 바탕으로 상세히 설명해 두었으므로 일본여행자들은 상당히 도움이 될 것이다.

상황

第01課	いくらですか 얼마입니까?	**14**
第02課	行くほうがいいです 가는 편이 좋습니다	**22**
第03課	寒そうです 추울 것 같습니다	**30**
第04課	彼氏が出来ました 애인이 생겼습니다	**38**
第05課	東京駅はどちらですか 도쿄역은 어느 쪽입니까?	**46**
第06課	道に迷ってしまいました 길을 잃었습니다	**54**
第07課	どこで乗り換えますか 어디서 갈아탑니까?	**62**
第08課	ちょっと写真を撮っていただけますか 잠시 사진을 찍어 주실 수 있겠습니까?	**70**
第09課	熱があるみたいです 열이 있는 것 같습니다	**78**
第10課	1時間だけしかないです 1시간밖에 없습니다	**86**

第11課	見てもよいですか 봐도 되겠습니까?	**94**
第12課	そろそろ帰ります 슬슬 돌아가겠습니다	**102**
第13課	お気持ちだけいただきます 마음만 받겠습니다	**110**
第14課	１人では無理です 혼자서는 무리입니다	**118**
第15課	先約があります 선약이 있습니다	**126**

메뉴

第01課	大盛りにしてください 곱빼기로 해 주세요	**136**
第02課	麺をかためにお願いします 면을 꼬들꼬들하게 부탁합니다	**144**
第03課	辛くしないでください 맵지 않게 해 주세요	**152**
第04課	とろ火でお願いします 아주 약한 불로 부탁합니다	**160**
第05課	鉄板を取り替えてください 철판을 교환해 주세요	**168**

第０６課	氷水をください 철판을 교환해 주세요	**176**
第０７課	持ち帰りにしてください 테이크아웃으로 해 주세요	**184**
第０８課	食べ放題、飲み放題 타베호다이, 노미호다이	**192**
第０９課	３人前でお願いします ３인분으로 부탁합니다	**200**
第１０課	ホットコーヒーでお願いします 따뜻한 커피로 부탁합니다	**208**
第１１課	今日のおすすめ料理は何ですか 오늘의 추천요리는 무엇입니까?	**216**
第１２課	すし注文 초밥주문	**224**
第１３課	おでん注文 오뎅주문	**232**
第１４課	居酒屋で注文 이자까야에서 주문	**240**
第１５課	麺玉を追加してください 면을 추가해 주세요	**250**

게시판

第０１課	止まれ		**262**
	멈춤		
第０２課	一方通行		**268**
	일방통행		
第０３課	自転車通行禁止		**274**
	자전거 통행금지		
第０４課	ゴミ捨て場		**280**
	쓰레기 처리장		
第０５課	ゴミ箱		**286**
	쓰레기통		
第０６課	高速道路の休憩所(サービスエリア)		**292**
	고속도로의 휴게소(서비스 에리어)		
第０７課	禁煙		**298**
	금연		
第０８課	喫煙		**304**
	흡연		
第０９課	門(ドア)		**310**
	문(도어)		
第１０課	禁止		**316**
	금지		

第１１課	道案内	**322**
	길 안내	

第１２課	速度案内	**328**
	속도안내	

第１３課	駅	**334**
	역	

第１４課	改札口	**340**
	개찰구	

第１５課	昇降所と停留所	**346**
	승강장과 정류소	

간판

第０１課	焼肉屋	**354**
	고깃집	

第０２課	電気製品	**360**
	전기제품	

第０３課	ショッピングモール	**366**
	쇼핑몰	

第０４課	ラーメン屋	**372**
	라면 가게	

第０５課	うどん屋	**378**
	우동 가게	

第０６課	居酒屋 이자까야	**384**
第０７課	書店 서점	**390**
第０８課	古本屋 고서점	**396**
第０９課	駅 역	**402**
第１０課	デパート(百貨店) 백화점	**408**
第１１課	どんぶり屋 덮밥집	**414**
第１２課	コンビニ 편의점	**420**
第１３課	お土産屋 선물 가게	**426**
第１４課	薬局(ドラッグストア) 약국(드러그 스토어)	**432**
第１５課	洋服屋 옷 가게	**438**

unit.1 いくらですか

본문회화

金　　：　すみません、これはいくらですか。
島津　：　消費税抜きで５００円です。
金　　：　消費税を入れたら、いくらになりますか。
島津　：　消費税込みで５５０円になります。
金　　：　ということは、５０円が消費税ですね。
島津　：　はい。
金　　：　つまり日本の消費税は金額の１０％ですね。
島津　：　今はそうです。

어휘 표현

□ 消費税抜き 소비세를 뺌　□ 入れる 넣다　□ 消費税込み 소비세포함
□ つまり 즉　□ 金額 금액

본문해석

김　　　　： 실례합니다, 이것은 얼마입니까?
시마즈　　： 소비세를 빼고 500엔입니다.
김　　　　： 소비세를 넣으면 얼마가 됩니까?
시마즈　　： 세금포함으로 550엔이 됩니다.
김　　　　： 라는 것은, 50엔이 소비세이군요.
시마즈　　： 예.
김　　　　： 즉 일본의 소비세는 금액의 10%이군요.
시마즈　　： 지금은 그렇습니다.

응용표현

1. 消費税とは、商品の購入やサービスを受けるなどの消費を行った際に課される間接税です。
   → 소비세라는 것은 상품의 구입과 서비스를 받는 등의 소비를 행할 때에 부과되는 간접세입니다.

2. 今日は朝ごはん抜きで会社に来た。
   → 오늘은 아침밥을 먹지 않고 회사에 왔다.

3. バラ１０本が送料込みで２０００円です。
   → 장미 10송이가 송료 포함해서 2000엔입니다.

4. つまり、私が言いたいのは全員の協力が欠かせないということです。
   → 즉, 내가 말하고 싶은 것은 전원의 협력을 뺄 수 없다는 것입니다.

5. お支払い金額を教えてください。
   → 지불금액을 가르쳐 주세요.

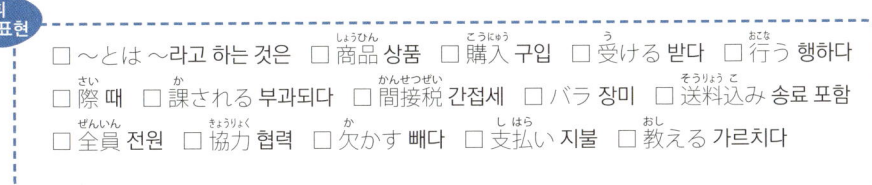

어휘표현
- ～とは ～라고 하는 것은
- 商品 상품
- 購入 구입
- 受ける 받다
- 行う 행하다
- 際 때
- 課される 부과되다
- 間接税 간접세
- バラ 장미
- 送料込み 송료 포함
- 全員 전원
- 協力 협력
- 欠かす 빼다
- 支払い 지불
- 教える 가르치다

unit. 1 いくらですか

응용표현 풀이

1. 消費税とは、商品の購入やサービスを受けるなどの消費を行った際に課される間接税です。

→ 소비세라는 것은 상품의 구입과 서비스를 받는 등의 소비를 행할 때에 부과되는 간접세입니다.

「～とは」는「라고 하는 것은」이라는 의미로「というのは」의 축약형입니다. 그리고「際」는「때」라는 의미로 문장체에서 사용됩니다. 그럼, 각각의 예문을 보겠습니다.
「友情とは、かけがえのないものだ:우정이라는 것은 아주 중요한 것이다」
「手紙を送る際に住所を間違わないように:편지를 보낼 때에 주소를 틀리지 않도록」입니다.

2. 今日は朝ごはん抜きで会社に来た。

→ 오늘은 아침밥을 먹지 않고 회사에 왔다.

「抜きで」는「～을 빼고」라는 의미인데「抜く:빼다」라는 동사에서 파생된 단어입니다. 한 개의 예문을 보겠습니다.
「子供たちは、いつもわさび抜きでお寿司を食べます:아이들은, 항상 고추냉이를 빼고 초밥을 먹습니다」입니다.

3. バラ１０本が送料込みで２０００円です。

→ 장미 10송이가 송료 포함해서 2000엔입니다.

「込み」는「～을 포함」이라는 의미이므로「税込み」는「세금포함」이라는 의미가 됩니다. 일본에서는 물건을 살 때,「소비세 10%」포함유무를 반드시 확인해야 합니다. 그럼 한 개의 예문을 보겠습니다.

「この本は税込みで２千円になります:이 책은 세금포함해서 2천 엔입니다」입니다.

4. つまり、私が言いたいのは全員の協力が欠かせないということです。

→ 즉, 내가 말하고 싶은 것은 전원의 협력을 뺄 수 없다는 것입니다.

「つまり」는「즉, 결국」이라는 의미로서 많이 사용하는 표현이니 두 개의 예문을 보겠습니다.

「彼は若くして部長になった、つまり彼のこれまでの努力が実ったのだ:그는 젊어서 부장이 되었다, 결국 그의 지금까지의 노력이 결실을 맺은 것이다」

「私の家庭は妻も私も働きに出ています、つまり共働きです:나의 가정은 아내도 나도 일하러 나갑니다, 즉 맞벌이입니다」입니다.

5. お支払い金額を教えてください。

→ 지불금액을 가르쳐 주세요.

「お支払い」는「지불」이라는 의미이고「支払う」는「지불하다」,「払い戻し」는「환불」이라는 의미입니다. 그럼 한 개의 예문을 보겠습니다.

「レシートがないと払い戻しはできません:영수증이 없으면 환불은 안 됩니다」입니다.

unit.1 いくらですか

어휘연습

어휘	읽기	의미
消費税		
商品		
購入		
間接税		
送料込		
全員		

작문연습

1. 이 책의 가격은 세금을 빼고 천 엔입니다.

2. 여기에 적혀 있는 금액은 세금포함입니다.

3. 소비세가 10%로 바뀌었습니다.

문제풀이

어휘	읽기	의미
消費税	しょうひぜい	소비세
商品	しょうひん	상품
購入	こうにゅう	구입
間接税	かんせつぜい	간접세
送料込	そうりょうこみ	송료 포함
全員	ぜんいん	전원

1. この本の価格は税抜きで千円です。

2. ここに書いてある金額は税込みです。

3. 消費税が１０％に変わりました。

일본의 소비세에 대해서

1989년 4월1일, 일본에서 처음으로 소비세가 도입되었다. 지금의 10대・20대의 젊은 사람들이 어릴 때부터 있었던 세금이어서, 소비세가 없었던 시대는 상상할 수 없을 정도로 늘 가까이에 있던 것이었다. 지금은 당연한 듯이 존재하고 있는 소비세이지만, 도입 당시에는 엄청난 소동이 일어났었다.

소비세는 일반시민에게 매우 친숙한 「소비」라는 행동에 부과하는 새로운 세금이고, 매일의 생활을 직격하는 세금에 대한 거부반응은 엄청났으며, 각지에서 반대운동이 일어났다. 텔레비전이나 뉴스에서도 매일 같이 소비세에 대해서 다루는 등, 소비세에 대한 당시의 국민관심은 상당했다.

그 후, 국민의 반발을 받으면서도 1997년에 5%, 2014년에 8%로 단계적으로 인상되었고, 2019년 10월에는 10%(음식료품과 신문은 경감세율 적용으로 8%)까지 인상되었다.

• 경감세율

경감세율이란 소비세 인상으로 소비 시장이 위축되는 것을 막기 위해 일상생활에서 폭넓게 소비자가 소비·이용·활용하는 품목의 소비세율을 일반적인 소비세율(=표준세율)보다 낮게 적용하는 것이다. 그래서 경감세율은 복수세율이라고도 하며 예를 들어 슈퍼마켓, 편의점 등에는 소비세 10%인 상품과 8%인 상품이 공존하게 되었다. 또한 '외식'은 먹는 장소 등에 따라 세율이 달라지므로 주의해야 한다.

※ 주요 경감세율 적용 대상
1. 음식료품(주류 및 외식 제외) 2. 신문(주 2회 이상 발행되는 정기 구독 간행물)

	경감세율(8%)	표준세율(10%)
소고기덮밥, 햄버거 전문점 등	테이크아웃, 배달	매장 내 식사
편의점	도시락 및 반찬 (내부에 먹을 수 있는 장소가 있더라고 테이크아웃으로 판매될 때는 경감세율 적용)	내부에서 먹는 것을 전제로 제공되는 음식료품 (예: 쟁반에 올려 반납이 필요한 식기에 제공되는 식품)
포장마차, 푸드코트 등	의자나 테이블이 없는 포장마차에서 가볍게 먹을 때	의자와 테이블이 갖춰진 포장마차 및 푸드코트
급식, 케이터링 등	학교 급식, 유료노인홈에서 제공하는 식사 (한 끼 640엔 이하 하루 총액 1,920엔까지)	케이터링, 출장요리 등
라면·국수 가게, 피자 가게 등	배달, 택배 서비스	매장 내 식사

行くほうがいいです

본문회화

金　　：明日は取引先と会議がありますね。

島津　：そうです。

金　　：私も行くほうがいいですか。

島津　：そうですね…行ったほうがいいです。なぜなら、金さんの意見もとても重要かと思います。

金　　：分かりました。何か準備することはありますか。

島津　：これは明日のプレゼンで使う資料だけど、前もって読んでおいてください。

金　　：了解です。この資料は私がいただいてもよろしいですか。

島津　：はい。金さんがキープしておいてください。

어휘 표현

□ 取引先 거래처　□ 会議 회의　□ 意見 의견　□ 重要 중요　□ 準備 준비
□ 使う 사용하다　□ 資料 자료　□ 前もって 미리　□ 了解 알다

본문해석

김 : 내일은 거래처와 회의가 있어요.
시마즈 : 맞아요.
김 : 저도 가는 편이 좋습니까?
시마즈 : 글쎄요…가는 편이 좋습니다. 왜냐하면, 김 상의 의견도 매우 중요하다고 생각합니다.
김 : 알겠습니다. 뭔가 준비할 것은 있습니까?
시마즈 : 이것은 내일의 프레젠테이션에서 사용할 자료인데 미리 읽어 둬 주세요.
김 : 알겠습니다. 이 자료는 제가 받아도 됩니까?
시마즈 : 예. 김 상이 보관해 둬 주세요.

응용표현

1. 取引先との信頼関係を構築するため努力している。
   → 거래처와의 신뢰관계를 구축하기 위해 노력하고 있다.

2. 国家間で争うよりも当然平和なほうがいい。
   → 국가 간에서 경쟁하는 것보다 당연히 평화 쪽이 좋다.

3. 私は日本語の勉強をしています。なぜなら仕事で日本語を使うからです。
   → 나는 일본어 공부를 하고 있습니다. 왜냐하면 일에서 일본어를 사용하기 때문입니다.

4. 万が一のため、前もって予約することをお奨めします。
   → 만일을 위해, 미리 예약하는 것을 권장합니다.

5. 午後は、予定を空けておいてください。
   → 오후는 예정을 비워 두세요.

어휘 표현
□ 信頼 신뢰 □ 関係 관계 □ 構築 구축 □ 努力 노력 □ 国家間 국가 간
□ 争う 경쟁하다 □ 当然 당연 □ 平和 평화 □ なぜなら 왜냐하면 □ 万が一 만일
□ 予約 예약 □ 奨める 권장하다 □ 午後 오후 □ 予定 예정 □ 空ける 비우다

unit.2 行くほうがいいです

응용표현 풀이

1. 取引先との信頼関係を構築するため努力している。

→ 거래처와의 신뢰관계를 구축하기 위해 노력하고 있다.

「との」는 「〜와의」라는 의미로 「と」와 「の」가 합쳐진 어휘입니다. 예문을 보겠습니다.
「彼氏との初めてのデートが忘れられない:그와의 첫 데이트를 잊을 수 없다」입니다.

2. 国家間で争うよりも当然平和なほうがいい。

→ 국가 간에서 경쟁하는 것보다 당연히 평화 쪽이 좋다.

「よりも」는 「〜보다도」라는 의미입니다. 그리고 「ほうがいい」는 「〜하는 편이 좋다」는 의미로 「な형용사」에 접속이 될 때는 「な형용사어간+なほうがいい」입니다. 각각의 예문을 보겠습니다.
「この花はあの花よりも美しい:이 꽃은 저 꽃보다도 아름답다」
「仕事は楽なほうがいい:일은 편한 편이 좋다」입니다.

3. 私は日本語の勉強をしています。なぜなら仕事で日本語を使うからです。

→ 나는 일본어 공부를 하고 있습니다. 왜냐하면 일에서 일본어를 사용하기 때문입니다.

「なぜなら」는 「이유」를 나타내는 「부사」입니다. 「なぜならば」라고 해도 같은 의미가 됩니다. 예문을 보겠습니다.
「エアコンを切った。なぜなら寒いからだ:에어컨을 껐다. 왜냐하면 춥기 때문이다」입니다.

4. 万が一のため、前もって予約することをお奨めします。

→ 만일을 위해, 미리 예약하는 것을 권장합니다.

「万が一」는「만일」이라는 뜻인데,「もし:만일」과 비교해서 암기를 해야 합니다.「万が一」는「절대 일어날 수 없는 상황」에서는 사용할 수 없습니다. 예를 들어,「너가 원숭이라면」이라는 문장에서, 사람은 절대 원숭이가 될 수 없으므로,「万が一あなたがサルなら」는 틀린 표현이고「もしあなたがサルなら」라고 표현해야 합니다.

5. 午後は、予定を空けておいてください。

→ 오후는 예정을 비워 두세요.

「〜ておく」는「〜해 두다」는 의미입니다. 두 개의 예문을 보겠습니다.

「来週、パーティーに行くから、髪を切っておきます:다음주, 파티에 가기에 머리를 잘라 둡니다」

「来月、北海道に行くから、ホテルを予約しておきます:다음달, 홋가이도에 가기에 호텔을 예약해 둡니다」입니다.

unit.2 行くほうがいいです

어휘연습

어휘	읽기	의미
取引先		
信頼		
構築		
努力		
争う		
当然		

작문연습

1. 다음주부터 거래처와 회의가 있으니 스기모토 씨도 가는 편이 좋습니다.

2. 미리 자료 준비를 해 두지 않으면 곤란합니다.

3. 매우 중요한 해외 손님이니 모든 것을 체크해 주세요.

 문제풀이

어휘	읽기	의미
取引先	とりひきさき	거래처
信頼	しんらい	신뢰
構築	こうちく	구축
努力	どりょく	노력
争う	あらそう	경쟁하다
当然	とうぜん	당연

1. 来週から取引先と会議がありますから杉本さんも行ったほうがいいです。

2. 前もって資料を準備しておかないと困ります。

3. とても重要な海外のお客様だからすべてをチェックしてください。

5S 활동

5S 활동의「5S」는, 직장환경을 좋게 하기 위한 다섯 개의「정리(Seiri)」「정돈(Seiton)」「청소(Seisou)」「청결(Seiketsu)」「예의범절(Shitsuke)」을 말한다.

예전부터 제조업과 건설업의 직장, 혹은 병원 등에서 행해졌다. 공장 등에서는 특히, 직장환경정비의 표어로서 5S를 사용했다. 요즘은 제조업에 한하지 않고, 다양한 직종에서 5S활동이 도입되고 있다.

정리
직장이 필요한 것과 불필요한 것을 구분하여, 불필요한 것은 처분하거나, 꼭 있어야 할 자리에 정리해 두거나 한다.

정돈
직장에 있는 물건의 있어야 할 위치를 정해, 모든 것이 항상 그 자리에 있도록 하는 것이다. 물건을 배치하는 위치는, 업무의 흐름이나 사용빈도 등에 따라 사용하기 편한 장소를 선택하는 것도 중요하다.

청소
직장을 늘 청소하여 깨끗하게 한다. 청소를 행하려면 앞단계에서 정리정돈이 되어 있을 필요가 있어야 하기에, 청소가 습관화된 직장은 정리정돈도 습관화된다.

청결
5S 활동에서의 청결이라는 것은, 직장의 정리·정돈·청소가 바르게 행해지고, 늘 깨끗한 상태가 유지되는 것을 말한다.

예의범절
직장환경의 정비는 그 직장에서 일하는 모든 사람이 그것을 의식하도록 해야 한다. 여기서 말하는 예의범절은, 일하는 사람이 습관이 될 수 있도록 교육과 지도, 시스템 만들기를 의미한다.

unit.3 寒そうです

본문회화

金　　：　さっきから雪が降り始めましたね。
島津　：　本当ですね。久しぶりの大雪です。
金　　：　見るからに寒そうですね。
島津　：　どうしよう。朝は天気が良かったから、あまり洋服を着込んでいません。
金　　：　それは大変ですね。私のマフラーを貸しましょうか。
島津　：　とても助かります。
金　　：　返すのはいつでもいいです。
島津　：　ありがとうございます。

어휘 표현

□ 寒い 춥다　□ さっき 조금 전　□ 雪 눈　□ 降り始める 내리기 시작하다
□ 久しぶり 오랜만　□ 大雪 큰 눈　□ 見るからに 보기에도　□ 朝 아침
□ 天気 날씨　□ 洋服 옷　□ 着込む 껴입다　□ 貸す 빌려주다　□ 助かる 도움이 되다
□ 返す 돌려주다

본문해석

김　　　： 조금 전부터 눈이 내리기 시작했습니다.
시마즈　： 정말이군요. 오랜만의 큰 눈입니다.
김　　　： 보기만 하여도 추울 것 같습니다.
시마즈　： 어떻게 하지? 아침에는 날씨가 좋았기 때문에 별로 옷을 껴입지 않았습니다.
김　　　： 그건 큰일이군요. 저의 머플러를 빌려드릴까요?
시마즈　： 매우 도움이 되겠습니다.
김　　　： 돌려주는 것은 언제라도 좋습니다.
시마즈　： 감사합니다.

응용표현

1. さっきから何回も質問してすみません。
   → 조금 전부터 몇 번이나 질문해서 죄송합니다.

2. 久しぶりに晴れ間が広がり、気温も上昇した。
   → 오랜만에 푸른 하늘이 펼쳐지고 기온도 상승했다.

3. ホラー映画は苦手ですから、あまり見ません。
   → 공포영화는 싫어하기에 별로 보지 않습니다.

4. できるだけ早くお返事をいただけると助かります。
   → 가능한 한 빨리 답변을 해 주실 수 있다면 도움이 되겠습니다.

5. 夏休みに借りた本を今日返しました。
   → 여름방학에 빌렸던 책을 오늘 돌려주었습니다.

어휘표현

- 何回 몇 번
- 質問 질문
- 晴れ間 푸른 하늘
- 広がる 펼쳐지다
- 気温 기온
- 上昇 상승
- ホラー映画 공포영화
- 苦手だ 싫어하다
- あまり 그다지, 별로
- できるだけ 가능한 한
- 返事 답변
- 夏休み 여름방학
- 借りる 빌리다

寒そうです

응용표현 풀이

1. さっきから何回も質問してすみません。

→ 조금 전부터 몇 번이나 질문해서 죄송합니다.

「さっき」는 「조금 전」이라는 의미이지만, 「さき」는 「먼저」라는 의미입니다. 그리고 「さきほど」는 「さっき:조금 전」의 정중한 표현입니다. 그럼 각각의 예문을 보겠습니다.

「さっき、杉本さんという人から電話がありました:조금 전, 스기모토 씨라는 사람으로부터 전화가 있었습니다」

「おさきに失礼します:먼저 실례하겠습니다」

「先ほど述べたように、私は反対です:조금 전 말한 것처럼 저는 반대입니다」 입니다.

2. 久しぶりに晴れ間が広がり、気温も上昇した。

→ 오랜만에 푸른 하늘이 펼쳐지고 기온도 상승했다.

「晴れ間」는 「푸른 하늘」이고, 「広がる」는 「펼쳐지다, 번지다」는 의미인데, 한 개씩의 예문을 더 보도록 하겠습니다.

「ちょっと晴れ間が見られて嬉しかった:잠시 푸른 하늘을 볼 수 있어서 기뻤다」

「余震で建物の損害が徐々に広がった:여진으로 건물의 피해가 서서히 퍼져갔다」 입니다.

3. ホラー映画は苦手ですから、あまり見ません。

→ 공포영화는 싫어하기에 별로 보지 않습니다.

「苦手だ」는 「싫어하다, 서툴다」라는 의미이고, 반대말은 「得意だ」입니다. 각각의 예문을 볼까요

「スポーツが苦手で、運動会が嫌いでした:스포츠가 서툴러서 운동회를 싫어했습니다」

「外国語は得意な分野じゃない:외국어는 잘하는 분야가 아니다」입니다.

4. できるだけ早くお返事をいただけると助かります。

→ 가능한 한 빨리 답변을 해 주실 수 있다면 도움이 되겠습니다.

「〜いただけると助かります」는 「〜주실 수 있다면 도움이 되겠습니다」라는 의미입니다. 자주 사용하는 표현이니 반드시 알아 두세요. 한 개의 예문을 보겠습니다.

「企画書が完成しましたので、確認していただけると助かります:기획서가 완성되었기에 확인해 주실 수 있다면 도움이 되겠습니다」입니다.

5. 夏休みに借りた本を今日返しました。

→ 여름방학에 빌렸던 책을 오늘 돌려주었습니다.

여기서 중요한 표현은 「借りる」라는 동사인데 「貸す」와 비교해서 암기하는 것이 좋습니다. 「貸す」는 「내가 다른 사람에게 돈을 빌려주는 것」이지만 「借りる」는 「내가 다른 사람에게 돈을 빌리는 것」입니다. 그런데 활용은 「貸す」라는 동사만 가능합니다. 즉, 「貸してください:빌려 주세요」 「貸してもらう:빌려 받다(=빌려 줘)」 「貸してあげる:빌려 주다」 등의 활용은 가능하지만 「借りてください」 「借りてもらう」 등의 표현은 불가능합니다. 다만, 「借りてあげる」는 「다른 사람에게 빌려서 주다」라는 의미로 사용하는데, 유일하게 활용할 수 있는 표현입니다.

unit. 3 寒そうです

어휘연습

어휘	읽기	의미
質問		
晴れ間		
気温		
上昇		
苦手だ		
返事		

작문연습

1. 조금전부터 스기모토라는 분이 기다리고 계십니다.

2. 보기에도 강할 것 같은 선수였다.

3. 혹시 우산이 없다면 저의 것을 빌려드릴게요.

 문제풀이

어휘	읽기	의미
質問	しつもん	질문
晴れ間	はれま	푸른 하늘
気温	きおん	기온
上昇	じょうしょう	상승
苦手だ	にがてだ	싫어하다
返事	へんじ	답변

1. さっきから杉本という方がお待ちです。

2. 見るからに強そうな選手だった。

3. もし、傘がなければ私のを貸します。

후지산의 분화

　후지산은 일본 최고의 높이를 자랑하는 아름다운 산이지만, 언제 분화를 해도 이상하지 않을 활화산이라는 것은 의외로 알려져 있지 않다.

　지금부터 약 300년 전의 에도시대에 후지산은 대분화를 했다. 그 이후, 지하에 대량의 마그마를 계속 저장해둔 채, 무서운 침묵을 유지하고 있다.

　「과거는 미래를 푸는 열쇠」라는 말이 있다. 과거에 일어난 자연현상을 조사하는 것으로, 미래의 일을 예측할 수 있다는 의미이다.

　과거로 돌아가보면, 1707년 이른바 「宝永(호에이)의 대분화」는 기록에 남아 있는 후지산 분화 중에서 마그마의 분출량이 제2위라는 거대한 것이었다. 분화는 끊어지고 이어지는 것을 보름정도 반복하였고, 화산재는 요코하마와 에도, 더 나아가서는 房総半島(보소반도)까지 계속 내려서 피해를 초래했다.

MEMO

알아 두면 좋은 일본 상식 | 37

unit.4 彼氏が出来ました

본문회화

金 ： 最近少しきれいになったみたいだけど、何かいいことでもありましたか。

島津 ： 実は…。

金 ： 何ですか。もったいぶらないで教えてください。

島津 ： 実は、彼氏が出来ました。

金 ： やっぱり。女性がきれいになるときは、だいたい彼氏が出来た時だよね。

島津 ： わかっていたのですか。

金 ： 男というものは、女性の変化には敏感ですよ。

島津 ： そういうものなのですね。
ひとつ勉強になりました。

어휘 표현

□ 彼氏 애인 □ 出来る 없는 것이 새로 생기다 □ 最近 최근 □ 少し 조금
□ 実は 실은 □ もったいぶる 점잔 빼다 □ 教える 가르치다 □ やっぱり 역시
□ 女性 여성 □ だいたい 대체로 □ 変化 변화 □ 敏感 민감

본문해석

김 : 요즘 좀 예쁘진 것 같은데, 뭔가 좋은 일이라도 있었습니까?
시마즈 : 실은….
김 : 무엇입니까? 점잔 빼지 말고 가르쳐 주세요.
시마즈 : 실은 애인이 생겼습니다.
김 : 역시. 여성이 예쁘질 때는 대체로 애인이 생길 때이군.
시마즈 : 알고 있었습니까?
김 : 남자라는 것은 여성의 변화에는 민감해요.
시마즈 : 그런 것이군요. 하나 공부가 되었습니다.

응용표현

1. 彼は弱そうに見えるが、実はボクシングのワルドチャンピオンである。
    → 그는 약한 듯이 보이지만 실은 복싱의 월드챔피언이다.

2. 人は自分が無知なものについてもったいぶって話す傾向がある。
    → 사람은 자신이 무지한 것에 대해서 점잔을 빼며 말하는 경향이 있다.

3. 会社の前に新しい寿司屋ができました。
    → 회사 앞에 새로운 초밥집이 생겼습니다.

4. やっぱり肉は炭火で焼いて食べたほうがいい。
    → 역시 고기는 숯불로 구워서 먹는 편이 좋다.

5. その仕事はだいたい終わっている。
    → 그 일은 대체로 끝났다.

어휘 표현

□ 弱い 약하다 □ 無知 무지 □ 傾向 경향 □ 会社 회사 □ 新しい 새롭다
□ 寿司屋 초밥집 □ 肉 고기 □ 炭火 숯불 □ 焼く 굽다 □ 仕事 일 □ 終わる 끝나다

彼氏が出来ました

응용표현 풀이

1. 彼は弱そうに見えるが、実はボクシングのワルドチャンピオンである。

→ 그는 약한 듯이 보이지만 실은 복싱의 월드챔피언이다.

「である」는「だ」의 문장체이고,「であります」는「です」의 문장체입니다. 그리고 정중한 표현은「でございます」입니다. 두 개의 예문을 보겠습니다.

「日本の首都は東京でございます:일본의 수도는 도쿄입니다」
「花がきれいでございますね:꽃이 예쁘군요」입니다.

2. 人は自分が無知なものについてもったいぶって話す傾向がある。

→ 사람은 자신이 무지한 것에 대해서 점잔을 빼며 말하는 경향이 있다.

「もったいぶる」는「점잔 빼다, 거드름 피우다」는 의미로서 어려운 어휘입니다. 두 개의 예문을 보겠습니다.

「彼はもったいぶって話すくせがある:그는 거드름 피우며 말하는 버릇이 있다」
「彼のもったいぶった態度には、もう我慢できない:그의 거드름 피우는 태도에는 이제 참을 수 없다」입니다.

3. 会社の前に新しい寿司屋ができました。

→ 회사 앞에 새로운 초밥집이 생겼습니다.

「できる」는「할 수 있다, 없는 것이 새로 생기다, 완성되다」는 의미를 가지고 있습니다. 각각의 예문을 보겠습니다.

「杉本さんは英語ができる:스기모토 씨는 영어를 할 수 있다」
「彼女ができて嬉しいです:애인이 생겨서 기쁩니다」

「昨日頼んだ資料はできましたか:어제 부탁한 자료는 완성되었습니까?」입니다.

4. やっぱり肉は炭火で焼いて食べたほうがいい。

→ 역시 고기는 숯불로 구워서 먹는 편이 좋다.

「〜たほうがいい」는 「〜하는 편이 좋다」는 의미입니다. 한 개의 예문을 보겠습니다.

「風邪をひいたときは、ビタミンをとったほうがいいですよ:감기 들었을 때는 비타민을 섭취하는 편이 좋습니다」입니다.

5. その仕事はだいたい終わっている。

→ 그 일은 대체로 끝났다.

「だいたい」는 「대체로」라는 의미로서, 자주 사용하는 표현입니다. 한 개의 예문을 보겠습니다.

「値段はだいたいいくらぐらいですか:가격은 대체로 얼마 정도입니까?」입니다.

彼氏が出来ました

어휘연습

어휘	읽기	의미
変化		
敏感		
無知		
傾向		
炭火		
焼(く		

작문연습

1. 회사 앞에 유명한 이탈리아 레스토랑이 생겼다.

2. 역시 스기모토 씨에게 일을 맡긴 보람이 있다.

3. 여자라는 것은 남자의 생각을 직감적으로 안다.

문제풀이

어휘	읽기	의미
変化	へんか	변화
敏感	びんかん	민감
無知	むち	무지
傾向	けいこう	경향
炭火	すみび	숯불
焼く	やく	굽다

1. 会社の前に有名なイタリアンレストランができた。

2. やっぱり杉本さんに仕事を任せたかいがある。

3. 女というものは、男の考えを直感的に分かる。

알아 두면 좋은 **일본 상식**

숨겨진 도쿄에서 커플의 최적의 데이트 장소 BEST 4

1. 지브리를 사랑한다면 三鷹の森ジブリ美術館(미타카의 숲 지브리 미술관)

지브리를 좋아하는 커플에게는 「三鷹(미타카)의 숲 지브리 미술관」을 추천한다. 입구에서 토토로가 맞이해 준다. 사랑스러운 캐릭터를 만나면 더욱 기분이 업 된다. 여기서만 볼 수 있는 작품의 상영도 있다. 아쉬운 점은 사전예약제라는 것인데, 상당히 어렵다는 것이다.

2. 즐겁게 쇼핑을 お台場ヴィーナスフォート(오다이바 비너스 포트)

중세 유럽의 분위기가 즐거운 쇼핑몰의 「오다이바 비너스 포트」는, 유명한 가게가 수많이 입점해 있고, 오다이바의 야경을 즐길 수 있는 카페, 애슬레틱과 서바이벌게임, 카지노 체험 등도 즐길 수 있어서, 하루 종일 놀 수가 있다. 실내이기 때문에 날씨에 영향을 받지 않는 것이 장점이다.

3. 일루미네이션(조명)이 멋진 六本木ヒルズ(롯본기 힐즈)

롯본기의 인기 스팟이다. 쇼핑을 즐길 수 있을 뿐만 아니라 레스토랑에서 맛있는 요리에 입맛을 다시거나, 전망대에서 도쿄의 야경을 즐길 수도 있다. 늦은 밤까지 영업하고 있는 영화관도 있어서, 회사를 마친 후에 영화감상 데이트도 할 수 있다. 겨울에는 파란색으로 빛나는 조명도 로맨틱하다.

4. 도시의 오아시스 井の頭恩賜公園 (이노카시라 온시 공원)

　도시의 한 가운데에 있다고는 생각할 수 없는 듯한, 풍족한 자연을 느낄 수 있는 것이 「이노카시라 온시 공원」이다. 봄에는 만발한 벚꽃이 아름다움을 뽐낸다. 인생샷을 찍을 수 있는 곳도 마련되어 있다. 「이노카시라 연못」의 보트를 타고 느긋하게 두 사람만의 시간을 보내거나 테니스로 역동적인 활동도 할 수 있다. 여러 가지 작품전시회도 개최하기에 다양하게 시간을 보낼 수 있다.

알아 두면 좋은 일본 상식 | 45

unit.5 東京駅はどちらですか

본문회화

金　　：　すみません。

島津　：　何ですか。

金　　：　東京駅はどちらですか。

島津　：　この大通りをまっすぐ行ったら、東京駅です。

金　　：　どのくらいまっすぐ行くのですか。

島津　：　そうだな…１０分くらいは歩きます。

金　　：　思ったよりも遠いですね。

島津　：　そんなこともないですよ。この大通り自体が観光スポットでもあるので、観光しているうちに、すぐに着きますよ。

어휘 표현

- 東京駅(とうきょうえき) 도쿄역
- 大通り(おおどお) 큰 길
- まっすぐ 똑바로
- 歩く(ある) 걷다
- 遠い(とお) 멀다
- 自体(じたい) 자체
- 観光(かんこう) 관광
- ～うちに ～동안에
- 着く(つ) 도착하다

본문해석

김　　：실례합니다.
시마즈　：무엇입니까?
김　　：도쿄역은 어느 쪽입니까?
시마즈　：이 큰 길을 똑바로 가면 도쿄역입니다.
김　　：어느 정도 똑바로 가는 것입니까?
시마즈　：글쎄…10분 정도는 걷습니다.
김　　：생각보다도 멀군요.
시마즈　：그렇지는 않습니다. 이 큰 길 자체가 관광스팟이기도 해서 관광하고 있는 동안에 바로 도착합니다.

응용표현

1. 彼は大通りをずっと一人で歩いた。
   → 그는 큰 길을 계속 혼자서 걸었다.

2. この道をまっすぐ歩いて行くと、都会と違う雰囲気がします。
   → 이 길을 똑바로 걸어서 가면 도시와 다른 분위기가 납니다.

3. 思ったより美味しい食事ができた。
   → 생각했던 것보다 맛있는 식사가 만들어졌다.

4. 旅行自体が感染を起こすことはない。
   → 여행자체가 감염을 일으키는 일은 없다.

5. 天気がいいうちに、買い物を済ませてしまいましょう。
   → 날씨가 좋은 동안에 쇼핑을 끝내 버립시다.

어휘표현
- ずっと 계속, 훨씬　□ 道 길　□ 都会 도시　□ 違う 다르다　□ 雰囲気 분위기
- 思ったより 생각했던 것보다　□ 美味しい 맛있다　□ 食事 식사　□ 旅行 여행
- 感染 감염　□ 起こす 일으키다　□ 天気 날씨　□ 買い物 쇼핑　□ 済ませる 끝내다

unit. 5 東京駅はどちらですか

응용표현 풀이

1. 彼は大通りをずっと一人で歩いた。

→ 그는 큰 길을 계속 혼자서 걸었다.

「ずっと」는 「계속, 훨씬」 두 가지 의미를 가지고 있습니다. 각각의 예문을 보겠습니다.
「高校の時から杉本さんが好きだった:고등학교 때부터 스기모토 씨를 좋아했다」
「ソウルより沖縄のほうがずっと暑い:서울보다 오키나와 쪽이 훨씬 덥다」 입니다.

2. この道をまっすぐ歩いて行くと、都会と違う雰囲気がします。

→ 이 길을 똑바로 걸어서 가면 도시와 다른 분위기가 납니다.

「雰囲気がする」는 「분위기가 나다」라는 의미이며, 「故障する:고장 나다」 「味がする:맛이 나다」 「気がする:느낌이 나다」 도 같이 알아두세요.

3. 思ったより美味しい食事ができた。

→ 생각했던 것보다 맛있는 식사가 만들어졌다.

「思ったより」 는 「생각했던 것보다」 라는 의미이고 「思ったとおり:생각했던 대로」 라는 어휘도 같이 알아 두세요. 그리고 「できる」에 대해서는 앞에서 충분히 설명했습니다. 예문을 보겠습니다.
「思ったとおり、仕事がうまく進んでいるので嬉しい:생각대로 일이 잘 진행되고 있어서 기쁘다」 입니다.

4. 旅行自体が感染を起こすことはない。

→ 여행자체가 감염을 일으키는 일은 없다.

「ことはない」는 「일은 없다, 경우는 없다」는 의미인데, 「～할 필요는 없다」라는 의미도 있습니다. 각각의 예문을 보겠습니다.

「他人の言うことなど気にすることはない:타인이 말하는 것 등에 신경 쓸 것은 없다」
「彼は顔は怖いけど、とても優しいから怖がることはないよ:그는 얼굴은 무섭지만, 매우 착하니 무서워할 필요는 없다」 입니다.

5. 天気がいいうちに、買い物を済ませてしまいましょう。

→ 날씨가 좋은 동안에 쇼핑을 끝내 버립시다.

「～うちに」는 「～동안에」라는 의미이고, 「～ないうちに」는 「～하기 전에」라는 의미입니다. 각각의 예문을 볼까요.

「母が出かけているうちに、こっそり冷蔵庫のケーキを食べてしまった:어머니가 나가 있는 동안에, 몰래 냉장고의 케이크를 먹어버렸다」
「忘れないうちに、大切なことはメモしておきます:잊기 전에 중요한 것은 메모해 둡니다」 입니다.

unit.5 東京駅はどちらですか

 어휘연습

어휘	읽기	의미
大通り		
観光		
都会		
雰囲気		
食事		
感染		

작문연습

1. 큰 길을 우회전해서 5분 정도 걸으면 신문박물관이 있습니다.

2. 도쿄까지는 신칸센으로 4시간 정도 걸리는데, 생각보다는 가깝군요.

3. 할머니가 살아있는 동안에, 여러 가지 옛날 이야기를 듣고 싶습니다.

문제풀이

어휘	읽기	의미
大通り	おおどおり	큰 길
観光	かんこう	관광
都会	とかい	도시
雰囲気	ふんいき	분위기
食事	しょくじ	식사
感染	かんせん	감염

1. 大通りを右折して5分ぐらい歩くと、新聞博物館があります。

2. 東京までは新幹線で4時間くらいかかりますが、思ったよりは近いですね。

3. おばあさんが生きているうちに、色々な昔の話を聞きたいです。

알아 두면 좋은 **일본 상식**

みどりの窓口(미도리노 마도구치)
まどぐち

일본국유철도가 1965년 10월1일에 만든 창구로, 명칭은 당시의 지정석 표의 색이 초록인 것에서 유래하고 있다. 미도리노 마도구치에서는 JR선을 비롯한 열차의 지정석 예약상황을 관리하는 시스템에 접속할 수 있는 단말기가 설치되어 있어서 발권 시에는 좌석의 유무를 확인한다.

미도리노 마도구치를 설치한 곳은 시판하고 있는 시각표에서 확인하는 것이 가능하고, 철도역뿐만 아니라「아사쿠사 온천터미널」등에도 있다. 미도리노 마도구치에서는 지정석 표와 특급권 외에도 정기권과 회수권, 하루 승차권 등도 구입하는 것이 가능하고, 철도의 라이벌인 항공권도 구입할 수 있는 경우도 있다. 또, JR 등이 기획하고 만든 여행플랜 상품이 판매되는 경우도 있다. 다만, 모든 미도리노 마도구치에서 동일한 서비스를 제공하고 있는 것이 아니기 때문에, 주의가 필요하다.

MEMO

unit. 6 道に迷ってしまいました

본문회화

金　　：　すみません。

島津　：　どうしたのですか。

金　　：　道に迷ってしまいました。

島津　：　どこに行くつもりなのですか。

金　　：　ゆりかもめに乗りたいのですが、道がわからなくなってしまいました。

島津　：　確かに少し複雑ですよね。

金　　：　行き方を教えていただけませんか。

島津　：　それでしたら、私もゆりかもめに乗り換えるので、一緒に行きましょう。

金　　：　ありがとうございます。

어휘 표현

□ 道に迷う 길을 잃다　□ 確かに 확실히　□ 少し 조금　□ 複雑 복잡
□ 行き方 가는 방법　□ 教える 가르치다　□ 乗り換える 갈아타다　□ 一緒に 함께

본문해석

김　　　：실례합니다.
시마즈　：무슨 일입니까?
김　　　：길을 잃어버렸습니다.
시마즈　：어디에 갈 생각입니까?
김　　　：유리카모메를 타고 싶습니다만, 길을 모르겠습니다.
시마즈　：확실히 조금 복잡해요.
김　　　：가는 방법을 가르쳐 주실 수 없겠습니까?
시마즈　：그렇다면 저도 유리카모메로 갈아타니 함께 갑시다.
김　　　：감사합니다.

응용표현

1. 日本で、道に迷っている外国人を見かけたことはありませんか。
   → 일본에서 길을 잃은 외국인을 발견한 적은 없습니까?

2. 大学では日本文学を勉強するつもりです。
   → 대학에서는 일본문학을 공부할 생각입니다.

3. このカメラは高かったが、性能は確かに優れている。
   → 이 카메라는 비쌌지만 성능은 확실히 뛰어나다.

4. 私の代わりにこれをしていただけませんか。
   → 저 대신에 이것을 해 주실 수 없겠습니까?

5. 池袋駅から水族館への行き方を教えてください。
   → 이케부쿠로 역에서 수족관으로 가는 방법을 가르쳐 주세요.

어휘 표현

□ 外国人 외국인　□ 見かける 발견하다　□ 大学 대학　□ 文学 문학　□ 勉強 공부
□ 性能 성능　□ 優れる 뛰어나다, 우수하다　□ ～の代わりに ～의 대신에　□ 駅 역
□ 水族館 수족관

unit. 6 道に迷ってしまいました

응용표현 풀이

1. 日本で、道に迷っている外国人を見かけたことはありませんか。

→ 일본에서 길을 잃은 외국인을 발견한 적은 없습니까?

「〜たことはある」는「〜한 적이 있다」는 의미입니다. 두 개의 예문을 보겠습니다.

「フランスに２回行ったことがあります:프랑스에 두 번 간 적이 있습니다」

「お酒を飲んだことがありません:술을 마신 적이 없습니다」입니다.

2. 大学では日本文学を勉強するつもりです。

→ 대학에서는 일본문학을 공부할 생각입니다.

「予定」와「つもり」의 차이점에 대해서 알아봅시다. 간단하게 설명하면,「つもり」는 자신의 의사가 들어가 있지만,「予定」는 자신의 의사가 아니고 이미 정해진 스케줄입니다. 예문을 통해서 보겠습니다.

「私はそこに行くつもりだ:나는 거기에 갈 생각이다」 → 놀러 간다는 의미

「私はそこに行く予定だ:나는 거기에 갈 예정이다」 → 업무나 일 등

입니다.

한 번 더 볼까요.

「大学では日本文学を勉強するつもりです:대학에서는 일본문학을 공부할 생각입니다」

→ 자신의 의사가 들어가 있습니다.

「３月１０日から、出張で一週間タイに行く予定です:3월 10일부터 출장으로 일주일 태국에 갈 예정입니다」

→ 이미 정해진 스케줄입니다.

이렇게 비교하니 이해되죠?

3. このカメラは高かったが、性能は確かに優れている。

→ 이 카메라는 비쌌지만 성능은 확실히 뛰어나다.

「確かに」는「확실히」라는 의미인데, 주의해야 할 점은「はっきり言う:확실히 말하다」라고는 표현하지만,「確かに言う」라고는 하지 않습니다. 한 개의 예문을 보겠습니다.
「書類は、確かに受け取りました:서류는 확실히 받았습니다」입니다.

4. 私の代わりにこれをしていただけませんか。

→ 저 대신에 이것을 해 주실 수 없겠습니까?

「〜代わりに」는「〜대신에」라는 의미인데,「〜に代わって」와 같은 의미입니다. 두 개의 예문을 보겠습니다.
「課長の代わりに私が会議に出席します:과장님 대신에 제가 회의에 출석하겠습니다」
「今の仕事は給料が高い代わりに残業が多い:지금의 일은 급료가 높은 대신에 잔업이 많다」입니다.

5. 池袋駅から水族館への行き方を教えてください。

→ 이케부쿠로 역에서 수족관으로 가는 방법을 가르쳐 주세요.

「동사ます형+方」는「〜하는 방법」이라는 의미입니다. 다른 예를 보면,「食べ方:먹는 방법」「やり方:하는 방법」「書き方:쓰는 방법」입니다.

unit.6 道に迷ってしまいました

어휘연습

어휘	읽기	의미
道に迷う		
外国人		
文学		
性能		
優れる		
水族館		

작문연습

1. 도쿄는 처음이기 때문에 길을 잃어버렸습니다.

2. 유리카모메를 타고 토요스에 가고 싶습니다만, 어디서 타면 됩니까?

3. 유리카모메는 일본인에게 매우 인기가 있는 것 같습니다.

문제풀이

어휘	읽기	의미
道に迷う	みちにまよう	길을 잃다
外国人	がいこくじん	외국인
文学	ぶんがく	문학
性能	せいのう	성능
優れる	すぐれる	뛰어나다, 우수하다
水族館	すいぞくかん	수족관

1. 東京は初めてなので道に迷ってしまいました。

2. ゆりかもめに乗って豊洲に行きたいですが、どこで乗ればいいですか。

3. ゆりかもめは日本人にとても人気がありそうです。

알아 두면 좋은 일본 상식

ゆりかもめ(유리카모메)

　유리카모메는 新橋駅~豊洲駅(신바시 역~토요스 역)을 연결하는「주식회사 유리카모메」의 노선 애칭이다. 덧붙여「유리카모메」의 동음이의어인 조류, 붉은 부리 갈매기는 가타카나로 표기하여「ユリカモメ」로 쓴다.

　노선의 정식명칭은「유리카모메 도쿄 임해 신교통 임해선」이지만 이 명칭은 일반적으로 사용되는 경우는 거의 없다. 오히려 애칭인「ゆりかもめ:유리카모메」가 노선명을 가리키는 말로서 일상적으로 사용되고 있다.

　이른바「신교통 시스템」의 일종이고, 차량은 고가 위에 마련된 콘크리트제의 주행로(가이드 웨이)를 고무 타이어의 바퀴로 주행한다. 열차는 무인 운전으로 운용되고, 각 열차의 진행상황은 중앙제어실에서 관리・감시되고 있지만, 극히 드물게 유인 운전을 하는 경우도 있다.

MEMO

unit.7 どこで乗り換えますか

본문회화

金　　：　すみません。羽田空港に行きたいのですが、どこで乗り換えますか。

島津　：　品川駅で京浜急行線に乗り換えるか、浜松町駅でモノレールに乗り換えてください。

金　　：　どちらがお勧めですか。

島津　：　料金が安くて、早く飛行場に到着できるのは、品川駅から京浜急行線に乗り換える方かと思います。

金　　：　ここから品川駅までは、あと3駅です。

島津　：　もうすぐですね。

金　　：　それでは品川駅で乗り換えてみます。

島津　：　品川駅はとても大きな駅なので、道に迷わないように気を付けてください。

金　　：　アドバイスありがとうございます。

어휘 표현

- 空港(くうこう) 공항
- 乗(の)り換(か)える 갈아타다
- 品川駅(しながわえき) 시나가와 역
- 急行線(きゅうこうせん) 급행선
- 浜松町駅(はままつちょうえき) 하마마쯔초 역
- お勧(すす)め 추천
- 料金(りょうきん) 요금
- 安(やす)い 저렴하다
- 早(はや)く 빨리
- 飛行場(ひこうじょう) 비행장
- 到着(とうちゃく) 도착
- あと 앞으로
- 道(みち)に迷(まよ)う 길을 잃다
- 気(き)を付(つ)ける 주의하다

본문해석

김 : 실례합니다. 하네다 공항에 가고 싶습니다만, 어디서 갈아탑니까?
시마즈 : 시나가와 역에서 케이힌 급행선으로 갈아타든지, 하마마쯔초 역에서 모노레일로 갈아타 주세요.
김 : 어느 쪽을 추천하십니까?
시마즈 : 요금이 싸고 빨리 비행장에 도착할 수 있는 것은 시나가와 역에서 케이힌 급행 선으로 갈아타는 편이 좋다고 생각합니다.
김 : 여기서 시나가와 역까지는 앞으로 3정거장입니다.
시마즈 : 이제 곧 도착하겠군요.
김 : 그럼 시나가와 역에서 갈아타보겠습니다.
시마즈 : 시나가와 역은 매우 큰 역이기 때문에 길을 잃지 않도록 주의해 주세요.
김 : 충고 감사합니다.

응용표현

1. インターネットの光サービスの乗り換えは慎重に考えてください。
   → 인터넷 광서비스로 갈아타는 것은 신중하게 생각해 주세요.

2. ヨーロッパの中でも特に人気の１５ヶ国のお勧めの観光スポットをご紹介します。
   → 유럽 중에서도 특히 인기가 있는 15개국의 추천 관광스팟을 소개하겠습니다.

3. あと２時間で東京駅に着きます。
   → 앞으로 2시간 뒤에 도쿄역에 도착합니다.

4. ６月だから夏祭りまではもうすぐです。
   → 6월이니 여름축제까지는 이제 곧입니다.

5. 病気が治りますようにお祈りします。
   → 병이 낫도록 기원하겠습니다.

어휘 표현

- 光サービス 광서비스
- 慎重 신중
- 考え 생각하다
- 特に 특히
- 人気 인기
- ～ヶ国 ~개국
- 観光 관광
- 紹介 소개
- 着く 도착하다
- 夏祭り 여름축제
- 病気 병
- 治る 낫다
- 祈る 기도하다, 기원하다

unit.7 どこで乗り換えますか

응용표현 풀이

1. インターネットの光サービスの乗り換えは慎重に考えてください。

→ 인터넷의 광서비스를 갈아타는 것은 신중하게 생각해 주세요.

「乗り換え」는「탈 것」을 갈아타는 것에도 사용할 수 있는 단어입니다. 한 개의 예문을 보겠습니다.

「この列車に乗ると、乗り換えなしで新宿まで行けます:이 열차를 타면 갈아타지 않고 신주쿠까지 갈 수 있습니다」입니다.

2. ヨーロッパの中でも特に人気の１５ヶ国のお勧めの観光スポットをご紹介します。

→ 유럽 중에서도 특히 인기가 있는 15개국의 추천 관광스팟을 소개하겠습니다.

「ご紹介します」는「존경표현공식」을 대입한 것인데,「お(ご)+명사+する」가「존경표현공식」입니다. 두 개의 예문을 보겠습니다.

「２時間後にお電話します:2시간 후에 전화하겠습니다」
「仕事が終わったらご連絡します:일이 끝나면 연락하겠습니다」입니다.

3. あと２時間で東京駅に着きます。

→ 앞으로 2시간 뒤에 도쿄역에 도착합니다.

「あと」는「그리고」라는 의미도 있지만,「あと+숫자」는「앞으로」라고 해석합니다. 두 개의 예문을 보겠습니다.

「あと一週間で3月も終わります:앞으로 일주일 뒤에 3월도 끝납니다」
「夏休みまであと１日です:여름방학까지 앞으로 하루입니다」입니다.

4. 6月だから夏祭りまではもうすぐです。

→ 6월이니 여름축제까지는 이제 곧입니다.

「もうすぐ」는 「이제 곧」이라는 의미인데, 한 개의 예문을 보겠습니다.
「もうすぐ子供が帰ってきます:이제 곧 아이가 돌아옵니다」입니다.

5. 病気が治りますようにお祈りします。

→ 병이 낫도록 기원하겠습니다.

「〜ように」는 「〜하도록」이라는 의미이며, 「お祈りします」는 「겸양표현공식」으로 대입한 것인데, 「お+동사ます형+する」가 「겸양표현공식」입니다. 두 개의 예문을 보겠습니다.
「体調を崩さないように皆さん気をつけて下さい:컨디션이 나빠지지 않도록 여러분 주의해 주세요」
「部長が戻ってくるまでここでお待ちします:부장님이 되돌아올 때까지 여기서 기다리겠습니다」입니다.

unit. 7 どこで乗り換えますか

어휘연습

어휘	읽기	의미
慎重		
人気		
紹介		
病気		
治る		
祈る		

작문연습

1. 하네다 공항에 가려면 하마마쯔쪼 역에서 모노레일을 타야만 합니다.

2. 일본의 수도권에 있는 국제공항은 나리타공항과 하네다공항입니다.

3. 시나가와 역은 아주 커서 길을 잃기 쉬우니 주의해 주세요.

문제풀이

어휘	읽기	의미
慎重	しんちょう	신중
人気	にんき	인기
紹介	しょうかい	소개
病気	びょうき	병
治る	なおる	낫다
祈る	いのる	기도하다, 기원하다

1. 羽田空港に行くには浜松町駅でモノレールに乗らなければならない。

2. 日本の首都圏にある国際空港は成田空港と羽田空港です。

3. 品川駅はとても大きいから、道に迷いやすいので気を付けてください。

羽田空港(하네다 공항)

도쿄비행장(하네다)는, 1952년 7월 1일, 일본정부에 반환되고, 그 명칭도「도쿄국제공항」으로 바뀌었다. 그 이후 60여년의 세월에 걸쳐 일본 하늘의 현관으로서 활약, 현재는 연간 약 8,500만 명의 항공여객이 이용하는 세계 굴지의 대공항으로 성장했다.

1978년에는「신 도쿄국제공항(나리타)」의 개항과 함께, 거의 국제편은 나리타에서 출발하게 되었지만, 「도쿄 국제공항 재확장사업」의 추진에 의해 2010년 10월, 재차 하네다 공항이「수도권의 세계에 여는 새로운 게이트」로서, D활주로의 공용개시와 함께 국제선 여객 터미널이 오픈하여, 32년만에 국제선 정기편의 운항이 재개되었다.

MEMO

unit.8 ちょっと写真を撮っていただけますか

본문회화

金 : すみません。ちょっと写真を撮っていただけますか。

島津 : はい、いいですよ。

金 : このスマホでお願いします。

島津 : 背景には何を入れますか。

金 : 少し私たちが小さくなっても、後ろの建物全体を背景に入れてください。

島津 : ＯＫです。ではカメラに向かってポーズをとってください。はい、チーズ。

金 : もう一枚お願いします。

島津 : もう一枚。キムチ。これでいいですか。

金 : ありがとうございます。

어휘 표현

- □ 写真を撮る 사진을 찍다　□ 背景 배경　□ 入れる 넣다　□ 後ろ 뒤　□ 建物 건물
- □ 全体 전체

본문해석

김　　　 : 실례합니다. 잠시 사진을 찍어 주실 수 있겠습니까?
시마즈　 : 예, 좋습니다.
김　　　 : 이 스마트폰으로 부탁합니다.
시마즈　 : 배경에는 무엇을 넣습니까?
김　　　 : 우리들이 좀 작아져도 뒤의 건물전체를 배경으로 넣어주세요.
시마즈　 : 좋습니다. 그럼 카메라를 향해서 포즈를 취해 주세요. 하이, 치즈.
김　　　 : 한 장 더 부탁합니다.
시마즈　 : 한 장 더. 김치. 이것으로 되었습니까?
김　　　 : 감사합니다.

응용표현

1. 一段と美しい写真やビデオを撮影してみませんか。
    → 더 한층 아름다운 사진과 비디오를 촬영해 보지 않겠습니까?

2. 後ろに子供が乗っていてなおさら気を付けて運転している。
    → 뒤에 아이가 타고 있어서 더 한층 조심해서 운전하고 있다.

3. 旅行先での夜景写真を背景に入れたい。
    → 여행처에서의 야경사진을 배경으로 넣고 싶다.

4. 未来に向かってゆっくり歩きましょう。
    → 미래를 향해서 천천히 걸어갑시다.

5. 無理のない範囲でカメラマンと相談をしながらポーズをとってみてください。
    → 무리가 없는 범위에서 카메라맨과 상담하면서 포즈를 취해 보지 않겠습니까?

어휘표현

□ 一段と 더 한층　□ 撮影 촬영　□ なおさら 더 한층　□ 気を付ける 주의하다　□ 運転 운전
□ 旅行先 여행처　□ 夜景 야경　□ 背景 배경　□ 未来 미래　□ 向かう 향하다
□ ゆっくり 느긋하다　□ 歩く 걷다　□ 無理 무리　□ 範囲 범위　□ 相談 상담

ちょっと写真を撮っていただけますか

응용표현 풀이

1. 一段と美しい写真やビデオを撮影してみませんか。

→ 더 한층 아름다운 사진과 비디오를 촬영해 보지 않겠습니까?

「一段と」는 「더 한층」이라는 의미로 「もっと・さらに・なおさら」와 같은 의미입니다. 한 개의 예문을 보겠습니다.

「今日はいつもより一段と冷え込んでいる:오늘은 평소보다 더 한층 추워졌다」입니다.

2. 後ろに子供が乗っていてなおさら気を付けて運転している。

→ 뒤에 아이가 타고 있어서 더 한층 조심해서 운전하고 있다.

「なおさら」역시 위의 1번 「一段と」와 같은 의미입니다. 「정도가 더 강한 모습」을 나타내는 부사입니다. 한 개의 예문을 보겠습니다.

「朝から土砂降りだったが、午後に入ったらなおさらひどくなった:아침부터 억수같이 비가 내렸는데, 오후에 들어 더 한층 심해졌다」입니다.

3. 旅行先での夜景写真を背景に入れたい。

→ 여행처에서의 야경사진을 배경으로 넣고 싶다.

「先」는 「장소」를 나타내는데, 다른 예를 보면, 「取引先:거래처」「連絡先:연락처」「宛先:수신처」「お問い合わせ先:문의처」 등입니다.

4. 未来に向かってゆっくり歩きましょう。

→ 미래를 향해서 천천히 걸어갑시다.

「ゆっくり」는 「느긋하게, 천천히, 푹」이라는 의미를 가진 부사입니다. 두 개의 예문을 보겠습니다.

「出発の時間まで余裕があるのでゆっくりしたい:출발시간까지 여유가 있으니 느긋하게 있고 싶다」

「息子の将来について先生とゆっくり話した:아들의 장래에 대해서 선생님과 느긋하게 이야기했다」 입니다.

5. 無理のない範囲でカメラマンと相談をしながらポーズをとってみてください。

→ 무리가 없는 범위에서 카메라맨과 상담하면서 포즈를 취해 보지 않겠습니까?

「동사ます형+ながら」는 「하면서」라는 의미인데, 숙어적으로 사용되는 「昔ながら:옛날 그대로」 「涙ながら:울면서」 「残念ながら:유감이지만」 「生まれながら:선천적으로」는 반드시 알아두세요.

unit.8 ちょっと写真を撮っていただけますか

어휘연습

어휘	읽기	의미
一段と		
撮影		
旅行先		
夜景		
背景		
範囲		

작문연습

1. 죄송합니다. 테이블 위에 있는 소금을 집어 주실 수 없겠습니까?

2. 사진을 찍을 때 배경은 바다 위에 있는 배를 넣어주세요.

3. 이곳은 경치가 좋고 하늘이 푸르기에 사진을 찍기에 좋은 장소이다.

 문제풀이

어휘	읽기	의미
一段と	いちだんと	더 한층
撮影	さつえい	촬영
旅行先	りょこうさき	여행처
夜景	やけい	야경
背景	はいけい	배경
範囲	はんい	범위

1. すみません。テーブルの上にある塩を取っていただけませんか。

2. 写真を撮る時、背景は海の上にある船を入れてください。

3. ここは景色がよく、空が青いので写真を撮るのにいい場所だ。

略語(약어)

일본에서는 영어나 일본어를 줄여서 많이 사용한다. 일본식 영어(와제일본어)이고, 축소지향을 좋아하는 일본인이기에 언어에서도 그 문화를 엿볼 수 있다. 많이 사용하는 표현을 알아 두자.

チューハイ　焼酎(しょうちゅう)ハイボール　소주 하이볼

リストラ　リストラクチャリング(restructuring)　구조조정

断(だん)トツ　断然(だんぜん)トップ　단연코 최고임

リハビリ　リハビリテーション(rehabilitation)　재활치료

そま　それまじ？　그거 정말이야?

あざ　ありがとうございます　감사합니다

じお　時代遅(じだいおく)れ　시대에 뒤쳐짐

り　了解(りょうかい)　알았어

パリピ／パーリーピーポー(Party People)　인싸(잘 노는 사람)

「草^{くさ}」는 인터넷 용어로서 「^^(웃음)」을 나타낸다. 웃다는 일본어로 「笑^{わら}う」 인데, 영어로 는 「warau」이다. 여기서 첫 글자 「w」를 따서 웃음을 「w」나 「www」로 표현하는데, 이 모양이 마치 풀이 자란 모양처럼 보여서 「草＝笑」로 정착이 되었다.

unit. 9 熱があるみたいです

本文会話

金　　：　頭が重いです。

島津　：　大丈夫ですか。

金　　：　いや、悪寒がして、熱があるみたいです。

島津　：　それは早く病院に行ったほうがいいですね。

金　　：　旅行者なので、いきなり病院に行くのは、少し大変かと思います。

島津　：　では薬局で薬を買って飲んで、今日は少し休んだ方がいいと思いますよ。

金　　：　観光が出来ないのは少し残念だけど、仕方がないので、そうすることにします。

島津　：　そうですよ。今日はしっかりと休んで、明日に備えたらいいですよ。心配なので、薬局までつきあいます。

어휘 표현

□ 熱 열　□ 頭が重い 머리가 무겁다　□ 悪寒がする 오한이 들다　□ 病院 병원
□ 旅行者 여행자　□ いきなり 갑자기　□ 薬局 약국　□ 薬 약　□ 休む 쉬다
□ 観光 관광　□ 残念 유감　□ 仕方がない 어쩔 수 없다　□ しっかり 제대로
□ 備える 대비하다　□ 心配 걱정　□ つきあう 함께 하다, 어울리다

본문해석

김　　　: 머리가 무겁습니다.
시마즈　: 괜찮습니까?
김　　　: 아뇨, 오한이 들고 열이 있는 것 같습니다.
시마즈　: 그럼 빨리 병원에 가는 편이 좋아요.
김　　　: 여행자이기 때문에 갑자기 병원에 가는 것은 조금 힘들 거라고 생각합니다.
시마즈　: 그럼 약국에서 약을 사서 먹고, 오늘은 조금 쉬는 편이 좋다고 생각해요.
김　　　: 관광을 할 수 없는 것은 조금 유감이지만, 어쩔 수가 없기에 그렇게 하도록 하겠습니다.
시마즈　: 맞습니다. 오늘은 제대로 쉬고 내일을 대비하면 좋습니다. 걱정이니 약국까지 함께 하겠습니다.

응용표현

1. あそこのお店はいつも行列ができていて、どうやら人気があるみたいだ。
   → 저곳의 가게는 항상 사람이 줄 서 있어서, 아무래도 인기가 있는 것 같다.

2. 私は社長に理由も説明されずいきなり解雇された。
   → 나는 사장님에게 이유도 설명 받지 못하고 갑자기 해고당했다.

3. 地震の警報です。仕方ないので本日はこれで閉店いたします。
   → 지진의 경보입니다. 어쩔 수가 없으니 오늘은 이것으로 폐점하겠습니다.

4. 軽い病気でもしっかりと治したほうがいい。
   → 가벼운 병이라도 확실히 치료하는 편이 좋다.

5. 今後起こりうる大規模な風水害に備えて、日頃から家の周りの点検をする。
   → 앞으로 일어날 수 있는 대규모의 풍수해에 대비해서 평소부터 집 주변의 점검을 한다.

- 行列ができる 줄을 서다　□ どうやら 아무래도　□ 人気 인기　□ 社長 사장
- 理由 이유　□ 説明 설명　□ 解雇 해고　□ 地震 지진　□ 警報 경보　□ 本日 오늘
- 閉店 폐점　□ 治す 고치다　□ 今後 앞으로　□ 동사ます형+うる ~수 있다　□ 大規模 대규모
- 風水害 풍수해　□ 備える 대비하다　□ 日頃 평소　□ 周り 주변　□ 点検 점검

unit. 9 熱があるみたいです

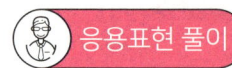 응용표현 풀이

1. あそこのお店はいつも行列ができていて、どうやら人気があるみたいだ。

→ 저곳의 가게는 항상 사람이 줄 서 있어서, 아무래도 인기가 있는 것 같다.

「どうやら」는「아무래도」라는 의미를 가진 부사이고「みたいだ」는「〜인 것 같다」는 추측을 나타내는 표현입니다. 각각의 예문을 보겠습니다.

「どうやら彼女は宇宙人らしい:아무래도 그녀는 우주인같다」

「数日前から風邪みたいな症状が続いている:며칠 전부터 감기 같은 증상이 계속되고 있다」입니다.

2. 私は社長に理由も説明されずいきなり解雇された。

→ 나는 사장님에게 이유도 설명 받지 못하고 갑자기 해고당했다.

「されず」의「ず」는「ないで」와 같은 의미이고「いきなり」는「갑자기」라는 뜻을 가진 부사인데「急に」와 같은 뜻입니다. 각각의 예문을 보겠습니다.

「この部屋には、靴を脱がずお入りください:이 방에는 신발을 벗지 말고 들어가 주세요」

「いきなり先生に質問をされたので、答えられなかった:갑자기 선생님께 질문 받아서 대답할 수 없었다」입니다.

3. 地震の警報です。仕方ないので本日はこれで閉店いたします。

→ 지진의 경보입니다. 어쩔 수가 없으니 오늘은 이것으로 폐점하겠습니다.

「いたす」는「する」의 겸양표현이고, 존경표현은「なさる」입니다. 그 동사가 가지고 있는 자체 존경어와 겸양어는 반드시 암기하는 것이 좋습니다. 각각의 예문을 보겠습니다.

「このゲームは、サービスを終了いたします:이 게임은 서비스를 종료하겠습니다」

「お飲み物は何になさいますか:마실 것은 무엇으로 하시겠습니까?」입니다.

4. 軽い病気でもしっかりと治したほうがいい。

→ 가벼운 병이라고 확실히 치료하는 편이 좋다.

「しっかり」는「정신, 태도, 기억」등이「확실한 모양」을 나타내는 부사입니다. 회화에서 자주 사용하는 표현이니 반드시 암기해 두세요. 두 개의 예문을 보겠습니다.

「朝食をしっかり摂らなければ元気がでません:아침밥을 제대로 섭취하지 않으면 힘이 안 납니다」

「さぼっていないでしっかり仕事しなさい:게으름 피우지 말고 일해라」입니다.

5. 今後起こりうる大規模な風水害に備えて、日頃から家の周りの点検をする。

→ 앞으로 일어날 수 있는 대규모의 풍수해에 대비해서 평소부터 집 주변의 점검을 한다.

「동사ます형+うる」는「〜수 있다」라는 의미인데,「ありうる:있을 수 있다」「ありえない:있을 수 없다」라는 표현을 알아두세요.

unit. 9 熱があるみたいです

어휘연습

어휘	읽기	의미
解雇		
警報		
閉店		
今後		
大規模		
風水害		

작문연습

1. 감기 걸리면 빨리 병원에 가서 진찰을 받는 편이 좋습니다.

2. 해외에서의 병, 부상, 사고 등에 대비해서 해외여행보험에 가입해 주세요.

3. 여름휴가 때 국내를 관광할 계획을 세웠다.

문제풀이

어휘	읽기	의미
解雇	かいこ	해고
警報	けいほう	경보
閉店	へいてん	폐점
今後	こんご	앞으로
大規模	だいきぼ	대규모
風水害	ふうすいがい	풍수해

1. 風邪を引いたら早く病院に行って診察を受けたほうがいいです。

2. 海外での病気、ケガ、事故などに備えて、海外旅行保険にご加入ください。

3. 夏休みの時、国内を観光する計画を立てた。

風邪(かぜ:감기)의 증상

일본여행 중, 갑자기 감기에 걸려 낭패를 볼 수가 있다. 재빠른 대책이 좋은 여행을 즐기기 위한 최선의 방책이다. 감기의 종류에 대해서 알아보고 증상이 있으면 바로 약을 사서 빨리 치료를 하도록 하자.

風邪を引く 감기 걸리다

鼻水 콧물

鼻づまり 코막힘

疲れ 몸살

くしゃみ 재채기

咳 기침

発熱 발열

悪寒 오한

喉の痛み 목이 아픔

頭痛 두통

きんにく いた
筋肉の痛み 근육이 아픔

たん 가래

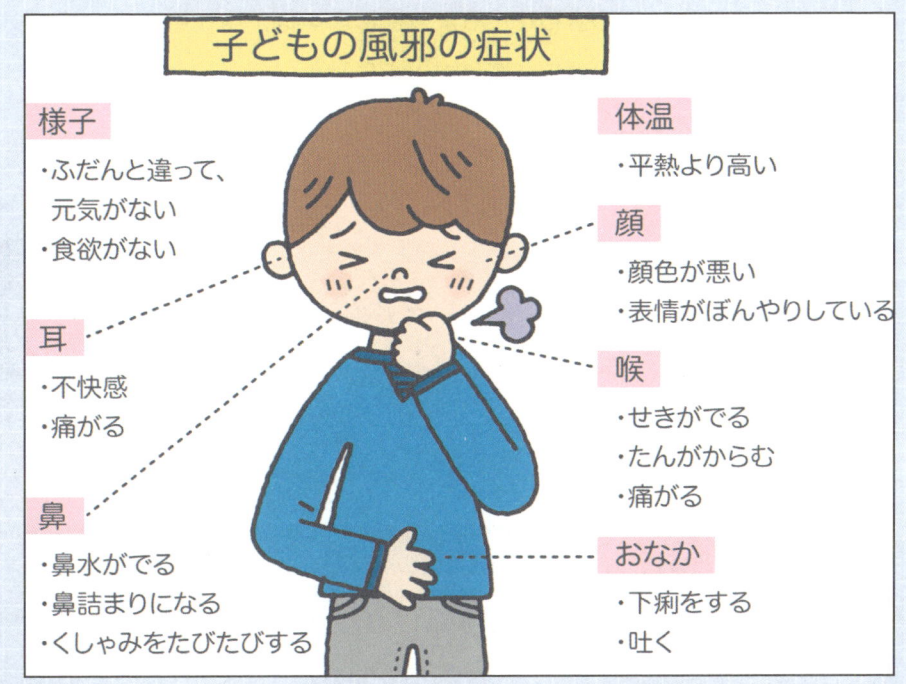

unit.10 １時間だけしかないです

본문회화

金　　： さっき一緒に見た映画がおもしろかったので、少しお茶をしていきませんか。いろいろ感想を聞きたいです。

島津　： それはいいですね。でも時間が１時間だけしかないです。

金　　： どうしますか。無理にとは言いませんよ。

島津　： １時間でもいいなら、一緒にお茶をしましょう。

金　　： わかりました。

島津　： この次は埋め合わせするようにしますね。

金　　： とにかく早くお店を探しましょう。

島津　： そうですね。

어휘 표현

- ～だけしかない ～밖에 없다
- さっき 조금 전
- 一緒に 함께
- 映画 영화
- お茶をする 차를 마시다
- 感想 감상
- 無理 무리
- 次 다음
- 埋め合わせ 보충
- とにかく 여하튼
- 探す 찾다

본문해석

김 : 조금 전 함께 봤던 영화가 재미있었기에 잠시 차를 마시고 가지 않겠습니까? 여러 가지 감상을 듣고 싶습니다.
시마즈 : 그건 좋군요. 하지만 시간이 1시간밖에 없습니다.
김 : 어떻게 하겠습니까? 무리하라고는 하지 않겠습니다.
시마즈 : 1시간이라도 괜찮다면 함께 차를 마셔요.
김 : 알겠습니다.
시마즈 : 다음에는 보충하도록 할 거죠?
김 : 여하튼 빨리 가게를 찾읍시다.
시마즈 : 그래요.

응용표현

1. 今日はほんの朝食だけしか食べてない。
   → 오늘은 아침밥을 아주 조금밖에 먹지 않았다.

2. 無理にその本を読まなくてもいいですよ。
   → 무리하게 그 책을 읽지 않아도 됩니다.

3. 頭がよくても成績もいいとは言えない。
   → 머리가 좋아도 성적도 좋다고는 할 수 없다.

4. 誰でもいいなら、私でもいいじゃないですか。
   → 누구라도 좋다면 저라도 괜찮지 않습니까?

5. 試合結果はとにかく、今までどれだけ練習してきたかどうかが大切だ。
   → 시합결과는 어쨌든 간에 지금까지 얼마나 연습해왔는지 어떤지가 중요하다.

어휘표현

☐ ほんの~ 아주 적은 ☐ ~朝食 아침밥 ☐ ~だけしかない ~밖에 없다 ☐ 頭 머리
☐ 成績 성적 ☐ ~とは言えない ~라고는 할 수 없다 ☐ 誰でも 누구라도 ☐ 試合 시합
☐ 結果 결과 ☐ ~はとにかく ~은 어쨌든 간에 ☐ 練習 연습 ☐ 大切だ 중요하다

unit. 10　1時間だけしかないです

응용표현 풀이

1. 今日はほんの朝食だけしか食べてない。

→ 오늘은 아침밥을 아주 조금밖에 먹지 않았다.

「ほんの〜」는 「아주 적은〜」이라는 의미인데, 「ほんの」 다음에는 「수치나 양이 적은 단어」가 옵니다. 두 개의 예문을 보겠습니다.
「ほんの少しの砂糖を加えてください:아주 적은 설탕을 첨가해 주세요」
「最寄りのバスの停留所まで歩いてほんの5分です:가장 가까운 버스정류장까지 불과 5분입니다」입니다.

2. 無理にその本を読まなくてもいいですよ。

→ 무리하게 그 책을 읽지 않아도 됩니다.

「〜てもいいです」는 「〜해도 좋습니다」라는 의미인데, 조사 「も」를 생략하여 「〜ていいです」라고 해도 같은 의미가 됩니다. 한 개의 예문을 보겠습니다.
「部屋が少し暗いので、電気をつけてもいいですか:방이 조금 어두우니 불을 켜도 되겠습니까?」
「先生、テストの時、辞書を使っていいですか:선생님, 시험칠 때, 사전을 사용해도 됩니까?」입니다.

3. 頭がよくても成績もいいとは言えない。

→ 머리가 좋아도 성적도 좋다고는 할 수 없다.

「〜とは言えない」는 「〜라고는 할 수 없다」는 의미로, 「〜とはかぎらない」와 같은 의미입니다. 두 개의 예문을 보겠습니다.
「海外に住んだからと言って、英語がペラペラになるとはかぎらない:해외에서 살았

다고 해서 영어가 유창하게 된다고는 할 수 없다」

「有名でも、みんなが知っているとは言えない:유명하더라도 모두가 알고 있다고는 할 수 없다」입니다.

4. 誰でもいいなら、私でもいいじゃないですか。

→ 누구라도 좋다면 저라도 괜찮지 않습니까?

「～でもいいなら」는 「～라도 좋다면」이라는 의미입니다. 어려운 표현이 아니니 한 개의 예문을 보겠습니다.

「私でもいいなら手伝います:저라도 괜찮다면 돕겠습니다」입니다.

5. 試合結果はとにかく、今までどれだけ練習してきたかどうかが大切だ。

→ 시합결과는 어쨌든 간에 지금까지 얼마나 연습해왔는지 어떤지가 중요하다.

「～はとにかく」는 「～은 어쨌든 간에」라는 의미입니다. 자주 사용하는 표현이니 암기해 두세요. 두 개의 예문을 보겠습니다.

「彼女の料理は見た目はとにかく、味は美味しい:그녀의 요리는 외관은 어쨌든 간에 맛은 좋다」

「結婚相手は、顔はとにかく、料理ができる人がいい:결혼상대는 얼굴은 어쨌든 간에 요리를 잘 하는 사람이 좋다」입니다.

unit. 10 １時間だけしかないです

어휘연습

어휘	읽기	의미
朝食		
成績		
試合		
結果		
練習		
大切だ		

작문연습

1. 어제 개봉한 영화를 본 감상을 들려주세요.

2. 무리하게 부탁을 받아서 난처해하고 있다.

3. 여하튼 부하의 이야기를 듣고 결정합시다.

 문제풀이

어휘	읽기	의미
朝食	ちょうしょく	아침밥
成績	せいせき	성적
試合	しあい	시합
結果	けっか	결과
練習	れんしゅう	연습
大切だ	たいせつだ	중요하다

1. 昨日公開した映画を見た感想を聞かせてください。
きのう こうかい　　えいが　み　かんそう　き

2. 無理に頼まれて困っている。
むり　たの　こま

3. とにかく部下の話を聞いてから決めましょう。
ぶか　はなし　き　き

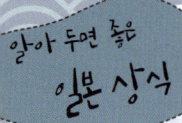

黒澤明(쿠로사와 아키라) 감독

1910년 3월 23일 현재의 도쿄도 시나가와 구에서 태어났다. 1936년 PCL영화제작소(현·東宝:토호)에 입사, 山本嘉次郎(야마모토 카지로)감독에게 사사한다. 1943년 「姿三四郎(스가타산시로)」로 감독데뷔. 1950년의 「羅生門(라쇼몽)」으로 베네치아 국제영화제 금사자상, 제24회 아카데미상 특별상(최우수 외국어영화상)을 수상, 「세계의 쿠로사와」라고 불리는 일본을 대표하는 감독 중 한 명이 된다. 1988년 9월 6일, 도쿄도 세다야 구의 자택에서 서거. 향년 88세. 통쾌하고 오락성이 있으며 참신한 그 작품은 전세계의 영화인에게 충격을 주었고, 발표 당시뿐만 아니라 지금도 영화제작·영상제작에 아주 큰 영향을 계속 주고 있다.

수상내역

2001 제24회 일본 아카데미상 최우수 각본상

1990 제62회 아카데미 시상식 공로상

1986 제38회 미국 감독 조합상 골든 쥬빌리 특별상

1981 제34회 영국 아카데미 시상식 데이빗 린 상

1980 제33회 칸영화제 황금종려상

1965 제29회 베니스국제영화제 황금사자상

1959 제9회 베를린국제영화제 은곰상

1954 제18회 베니스국제영화제 은사자상

1951 제15회 베니스국제영화제 황금사자상, 이탈리아 영화평론가상

unit. 11 見てもよいですか

본문회화

金　　：　先輩、携帯を買い替えたのですか。

島津　：　よくわかったね。ちょっと奮発して、最新のモデルにしてみたよ。

金　　：　いいですね。

島津　：　容量が大きいし、画質も良くなった。

金　　：　ちょっと見てもよいですか。

島津　：　いいよ。落とさないように気を付けてね。

金　　：　ありがとうございます。本当に画質が良いですね。私も機種変更をしたくなりますね。

島津　：　実は、私も友人の新しい携帯を見て、影響を受けたんだ。

어휘 표현

- 先輩(せんぱい) 선배
- 携帯(けいたい) 휴대(폰)
- 買い替える(かかえる) 새로 사다
- 奮発(ふんぱつ) 분발
- 最新(さいしん) 최신
- 容量(ようりょう) 용량
- 画質(がしつ) 화질
- 落とす(おとす) 떨어뜨리다
- 機種(きしゅ) 기종
- 変更(へんこう) 변경
- 実は(じつは) 실은
- 友人(ゆうじん) 친구
- 新しい(あたらしい) 새롭다
- 影響(えいきょう) 영향
- 受ける(うける) 받다

김   : 선배님, 휴대폰을 새로 샀습니까?
시마즈 : 잘 아네. 좀 분발해서 최신 모델을 샀어.
김   : 좋군요.
시마즈 : 용량이 크고 화질도 좋아졌어.
김   : 좀 봐도 되겠습니까?
시마즈 : 좋아. 떨어뜨리지 않도록 주의해.
김   : 감사합니다. 정말로 화질이 좋군요. 저도 기종변경을 하고 싶어 지는군요.
시마즈 : 실은 나도 친구의 새로운 휴대폰을 보고 영향을 받았어.

응용표현

1. パソコンを買い替えたので必要となる作業をした。
   → PC를 새로 샀기 때문에 필요한 작업을 했다.

2. 先週出たカメラをちょっと奮発してでも手に入れたい。
   → 지난주 나온 카메라를 좀 분발해서 라도 손에 넣고 싶다.

3. 子どもを連れて行ってもよいですか。
   → 아이를 데리고 가도 괜찮습니까?

4. 忘れ物をしないように気を付けてください。
   → 분실물이 없도록 주의해 주세요.

5. 新型コロナウイルス感染拡大によって莫大な影響を受けた。
   → 신형 코로라 바이러스 감염확대에 의해서 막대한 영향을 받았다.

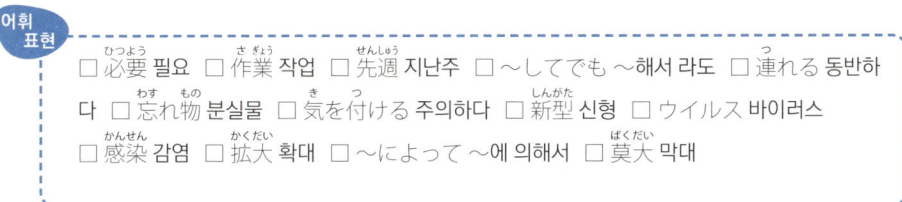

unit. 11 見てもよいですか

응용표현 풀이

1. パソコンを買い替えたので必要となる作業をした。

→ PC를 새로 샀기 때문에 필요한 작업을 했다.

「買(か)い替(か)える」는 「새로 사다」는 의미를 가진 동사입니다. 한 개의 예문을 보겠습니다.
「車(くるま)を買(か)い替(か)えた方(ほう)がお得(とく)になるケースもあります:자동차를 새로 사는 편이 이득이 되는 경우도 있습니다」 입니다.

2. 先週出たカメラをちょっと奮発してでも手に入れたい。

→ 지난주 나온 카메라를 좀 분발해서 라도 손에 넣고 싶다.

「~してでも」는 「~해서 라도」 라는 의미이지만, 직역을 해도 이해가 되는 표현이지만, 문법적 으로는 어색하기에 틀린 표현이라고 착각하는 경우가 많습니다. 정확하게 암기해 주세요. 두 개의 예문을 보겠습니다.
「芸能人(げいのうじん)とデートできるなら、100万円(まんえんはら)払ってでもしたい:연예인과 데이트를 할 수 있다면 100만엔을 지불해서 라도 하고 싶다」
「仕事(しごと)を休(やす)んででも、オリンピックを見(み)に行(い)くつもりだ:일을 쉬어서 라도 올림픽을 보러 갈 생각이다」 입니다.

3. 子どもを連れて行ってもよいですか。

→ 아이를 데리고 가도 괜찮습니까?

「~てもよい」는 「~해도 좋다」는 표현으로 「~てもいい/~てもかまわない」 와 같은 의미입니다. 한 개의 예문을 보겠습니다.
「メールが面倒(めんどう)なら、電話(でんわ)してもいいよ:메일이 귀찮다면 전화해도 괜찮다」 입니다.

4. 忘れ物をしないように気を付けてください。

→ 분실물이 없도록 주의해 주세요.

「〜ように」는「〜하도록」이라는 표현입니다. 앞에서도 배웠기에 한 개의 예문을 보겠습니다.

「ちょっとした不注意で怪我しないようにしてください:자그마한 부주의로 부상을 당하지 않도록 해 주세요」입니다.

5. 新型コロナウイルス感染拡大によって莫大な影響を受けた。

→ 신형 코로라 바이러스 감염확대에 의해서 막대한 영향을 받았다.

「〜によって」는「〜에 의해서, 〜에 따라서」라는 의미입니다. 두 개의 예문을 보겠습니다.

「不況によって多くの会社が倒産している:불황에 의해서 많은 회사가 도산하고 있다」
「予報によると、所によっては大雨になるそうだ:예보에 의하면, 곳에 따라 많은 비가 내린다고 한다」입니다.

unit.11 見てもよいですか

어휘연습

어휘	읽기	의미
作業		
奮発		
連れる		
新型		
感染		
拡大		

작문연습

1. 휴대폰을 새로 샀는데 기능이 너무 많아서 잘 모르겠다.

2. 화질은 상당히 뛰어났지만, 용량이 적어서 불만이야.

3. 여자친구의 생일선물로 최신기종의 스마트폰을 사주었다.

 문제풀이

어휘	읽기	의미
作業	さぎょう	작업
奮発	ふんぱつ	분발
連れる	つれる	동반하다
新型	しんがた	신형
感染	かんせん	감염
拡大	かくだい	확대

1. 携帯を買い替えたけど、機能が多すぎてよく分からない。

2. 画質はとても優れているが容量が少なくて不満だよ。

3. 彼女の誕生日のプレゼントで最新機種のスマホを買ってあげた。

알아 두면 좋은 **일본 상식**

スマホ(스마트폰)

현대인의 필수품인 휴대전화는 일본어로 携帯(けいたい)(휴대전화), 혹은 スマホ(스마트폰)이라고 한다. 스마트폰과 관련된 용어를 알아보도록 하자

アップデート 업데이트

アプリ 앱

おくだけ充電(じゅうでん) 무선충전

オサイフケータイ 모바일지갑

画面(がめん)ロック 화면 잠금

チャット 채팅

ブルートゥース 블루투스

マナーモード 진동

メッセンジャー 메신저

ユーチューブ 유투브

ワイファイ 와이파이

飛行機(ひこうき)モード 비행기모드

MEMO

unit. 12 そろそろ帰ります

본문회화

金　　：　今、何時ですか。

島津　：　あと５分で１０時です。

金　　：　もうそんな時間だったのですか。

島津　：　そうです。本当に時間が経つのは速いですね。

金　　：　実は明日ですが、朝から大事なアポが入っていて、寝坊をするわけにはいきません。

島津　：　そうだったんですね。

金　　：　そろそろ帰りますね。明日に備えます。

島津　：　気をつけて帰ってください。

어휘 표현

□ そろそろ 슬슬　□ 帰る 돌아가다　□ あと 앞으로　□ 経つ 경과하다　□ 速い 빠르다
□ 朝 아침　□ 大事だ 중요하다　□ アポ 약속　□ 寝坊をする 늦잠을 자다
□ ～わけにはいかない ～수는 없다　□ 備える 대비하다

본문해석

김　　　: 지금 몇 시입니까?
시마즈　: 앞으로 5분 지나면 10시입니다.
김　　　: 벌써 시간이 그렇게 되었습니까?
시마즈　: 그렇습니다. 정말로 시간이 흐르는 것은 빠르군요.
김　　　: 실은 내일입니다만, 아침부터 중요한 약속이 있어서, 늦잠을 잘 수는 없습니다.
시마즈　: 그러하군요.
김　　　: 슬슬 돌아가겠습니다. 내일을 준비하겠습니다.
시마즈　: 주의해서 돌아가세요.

응용표현

1. あと１時間あれば課題は終わります。
   → 앞으로 1시간 있으면 과제는 끝납니다.

2. コーヒーは時間が経つにつれてまずくなる。
   → 커피는 시간이 흐름에 따라 맛이 없어진다.

3. 急なアポが入ってしまったため、本日１５時からの打ち合わせへの出席をキャンセルさせていただきます。
   → 급한 약속이 들어왔기 때문에 오늘 15시부터의 협의의 출석을 취소하겠습니다.

4. これは母がくれた大切なものですから、誰にもあげるわけにはいかないんです。
   → 이것은 어머니가 준 소중한 것이니 누구에게도 줄 수는 없습니다.

5. そろそろ紅葉が楽しめる季節となります。
   → 머지않아 단풍을 즐길 수 있는 계절이 됩니다.

> □ 課題 과제　□ 終わる 끝나다　□ ～につれて ~함에 따라　□ まずい 맛없다
> □ 急だ 급하다　□ 本日 오늘　□ 打ち合わせ 협의　□ 出席 출석　□ 동사사역형+～ていただく ~하겠다(겸양표현)　□ 紅葉(もみじ) 단풍　□ 楽しむ 즐기다　□ 季節 계절

unit. 12 そろそろ帰ります

응용표현 풀이

1. あと１時間あれば課題は終わります。

→ 앞으로 1시간 있으면 과제는 끝납니다.

「あと」 다음에 숫자가 접속되었을 때는 「앞으로」 라는 의미를 가진다고 했습니다. 그 외에 「나머지」 라는 의미도 있는데, 한 개의 예문을 보겠습니다.
「あとは杉本さんに任せます:나머지는 스기모토 씨에게 맡기겠습니다」 입니다.

2. コーヒーは時間が経つにつれてまずくなる。

→ 커피는 시간이 흐름에 따라 맛이 없어진다.

「～につれて」 는 「～함에 따라」 라는 의미인데, 「～にしたがって」 「～にともなって」 와 같은 의미입니다. 두 개의 예문을 보겠습니다.
「年をとるにつれて、白髪が増えてきた:나이를 먹음에 따라 백발이 증가해 왔다」
「冬が近づくにつれて、街はだんだんクリスマスムードになってきた:겨울이 다가옴에 따라, 거리는 점점 크리스마스무드가 되었다」 입니다.

3. 急なアポが入ってしまったため、本日１５時からの打ち合わせへの出席をキャンセルさせていただきます。

→ 급한 약속이 들어왔기 때문에 오늘 15시부터의 협의의 출석을 취소하겠습니다.

「동사사역형+～ていただく」 는 「겸양표현」 으로서 「～하겠다」 라고 해석합니다. 두 개의 예문을 보 겠습니다.
「寒いので窓を閉めさせていただきます:추우니 창문을 닫겠습니다」
「もうこんな時間なので帰らせていただきます:벌써 시간이 이렇게 늦었으니 돌아가겠습니다」 입니다.

4. これは母がくれた大切なものですから、誰にもあげるわけにはいかないんです。

→ 이것은 어머니가 준 소중한 것이니 누구에게도 줄 수는 없습니다.

「〜わけにはいかない」는 「〜수는 없다」라는 의미입니다. 반드시 암기해야 할 표현입니다. 한 개의 예문을 보겠습니다.

「この試合は、絶対に負けるわけにはいかない:이 시합은 절대 질 수는 없다」

5. そろそろ紅葉が楽しめる季節となります。

→ 머지않아 단풍을 즐길 수 있는 계절이 됩니다.

「そろそろ」는 「머지않아, 슬슬」이라는 의미입니다. 그럼 「そろそろ」가 들어가는 예문 두 개를 보겠습니다.

「もう遅い時間だから、そろそろ帰ろうよ:이제 늦은 시간이니 슬슬 돌아가자」
「木の葉も落ち始めたし、そろそろ冬だね:나뭇잎이 떨어지기 시작했고, 머지않아 겨울이군」 입니다.

unit. 12 そろそろ帰ります

 어휘연습

어휘	읽기	의미
入国		
寝坊		
備える		
白髪		
紅葉		
季節		

 작문연습

1. 막 정오를 지났습니다.

2. 시간이 벌써 이렇게 되었으니 슬슬 돌아가겠습니다.

3. 중요한 회의여서 지각할 수는 없습니다.

문제풀이

어휘	읽기	의미
経つ	たつ	경과하다
寝坊	ねぼう	늦잠
備える	そなえる	대비하다
白髪	しらが	백발
紅葉	もみじ	단풍
季節	きせつ	계절

1. 正午を過ぎたばかりです。

2. もうこんな時間だからそろそろ帰ります。

3. 大事な会議なので遅刻するわけにはいかないです。

알아 두면 좋다 일본 상식

ハチ公と上野博士(하치코와 우에노 박사)의 이야기

순수 秋田(아키다)견으로서 태어났던 하치(개 이름)가, 생후 50일 만에 도쿄대학 농학부의 교수였던 上野英三郎(우에노 에이사부로)박사에게 온 것은 1924년 1월이었다. 개를 아주 좋아했던 박사는, 몸이 약한 하치를 자신의 침대에서 재우는 등 세심한 배려를 하며 키웠고, 대학이나 시부야 역으로 항상 데리고 다녔다. 1925년 5월 21일, 박사가 대학에서 급사하며 갑작스런 이별이 찾아온 것은 하치가 우에노에서 자란지 17개월 때의 일이었다. 하치는 그 후, 아침 저녁으로 역으로 와서, 개찰구에서 나오는 사람들 속에 우에노 박사의 모습과 냄새를 찾아 헤매었다. 하치의 마음에는, 애정이 넘쳤고 자신을 귀여워해주었던 주인에 대한 기억이 뚜렷하게 남아 있었던 것이다.

알아 두면 좋은 일본 상식

unit. 13 お気持ちだけいただきます

본문회화

金　　：　この度は本当にお世話になりました。

島津　：　そんなことないです。

金　　：　これはつまらないものですが、お礼のしるしです。

島津　：　かえって気を遣わせてしまいましたね。

金　　：　どうか受け取ってください。

島津　：　いや、受け取るわけにはいきませんよ。

金　　：　そんなことをおっしゃらないでください。

島津　：　実は会社の方針で、お礼の品は受け取らないことになっています。ですから、お気持ちだけいただきます。

어휘 표현

□ 気持ち 마음　□ この度 이번　□ お世話になる 신세를 지다
□ つまらない 시시하다　□ お礼 감사　□ しるし 표시　□ かえって 오히려
□ 気を遣う 신경을 쓰다　□ どうか 부디　□ 受け取る 받다
□ ～わけにはいかない ～수는 없다　□ 実は 실은　□ 会社 회사　□ 方針 방침
□ 品 물건

본문해석

김	: 이번에는 정말로 신세를 졌습니다.
시마즈	: 그렇지 않습니다.
김	: 이것은 별 것 아니지만 감사의 표시입니다.
시마즈	: 오히려 신경을 쓰게 만들어버렸군요.
김	: 부디 받아주세요.
시마즈	: 아뇨, 받을 수는 없습니다.
김	: 그런 말씀을 하지 말아 주세요.
시마즈	: 실은 회사의 방침으로, 감사의 물건을 받지 않기로 되어 있습니다. 그래서 마음만 받겠습니다.

응용표현

1. この度は弊社の求人募集にご応募いただきまして、誠にありがとうございます。
    → 이번에는 저희 회사의 구입모집에 응모해 주셔서 진심으로 감사합니다.

2. つまらないものですが、気に入っていただけたら幸いです。
    → 별 것 아니지만, 마음에 드실 수 있다면 감사하겠습니다.

3. 休養するどころかかえっていつもより仕事に励んだ。
    → 휴양은커녕 오히려 평소보다 일에 매진했다.

4. 高価なものを渡したら相手に気を遣わせてしまいます。
    → 고가의 물건을 건네면 상대방에게 신경을 쓰게 만들어버립니다.

5. 本日をもちましてサービスを終了させていただくことになりました。
    → 오늘로 서비스를 종료하게 되었습니다.

어휘 표현

- □ 弊社 저희 회사 □ 求人 구인 □ 募集 모집 □ 応募 응모 □ 誠に 진심으로
- □ 気に入る 마음에 들다 □ 幸い 다행 □ 休養 휴양 □ ～どころか ～은커녕
- □ 励む 애쓰다, 힘쓰다 □ 高価 고가 □ 渡す 건네다 □ 相手 상대 □ 本日 오늘
- □ ～をもちまして ～으로 □ 終了 종료 □ ～ことになる ～하게 되다

unit.13 お気持ちだけいただきます

응용표현 풀이

1. この度は弊社の求人募集にご応募いただきまして、誠にありがとうございます。

→ 이번에는 저희 회사의 구입모집에 응모해 주셔서 진심으로 감사합니다.

「弊社(へいしゃ)」는 자신의 회사를 겸손하게 표현하는 단어입니다.「상대방의 회사」에 대해서는「貴社(きしゃ):귀사」「御社(おんしゃ)」라고 표현합니다. 비즈니스 회화에서 본인의 회사와 상대방의 회사에 대해서 지칭하는 단어이므로 반드시 암기해 주세요.

2. つまらないものですが、気に入っていただけたら幸いです。

→ 별 것 아니지만, 마음에 드실 수 있다면 감사하겠습니다.

「幸い」는「다행, 행복, 다행히」이라는 의미를 가지고 있으며, 비즈니스 일본어로 많이 사용되는「幸いです」는「좋겠습니다」「감사하겠습니다」라는 의미를 가지고 있습니다. 주로 가정형과 접속하여 많이 사용되는데,「~하면 좋겠습니다」「~하면 감사하겠습니다」등으로 해석합니다.

3. 休養するどころかかえっていつもより仕事に励んだ。

→ 휴양은커녕 오히려 평소보다 일에 매진했다.

「~どころか」는「~은커녕」이라는 의미이고,「かえって」는「오히려」라는 의미를 가진 부사입니다. 제 각각의 예문을 보겠습니다.

「頑張(がんば)って勉強(べんきょう)しても、成績(せいせき)は良(よ)くなるどころか、悪(わる)くなってきた:열심히 공부해도 성적은 좋아지기는커녕, 나빠졌다」
「そんな事(こと)を彼に言(い)ったら、かえって怒(おこ)らせるよ:그런 것을 그에게 말하면 오히려 화를 나게 할 거야」입니다.

4. 高価なものを渡したら相手に気を遣わせてしまいます。

→ 고가의 물건을 건네면 상대방에게 신경을 쓰게 만들어버립니다.

「気を遣う」는 「신경을 쓰다」는 의미인데, 「気を遣わせる」는 사역표현입니다. 동사의 사역형은 「~하게 만들다」라고 해석하면 거의 모든 문장을 부드럽게 해석할 수 있습니다.

5. 本日をもちましてサービスを終了させていただくことになりました。

→ 오늘로 서비스를 종료하게 되었습니다.

「~をもちまして」는 「~으로」라는 의미인데, 「~をもって」와 같은 뜻입니다. 두 개의 예문을 보겠습니다.

「これをもちまして、会議を終わります:이것으로 회의를 마치겠습니다」
「期末レポートをもって、成績を決めます:기말리포트로 성적을 결정하겠습니다」입니다.

unit. 13 お気持ちだけ いただきます

어휘연습

어휘	읽기	의미
弊社		
求人		
募集		
幸い		
休養		
励む		

작문연습

1. 신세를 졌던 분들에게 마음을 담아 선물을 보냈다.

2. 택시를 탔지만 오리려 시간이 걸려버렸다.

3. 마음만으로 충분합니다. 신경 쓰지 말아주세요.

 문제풀이

어휘	읽기	의미
弊社	へいしゃ	저희 회사
求人	きゅうじん	구인
募集	ぼしゅう	모집
幸い	さいわい	다행
休養	きゅうよう	휴양
励む	はげむ	애쓰다, 힘쓰다

1. お世話になった方々に心を込めて贈り物をした。

2. タクシーに乗ったがかえって時間がかかってしまった。

3. 気持ちだけで充分です。気を遣わないでください。

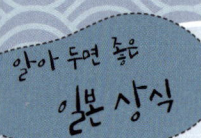

お中元・お歳暮(오츄겐・오세이보)란 무엇인가?

お中元(오츄겐)은 신세를 졌던 사람에게 평소의 감사의 마음을 담아서 선물을 하는 일본의 풍습이며, 中元은 원래는 도교의 풍속의 하나로, 음력 7월 15일이다. 이 날에 행해졌던 제사에 불교의 盂蘭盆会(우라봉에)가 장식되고 조상의 영을 공양하는 날이 되었으며, 에도시대 이후는 친척이나 신세를 졌던 사람에게 선물을 주는 습관으로 발전되어 현재와 같은 형태가 되었다.

お歳暮(오세이보)는, 평소에 신세를 졌던 사람들에게 1년을 마무리하는 감사의 마음으로서 선물하는 것이다. 그 기원은 에도시대까지 거슬러 올라가, 매년 お盆(오봉:8월 15일)과 연말에 집주인과 거래처에게 「평소에 신세를 졌습니다. 앞으로도 잘 부탁합니다」 라는 의미를 담아, 세를 든 사람과 상인이 선물을 지참했던 것이 시작이라고 한다. 그것이 상관습과 결부되어 현재와 같은 형태가 되었다.

알아 두면 좋은 일본 상식

unit. 14 1人では無理です

본문회화

島津 ： 今、宅急便で届いた荷物を、至急、会議室まで運んでくれないかな。

金 ： かなり重いですね。

島津 ： 確かにそうだね。

金 ： 1人では無理です。誰かに手伝ってもらえないでしょうか。

島津 ： 了解。ちょっと他の人にも声をかけてみるよ。

金 ： よろしくお願いします。

島津 ： 本当だったら僕が一緒に運ぶべきだけど、これから来客があるので、申し訳ないね。

金 ： 忙しいときは仕方がないです。気にしないでください。

어휘 표현

- 無理 무리 □ 宅急便 택배 □ 届く 도달되다 □ 荷物 짐 □ 至急 즉시
- 会議室 회의실 □ 運ぶ 운반하다 □ かなり 상당히 □ 重い 무겁다
- 確かに 확실히 □ 手伝う 돕다 □ 了解 알다 □ 他 다른 □ 声をかける 말을 걸다
- ～べきだ ～해야만 하다 □ 来客 내객 □ 申し訳ない 미안하다 □ 忙しい 바쁘다
- 仕方がない 어쩔 수 없다 □ 気にする 신경 쓰다

본문해석

시마즈 : 지금 택배로 도착된 짐을, 즉시 회의실까지 운반해 주지 않을래?
김 : 상당히 무겁군요.
시마즈 : 확실히 그렇군.
김 : 혼자서는 무리입니다. 누군가에게 도움을 받을 수 없을까요?
시마즈 : 알았어. 잠시 다른 사람에게도 물어 볼게.
김 : 잘 부탁합니다.
시마즈 : 진짜라면 내가 함께 운반해야만 하는데, 지금 손님이 오기에 미안해.
김 : 바쁠 때는 어쩔 수가 없습니다. 신경 쓰지 말아주세요.

응용표현

1. 既にお客様が応接室でお待ちということですね、至急対応いたします。
   → 이미 손님이 응접실에서 기다리고 있다는 것이죠, 즉시 대응하겠습니다.

2. 娘は初めてのピアノの発表会なので、朝からかなり緊張しているようだ。
   → 딸은 첫 피아노 발표회여서 아침부터 상당히 긴장하고 있는 것 같다.

3. 結婚式のスピーチをしてもらえないでしょうか。
   → 결혼식의 연설을 해 줄 수 없을까요?

4. 取扱説明書はもっと簡単であるべきだと思う。
   → 취급설명서는 더욱 간단해야만 한다고 생각한다.

5. 人の目を気にしない人にあこがれている。
   → 남의 눈을 신경 쓰지 않는 사람을 동경하고 있다.

어휘 표현

□ 既に 이미 □ お客様 손님 □ 応接室 응접실 □ 至急 즉시 □ 対応 대응 □ 娘 딸
□ 初めて 처음 □ 発表会 발표회 □ かなり 상당히 □ 緊張 긴장 □ 結婚式 결혼식
□ 取扱 취급 □ 説明書 설명서 □ もっと 더욱 □ 簡単 간단 □ あこがれる 동경하다

unit. 14 １人では無理です

응용표현 풀이

1. 既にお客様が応接室でお待ちということですね、至急対応いたします。

→ 이미 손님이 응접실에서 기다리고 있다는 것이죠, 즉시 대응하겠습니다.

「既に」는 「이미, 벌써」라는 의미로 「もう」와 같은 의미입니다. 그리고 「至急」는 「즉시, 바로」라는 의미인데, 제 각각의 예문을 보겠습니다.

「列車は既に出たあとだった:열차는 이미 떠난 뒤였다」
「事情があって、至急資金が必要です:사정이 있어서 즉시 자금이 필요합니다」 입니다.

2. 娘は初めてのピアノの発表会なので、朝からかなり緊張しているようだ。

→ 딸은 첫 피아노 발표회여서 아침부터 상당히 긴장하고 있는 것 같다.

「初めて」는 「경험 상의 처음」을 나타내고, 「순서 상」의 「제일 먼저」는 「はじめに」입니다. 예문을 통해서 알아볼게요.

「私は初めてお酒を飲みました:나는 처음 술을 마셨습니다」
「はじめに山田さんの意見を聞きましょう:제일 먼저 야마다 씨의 의견을 들읍시다」 입니다.

3. 結婚式のスピーチをしてもらえないでしょうか。

→ 결혼식의 연설을 해 줄 수 없을까요?

「〜てもらえないでしょうか」는 「〜해 줄 수 없을까요?」라는 의미인데, 상대방에게 의뢰를 할 때 사용하는 표현으로, 정중하게 표현하면 「〜ていただけませんでしょうか」라고 합니다. 두 개의 예문을 보겠습니다.

「詳しいことを教えてもらえないでしょうか:상세한 것은 가르쳐 줄 수 없을까요?」
「すみませんが、もう少し静かにしていただけませんでしょうか:실례합니다만, 좀

더 조용히 해 주실 수 없겠습니까?」입니다.

4. 取扱説明書はもっと簡単であるべきだと思う。

→ 취급설명서는 더욱 간단해야만 한다고 생각한다.

그리고 「〜べきだ」는 「〜해야만 하다」라는 의미입니다. 부정문 「〜べきではない」은 「〜해서는 안 된다」는 의미입니다. 예문을 보도록 하겠습니다.

「来週試験だから勉強するべきだ:다음 주 시험이니까 공부해야만 한다」
「子供の前で夫婦けんかをするべきではない:아이 앞에서 부부싸움을 해서는 안 된다」
입니다.

5. 人の目を気にしない人にあこがれている。

→ 남의 눈을 신경 쓰지 않는 사람을 동경하고 있다.

「あこがれる」는 「동경하다」는 의미인데, 반드시 조사 「に」를 수반해야 합니다. 두 개의 예문을 보겠습니다.

「彼は都会生活にあこがれている:그는 도시생활을 동경하고 있다」
「海外で働くことにあこがれている:해외에서 일하는 것을 동경하고 있다」입니다.

unit. 14 1人では無理です

 어휘연습

어휘	읽기	의미
既に		
応接室		
至急		
対応		
緊張		
取扱		

 작문연습

1. 회의에 사용할 자료가 지금 즉시 필요합니다.

2. 확실히 그의 의견은 들어볼 가치는 있습니다.

3. 함께 일을 해야만 하지만, 시간이 없어서 죄송합니다.

 문제풀이

어휘	읽기	의미
既に	すでに	이미
応接室	おうせつしつ	응접실
至急	しきゅう	즉시
対応	たいおう	대응
緊張	きんちょう	긴장
取扱	とりあつかい	취급

1. 会議に使う資料が至急必要です。

2. 確かに彼の意見は聞いてみる価値はあります。

3. 一緒に仕事をするべきですが、時間がなくてすみません。

알아 두면 좋은 일본 상식

クロネコヤマトの宅急便(검은 고양이 야마토의 택배)

일본의 애니메이션을 좋아하는 사람은 「宮崎駿(미야자키 하야오)」 감독의 「魔女の宅急便(마녀의 택배)」를 본 적이 있을 것이다. 그 때 나오는 여자 주인공의 이름이 「キキ:키키」인데, 항상 검은 고양이와 같이 다니며, 택배일을 한다. 물론 마녀이기에 빗자루를 타고 날라 다니는 것은 당연하다. 여기에 나오는 고양이가 일본의 택배회사인 「야마토 운수주식회사」의 마스코트이다. 이 회사가 그만큼 전통이 오래되었고 친절한 서비스를 제공하기에, 보통의 일본인들은 택배라고 하면 검은 고양이와 이 회사를 떠올린다.

MEMO

알아 두면 좋은 일본 상식

unit. 15 先約があります

본문회화

金　　：　明日の夕方に少し時間がありますか。相談したいことがあります。

島津　：　明日は先約があります。だから難しいです。

金　　：　それでは明後日の夕方はどうでしょうか。

島津　：　今のところ約束がないので、大丈夫です。

金　　：　そうですか。では明後日の夕方にしましょう。

島津　：　了解です。

金　　：　明後日の午後に連絡するので、その時に日時や場所を決めましょう。

島津　：　ＯＫです。

어휘 표현

☐ 先約(せんやく) 선약　☐ 明日(あした) 내일　☐ 夕方(ゆうがた) 저녁　☐ 相談(そうだん) 상담　☐ 難(むずか)しい 어렵다
☐ 明後日(あさって) 모레　☐ 今(いま)のところ 현재　☐ 約束(やくそく) 약속　☐ 了解(りょうかい) 알다　☐ 午後(ごご) 오후
☐ 連絡(れんらく) 연락　☐ 日時(にちじ) 일시　☐ 場所(ばしょ) 장소　☐ 決(き)める 정하다

본문해석

김　　　　: 내일 저녁에 잠시 시간이 있습니까? 상담하고 싶은 것이 있습니다.
시마즈　　: 내일은 선약이 있습니다. 그래서 힘듭니다.
김　　　　: 그럼 모레 저녁은 어떻습니까?
시마즈　　: 현재는 약속이 없으니 괜찮습니다.
김　　　　: 그렇습니까? 그럼 모레 저녁으로 하겠습니다.
시마즈　　: 알겠습니다.
김　　　　: 모레 오후에 연락할 테니 그 때에 일시랑 장소를 정합시다.
시마즈　　: 알겠습니다.

응용표현

1. 先約がありますので残念ながら参加することができません。
　→ 선약이 있어서 유감이지만 참가할 수가 없습니다.

2. 財布がなくなった。だから買い物をしなかった。
　→ 지갑이 없어졌다. 그래서 쇼핑을 하지 않았다.

3. 今のところ、調査の結果を待つつもりです。
　→ 지금 현재, 조사 결과를 기다릴 생각입니다.

4. 伝染病を防ぐために身のまわりを清潔にしましょう。
　→ 전염병을 막기 위해서 자신 주변을 청결히 합시다.

5. ご都合のよい日時を指定すれば自宅で確実に荷物を受け取れます。
　→ 시간이 괜찮은 일시를 지정하면 자택에서 확실하게 짐을 받을 수 있습니다.

어휘 표현
- ☐ 残念 유감　☐ 参加 참가　☐ 財布 지갑　☐ 調査 조사　☐ 結果 결과　☐ 伝染病 전염병
- ☐ 防ぐ 막다　☐ 身のまわり 자신 주변　☐ 清潔 청결　☐ 都合 사정, 형편　☐ 指定 지정
- ☐ 自宅 자택　☐ 確実 확실　☐ 荷物 짐　☐ 受け取る 받다

unit. 15 先約があります

응용표현 풀이

1. 先約がありますので残念ながら参加することができません。

→ 선약이 있어서 유감이지만 참가할 수가 없습니다.

「残念ながら」는 「유감이지만」이라는 의미로 숙어처럼 암기를 하시는 것이 좋습니다. 예문을 볼까요.

「残念ながら、その件についてはよくわかりません:유감이지만 그 건에 대해서는 잘 모르겠습니다」입니다.

2. 財布がなくなった。だから買い物をしなかった。

→ 지갑이 없어졌다. 그래서 쇼핑을 하지 않았다.

「だから」는 「그래서, 따라서」라는 의미를 가진 접속부사입니다. 두 개의 예문을 보겠습니다.

「窓が開いている。だから寒い:창문이 열려 있다. 그래서 춥다」
「来週から試験だ。だから勉強している:다음주부터 시험이다. 그래서 공부하고 있다」

3. 今のところ、調査の結果を待つつもりです。

→ 지금 현재, 조사 결과를 기다릴 생각입니다.

「今のところ」는 「현재, 현 시점」이라는 의미입니다. 그럼, 두 개의 예문을 통해서 정확한 쓰임을 알아봅시다.

「今のところ問題ありません:현재 문제는 없습니다」
「今のところ順調に進んでおります:현재 순조롭게 진행되고 있습니다」입니다.

4. 伝染病を防ぐために身のまわりを清潔にしましょう。

→ 전염병을 막기 위해서 자신 주변을 청결히 합시다.

「〜ために」는 「〜위해서」라는 의미입니다. 두 개의 예문을 보겠습니다.

「国のために頑張ってください:국가를 위해서 열심히 해 주세요」

「あなたのためにどんなことでもします:당신을 위해서 어떤 일이라도 하겠습니다」입니다.

5. ご都合のよい日時を指定すれば自宅で確実に荷物を受け取れます。

→ 시간이 괜찮을 일시를 지정하면 자택에서 확실하게 짐을 받을 수 있습니다.

「都合」는 「사정, 형편, 시간」이라는 의미로서 다양하게 사용할 수 있는 어휘입니다. 그리고 「都合がつく」는 「시간이 되다, 형편이 되다」는 의미로서 비즈니스 회화에서 많이 사용되는 표현입니다. 두 개의 예문을 통해서 표현방법을 알아보겠습니다.

「お客様のご都合がよろしい時にご来店ください:손님이 시간적인 여유가 있을 때에 내점해 주세요」

「都合がつき次第、私に直接電話で連絡をいただけると助かります:시간이 되는 대로, 나에게 직접 전화로 연락을 해 주실 수 있다면 도움이 되겠습니다」입니다.

unit. 15 先約があります

어휘연습

어휘	읽기	의미
先約		
参加		
財布		
調査		
結果		
伝染病		

작문연습

1. 상담에 응하고 싶어도 선약이 있어서 무리입니다.

2. 그저께부터 5일간 휴가입니다.

3. 일시와 장소가 정해지면 담당자와 함께 가겠습니다.

 문제풀이

어휘	읽기	의미
先約	せんやく	선약
参加	さんか	참가
財布	さいふ	지갑
調査	ちょうさ	조사
結果	けっか	결과
伝染病	でんせんびょう	전염병

1. 相談にのりたくても先約があって無理です。

2. 一昨日から五日間休みです。

3. 日時や場所が決まったら担当者と一緒に行きます。

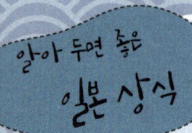

도쿄의 야경 스팟 BEST 4

屋上庭園「KITTEガーデン」 옥상정원 키티 가든

예전 중앙우체국 자리에 세워진 상업 시설「KITTE」. 무료로 개방되는 6층의「키티 가든」은, 우드데크와 잔디가 아름답게 정비된 도시의 오아시스. 날이 저물면 로맨틱한 분위기를 느낄 수 있다.

フジテレビ球体展望室 はちたま 후지텔레비전 구체전망실 하치타마

「후지텔레비전 구체전망실 하치타마」는, お台場(오다이바)에 있는 후지텔레비전 본사의 25층에 위치한 전망실. お台場(오다이바) 등, 바다를 접하고 있는 지역을 270도 전망할 수 있는 파노라마가 매력의 포인트이다.

東京タワー 도쿄타워

도쿄의 상징적인 존재인 도쿄타워는, 지상 150미터에 위치하는 메인데크와 250미터에 위치하는 탑데크, 두 개의 전망대가 있고, 360도 파노라마의 절경을 느낄 수 있다.

SHIBUYA SKY(渋谷スカイ:시부야 스카이)

시부야 스크램블 스퀘어 전망시설「SHIBUYA SKY」. 약 230미터의 높이를 뽐내고, 시부야 상공에서만 볼 수 있는 조망체험과 공간연출에 매료될 수밖에 없다.

unit. 1　大盛りにしてください

본문회화

金　　：　すみません、注文をいいですか。
島津　：　はい、どうぞ。
金　　：　牛丼でお願いします。
島津　：　牛丼１人前でよろしいですね。
金　　：　大盛りにできますか。
島津　：　はい、できます。
金　　：　それでは、大盛りにしてください。
島津　：　承知しました。牛丼大盛りを１人前ですね。

어휘 표현

□ 大盛り 곱빼기　□ 注文 주문　□ 牛丼 소고기덮밥　□ ～人前 ～인분
□ 承知する 「分かる-알다」의 겸양어

본문해석

김	: 실례합니다, 주문을 해도 되겠습니까?
시마즈	: 예, 하세요.
김	: 소고기덮밥으로 부탁합니다.
시마즈	: 소고기덮밥 1인분으로 괜찮겠습니까?
김	: 곱빼기로 가능합니까?
시마즈	: 예, 가능합니다.
김	: 그럼, 곱빼기로 해 주세요.
시마즈	: 알겠습니다. 소고기덮밥 1인분이군요.

응용표현

1. ２人前と３人前の量がほぼ同じだった。
   → 2인분과 3인분의 양이 거의 같았다.

2. 明日１５時にお伺いしてもよろしいでしょうか。
   → 내일 15시에 찾아 뵈어도 괜찮겠습니까?

3. ご飯や麺を大盛りにしても追加料金がかからないお店がある。
   → 밥과 면을 곱빼기로 주문해도 추가요금이 들지 않는 가게가 있다.

4. それでは、時間になりましたので、始めさせていただきます。
   → 그럼, 시간이 되었으니 시작하겠습니다.

5. ご希望の条件、確かに承知しました。
   → 희망하시는 조건, 확실히 알았습니다.

어휘표현

☐ 量 양 ☐ ほぼ 거의 ☐ 同じ 같음 ☐ 伺う 「聞く-묻다/訪ねる-방문하다」의 겸양어
☐ ご飯 밥 ☐ 麺 면 ☐ 追加 추가 ☐ 料金 요금 ☐ 동사사역형+〜ていただく 〜하겠다(겸양표현) ☐ 希望 희망 ☐ 条件 조건 ☐ 確かに 확실히

大盛りにしてください

응용표현 풀이

1. ２人前と３人前の量がほぼ同じだった。

→ 2인분과 3인분의 양이 거의 같았다.

「ほぼ」는「거의」라는 의미로「ほとんど」와 같은 뜻입니다. 두 개의 예문을 보겠습니다.
「物価がほぼ２倍になった:물가가 거의 두 배가 되었다」
「彼はほぼ毎日お酒を飲んでいる:그는 거의 매일 술을 마시고 있다」입니다.

2. 明日１５時にお伺いしてもよろしいでしょうか。

→ 내일 15시에 찾아 뵈어도 괜찮겠습니까?

「伺う」는 비즈니스 회회에서 아주 많이 사용하는 표현입니다. 다양한 장면에서 사용되므로 반드시 암기해 주세요.「伺う」는「聞く-묻다/訪ねる-방문하다」의 겸양어로서「여쭙다」「찾아 뵙다」라는 의미로 사용됩니다. 예문을 만들어보면,
「先生、明日伺ってもよろしいでしょうか:선생님, 내일 찾아 뵈어도 괜찮겠습니까?」
「部長、ちょっとお伺いしたいことがありますが:부장님, 잠시 여쭙고 싶은 것이 있습니다만」입니다.「겸양표현」이라고 하면, 자신을 낮추어서 상대방을 올리는 것을 의미합니다.「존경과 겸양표현」은 조금은 까다로울 수 있지만, 하나씩 공부해 나가다 보면, 아주 쉽게 느낄 수가 있습니다.

3. ご飯や麺を大盛りにしても追加料金がかからないお店がある。

→ 밥과 면을 곱빼기로 주문해도 추가요금이 들지 않는 가게가 있다.

「大盛り」는「곱빼기」이고,「보통」은「並み」「普通盛り」라고 합니다. 그리고「비용이나 시간이 들다」는 표현은「かかる」라는 동사를 사용한다는 것을 잊지 말아 주세요.

4. それでは、時間になりましたので、始めさせていただきます。

→ 그럼, 시간이 되었으니 시작하겠습니다.

「동사사역형+〜ていただく」는 겸양표현으로서 「〜하겠다」라는 의미라고 앞에서 충분히 설명하였습니다.. 이 표현은 비즈니스 회화에서 굉장히 많이 사용하는 표현이므로 반드시 암기해 두시기 바랍니다. 중요한 표현이기에 두 개의 예문을 통해서 공부해 보도록 하겠습니다.

「本日は私が説明させていただきます:오늘은 제가 설명하겠습니다」
「皆様のご意見を確認させていただきます:여러분의 의견을 확인하겠습니다」입니다.

5. ご希望の条件、確かに承知しました。

→ 희망하시는 조건, 확실히 알았습니다.

「承知する」는 「分かる-알다」의 겸양표현입니다. 「了承する」「了解する」도 같은 의미입니다. 두 개의 예문을 살펴봅시다.

「承知いたしました。すぐにお持ちいたします:알겠습니다. 바로 들고 오겠습니다」
「昨日の件に関しまして、了解いたしました:어제의 건에 관해서 이해했습니다」입니다.

unit. 1 大盛りにしてください

어휘연습

어휘	읽기	의미
量		
大盛り		
追加		
料金		
希望		
条件		

작문연습

1. 주문이 정해지면 불러주세요.

2. 튀김덮밥을 곱빼기로 2인분 주세요.

3. 일본에는 다양한 덮밥이 있어서 좋다.

 문제풀이

어휘	읽기	의미
量	りょう	양
大盛り	おおもり	곱빼기
追加	ついか	추가
料金	りょうきん	요금
希望	きぼう	희망
条件	じょうけん	조건

1. 注文がお決まりでしたらお呼び出しください。

2. 天丼を大盛りで２人前ください。

3. 日本にはさまざまな丼があっていい。

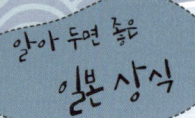

牛丼(소고기덮밥)

「丼(덮밥)」을 줄여서「丼」이라고 하는데, 밥과 반찬을 한 개의 사발에 담은 일본의 요리형식의 하나이다. 室町(무로마치)시대에 芳飯(그릇에 담은 밥 위에 여러 가지 끓인 음식을 얹어 밥을 보이지 않게 하고 국물을 부은 것)이라는 요리가 유행한 적은 있지만, 장어덮밥의 원형이 되는 鰻飯가 등장하는 것은 19세기 초이고, 튀김덮밥이나 深川丼(밥 위에 바지락 조개와 대파 등 야채를 넣어 끓인 된장국으로 된 덮밥)의 등장은 에도시대 말기 이후이다.

이처럼, 일본인들에게 친숙한 덮밥은 체인점도 유명한데, 대표적인 곳이「吉野家」「すき家」이다. 다양한 종류의 덮밥이 있는데, 대표적인 몇 개만 소개하겠다.

うな丼 장어덮밥

てんどん
天丼 튀김덮밥

てっかどん
鉄火丼

밥 위에 참치회, 김, 파, 와사비 등의 각종 야채를 얹은 회덮밥의 한 종류

かつ どん
かつ丼 돈까스 덮밥

おやこどん
親子丼 닭고기 계란덮밥

unit.2 麺をかためにお願いします

本文会話

金　　：　オーダーをお願いします。

島津　：　少々お待ちください。はい、どうぞ。

金　　：　この特製とんこつラーメンをひとつお願いします。

島津　：　麺のかたさはどうしましょうか。

金　　：　麺をかためにお願いします。

島津　：　かしこまりました。他にトッピングはつけますか。

金　　：　ねぎとチャーシューをつけてください。

島津　：　特製とんこつで、ねぎ、チャーシューのトッピングが１人前、麺はかためですね。

어휘 표현

□ 麺(めん) 면　□ かため 면의 굵기를 꼬들꼬들함　□ 少々(しょうしょう) 잠시　□ 特製(とくせい) 특제

□ かたさ 딱딱함, 굵기　□ かしこまる 「分(わ)かる-알다」의 겸양어　□ 他(ほか) 다른

□ ねぎ 파　□ チャーシュー 중국식 돼지구이

본문해석

김 : 주문을 부탁합니다.
시마즈 : 잠시 기다려 주세요. 예, 하세요.
김 : 이 특제 돈코츠라면을 한 개 부탁합니다.
시마즈 : 면의 굵기는 어떻게 할까요?
김 : 면을 꼬들꼬들하게 부탁합니다.
시마즈 : 알겠습니다. 그 외에 토핑은 합니까?
김 : 파와 차슈를 넣어 주세요.
시마즈 : 특제 돈코츠라면에, 파, 차슈의 토핑이 1인분, 면은 꼬들꼬들하게 이군요.

응용표현

1. みんな帰ってしまったので少々寂しいですね。
   → 모두 돌아갔기 때문에 조금 쓸쓸하군요.

2. 福岡のラーメン店の多くは、麺のかたさを数種類の中から選ぶことができます。
   → 후쿠오카 라면점의 대부분은, 면의 굵기를 몇 종류 중에서 선택할 수가 있습니다.

3. かしこまりました。来週までにお手元に届くよう手配させていただきます。
   → 알겠습니다. 다음주까지 손에 도달하도록 준비하겠습니다.

4. 週末なのに他にやることが何もない。
   → 주말인데 다르게 할 것이 아무 것도 없다.

5. 大好きなトッピングでピザを作りたい。
   → 아주 좋아하는 토핑으로 피자를 만들고 싶다.

어휘 표현
- 帰る 돌아가다 □ 寂しい 외롭다, 쓸쓸하다 □ 多く 대부분 □ 数種類 몇 종류
- 選ぶ 선택하다 □ 来週 다음주 □ 手元 수중, 손 안 □ 届く 배달되다
- 手配 수배, 조사함, 준비 □ 週末 주말 □ 何も 아무 것도 □ 大好きだ 아주 좋아하다

unit.2 麺をかために お願いします

> 응용표현 풀이

1. みんな帰ってしまったので少々寂しいですね。

→ 모두 돌아갔기 때문에 조금 쓸쓸하군요.

「〜てしまう」는 「〜해 버리다」라는 의미로 축약형은 「ちゃう」입니다. 두 개의 예문을 보겠습니다.

「昨日、友達に借りた漫画を全部読んでしまった:어제, 친구에게 빌린 만화를 전부 읽어 버렸다」

「この映画のシリーズは１日で全部見てしまいました:이 영화 시리즈는 하루로 전부 봐 버렸습니다」입니다.

2. 福岡のラーメン店の多くは、麺のかたさを数種類の中から選ぶことができます。

→ 후쿠오카 라면점의 대부분은, 면의 굵기를 몇 종류 중에서 선택할 수가 있습니다.

「い형용사어간+さ」는 「명사형」인데, 다른 예를 보면「長さ:길이」「重さ:무게」「大きさ:크기」「広さ:넓이」등입니다.

3. かしこまりました。来週までにお手元に届くよう手配させていただきます。

→ 알겠습니다. 다음주까지 손에 도달하도록 준비하겠습니다.

「手配」는 「수배, 조사, 준비」라는 의미가 있는데, 「한국어」와는 조금 다르게 사용되므로 정확하게 의미를 알아두세요. 두 개의 예문을 보겠습니다.

「旅行の手配でとても忙しい:여행 준비로 매우 바쁘다」

「できるだけ早くチケットを手配します:가능한 한 빨리 티켓을 알아보겠습니다」입니다.

4. 週末なのに他にやることが何もない。

→ 주말인데 다르게 할 것이 아무 것도 없다.

「何も」는 「아무것도」라는 의미로 많이 알려져 있지만, 「유독, 유별나게」라는 의미도 있습니다. 자주 사용되는 표현입니다. 두 개의 예문을 보겠습니다.

「何もそんなに騒ぐことはない:유별나게 그렇게 떠들 필요는 없다」

「何も恐れることはない:유독 두려워할 것은 없다」입니다.

5. 大好きなトッピングでピザを作りたい。

→ 아주 좋아하는 토핑으로 피자를 만들고 싶다.

「大好きだ:아주 좋아하다」이고 「大好物」는 「아주 좋아하는 것」이라는 의미인데, 한자 읽기에 주의해야 합니다. 한 개의 예문을 보겠습니다.

「あなたの大好物は何ですか:당신이 제일 좋아하는 것은 무엇입니까?」입니다.

unit.2 麺をかために お願いします

어휘연습

어휘	읽기	의미
寂しい		
数種類		
選ぶ		
手元		
届く		
週末		

작문연습

1. 후쿠오카로 여행 간다면 꼭 돈코츠 라면을 드세요.

2. 라면이든 우동이든 나는 꼬들꼬들한 면을 좋아한다.

3. 콩나물과 차슈의 토핑을 부탁합니다.

 문제풀이

어휘	읽기	의미
寂しい	さびしい	외롭다, 쓸쓸하다
数種類	すうしゅるい	몇 종류
選ぶ	えらぶ	선택하다
手元	てもと	수중, 손 안
届く	とどく	배달되다
週末	しゅうまつ	주말

1. 福岡へ旅行に行くならぜひとんこつラーメンを食べてください。

2. ラーメンにしろうどんにしろ、私はかための麺が好きだ。

3. もやしとチャーシューのトッピングをお願いします。

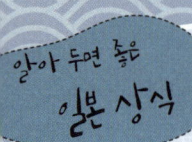
알아 두면 좋은 일본 상식

とんこつラーメン(돈코츠 라면)

라멘에는 쇼유(간장), 시오(소금), 미소(된장) 등의 맛이나, 도리가라(닭 육수), 어패류 계열 등의 수프까지 다양한 종류가 있다. 이 중, 「とんこつラーメン」은 돼지뼈로 육수를 만든 라면을 말하는데, 주로 후쿠오카 현에서 만들어지지만, 지금은 전국적으로 유명한 라면이 되었다. 도쿄에서 유명한 「とんこつラーメン」 가게 BEST 4을 소개하겠다.

1. 豚骨麺あの小宮
とんこつめん   こ みや

東横線 도립대학역 근처. 고가도로 아래에 있는 검은 벽이 특징인 가게
とうよこせん

2. ソラノイロ トンコツ＆キノコ

2001년에 창업한 인기가게 ソラノイロ의 4호점으로서 京橋(교바시)에 오픈한 것이 ソラノイロ トンコツ＆キノコ이다. 간판메뉴는 『スパイストンコツソバ』(850円)이다.

3. 博多一端亭
_{はか た いっすいてい}

가게 이름에서도 알 수 있듯이 돈코츠 라면의 고향인 博多출신의 점주에 의한 정통파의 돈코츠 라면을 먹을 수 있다. 가게 앞을 지나면, 돈코츠를 좋아한다면 아무 생각없이 가게 안에 들어가 버리는, 독특한 향기가 있는 가게이다.

4. 愚直
_{ぐ ちょく}

東武東上線 中板橋駅역에서 도보 8분. 가게이름이 적혀 있지 않은 무지의 하얀 간판이 특징. 언뜻 보면 영업을 하는지 안 하는지 헷갈리지만, 꾸준히 인기를 모으고 있는 가게이다.

unit.3 大盛りにしてください

본문회화

島津　：　すみません。カツカレーをください。

金　　：　辛さはどうしましょうか。

島津　：　辛くしないでください。

金　　：　うちのカレーは辛さが5段階あります。辛くないのでしたら、甘口、やや甘口、普通になります。

島津　：　甘口だと全然辛くないのですか。

金　　：　そんなこともないです。甘口でも結構辛いです。

島津　：　では甘口のカツカレーでお願いします。

어휘 표현

- 辛い 맵다　□ カツカレー 카레와 돈까스를 조합한 일본 요리　□ 辛さ 맵기
- 段階 단계　□ 甘 단맛　□ やや 다소　□ 普通 보통　□ 全然 전혀　□ 結構 상당히

본문해석

시마즈 : 저기요. 카츠카레를 주세요.
김 : 맵기는 어떻게 할까요?
시마즈 : 맵지 않게 해주세요.
김 : 저희 가게 카레는 맵기가 5단계 있습니다. 맵지 않은 거라면, 단맛, 다소 단맛, 보통입니다.
시마즈 : 단맛이라면 전혀 맵지 않은 것입니까?
김 : 그렇지 않습니다. 단맛이라도 상당히 맵습니다.
시마즈 : 그럼 단맛의 카레카츠로 부탁합니다.

응용표현

1. タイは辛い料理が多く存在することで有名です。
   → 태국은 매운 요리가 많이 존재하는 것으로 유명합니다.

2. このチケットは大切なので、なくさないでください。
   → 이 티켓은 중요하니 잃어버리지 말아 주세요.

3. ここ数年は高値続きだったリンゴが今年はやや値下がりしている。
   → 요 수년간은 계속 높은 가격이었던 사과가 올해는 다소 가격이 내려갔다.

4. このままでは、期日までに全然間に合わない。
   → 이대로는 기일까지 전혀 맞지 않다.

5. あそこのレストランは、安いのに結構おいしいんですよ。
   → 저곳의 레스토랑은 싼데 상당히 맛있습니다.

어휘표현

- □ 料理 요리 □ 存在 존재 □ 有名 유명 □ 大切だ 중요하다 □ なくす 잃어버리다
- □ 数年 수년 □ 高値 높은 가격 □ 続き 계속 □ リンゴ 사과 □ 今年 올해 □ やや 다소
- □ 値下がる 가격이 내려가다 □ このまま 이대로 □ 期日 기일 □ 間に合う 시간에 맞다

大盛りにしてください

응용표현 풀이

1. タイは辛い料理が多く存在することで有名です。

→ 태국은 매운 요리가 많이 존재하는 것으로 유명합니다.

「多く」는「많이」라는 뜻을 가진 부사인데「명사」와 접속을 하면「多く+の+명사」가 됩니다. 이런 식으로 바뀌는「전성형용사」는 두 개가 더 있습니다.「遠くの+명사」「近くの+명사」입니다. 각 각의 예문을 보겠습니다.

「多くの人が店の前で並んでいた:많은 사람이 가게 앞에 줄 서 있었다」
「遠くの親類より近くの他人:먼 친척보다 가까운 남」
「現在地からお近くの宝くじ売り場を検索します:현재 위치에서 가까운 복권 매장을 검색합니다」입니다.

2. このチケットは大切なので、なくさないでください。

→ 이 티켓은 중요하니 잃어버리지 말아 주세요.

「なくす」는「잃어버리다」는 의미로「失う」와 같은 뜻입니다. 예문을 보겠습니다.
「父からもらった時計をなくしてしまった:아버지에게 받은 시계를 잃어버렸다」입니다.

3. ここヾりしている。

→ 요 수년간은 계속 높은 가격이었던 사과가 올해는 다소 가격이 내려갔다.

「やや」는「다소」라는 의미로「多少」와 같은 뜻입니다. 한 개의 예문을 보겠습니다.
「新発売の携帯はやや高かった:신발매의 휴대폰은 다소 비쌌다」입니다.

4. このままでは、期日までに全然間に合わない。

→ 이대로는 기일까지 전혀 맞지 않다.

「間に合う」는 「시간이나 양이 맞다, 충분하다」는 의미입니다. 「間に合う」를 사용한 다른 예문을 보면,

「今、出発すると間に合います:지금 출발하면 시간에 맞습니다」

「それで間に合いますか:그것으로 충분합니까?」입니다.

5. あそこのレストランは、安いのに結構おいしいんですよ。

→ 저곳의 레스토랑은 싼데 상당히 맛있습니다.

「のに」는 「동사」와 「い형용사」에 접속하여 「~임에도 불구하고」라는 의미입니다. 두 개의 예문을 보겠습니다.

「雨が降っているのに試合は続けられた:비가 내리는데 시합은 계속되었다」

「彼は寒いのに半そでを着ている:그는 추운데 반팔을 입고 있다」입니다.

大盛りにしてください

 어휘연습

어휘	읽기	의미
辛い		
料理		
存在		
数年		
高値		
期日		

 작문연습

1. 한국의 매운맛과 일본의 매운맛은 다릅니다.

2. 일본의 카레는 여러 단계의 매운맛이 있어서 골라서 먹을 수 있다.

3. 매운맛을 전혀 느끼지 못하는 사람도 상당히 있다.

어휘	읽기	의미
辛い	からい	맵다
料理	りょうり	요리
存在	そんざい	존재
数年	すうねん	수년
高値	たかね	높은 가격
期日	きじつ	기일

1. 韓国の辛い味と日本の辛い味は違います。

2. 日本のカレーはいろんな段階の辛さがあって、選んで食べられる。

3. 辛さが全然感じられない人も結構いる。

カレーの日 (카레의 날)

카레의 날의 유래는 1982년에 사단법인 전국 학교 영양사협의회가 1월 22일의 급식 메뉴를 카레로 할 것을 정하고, 전국의 초중학교에서 일제히 카레 급식이 나온 것이 계기가 되어 정해졌다.

왜 메뉴가 카레로 정해졌는가 하면, 일본 전국의 어린이들에게 좋아하는 메뉴의 앙케트를 했는데, 1위가 카레였기 때문이다. 그러나 당초에는 갑자기 카레의 날을 정했기 때문에 20%의 학교만 참여하였다고 한다.

학교의 급식분만 아니라 해상자위대도 매주 금요일이 카레의 날이다. 해상자위대는 전함을 타고 바다 위에서 생활이 많아서 요일 감각을 잊지 않도록 하기 위해 이 제도를 도입했다고 한다.

카레는 지금 일본인의 기본 가정식이 되었지만, 처음 일본에 들어온 것은 1858년 에도 막부가 쇄국을 그만두고 요코하마를 개항한 시기라고 한다.

とろ火でお願いします

본문회화

金　　：　ちょっと、このちゃんこ鍋、だいぶ汁がなくなってきた。
島津　：　本当だ。早く火を弱めてください。とろ火でお願いします。
金　　：　了解。このくらいでいいかな。
島津　：　そうですね。追加で汁も頼んだ方が良いと思います。
金　　：　OK。それから鍋のしめに、ご飯かうどんも注文しよう。
島津　：　だったらご飯を頼んでください。雑炊が食べたいです。
金　　：　鍋の汁とご飯の追加オーダーだね。了解。

어휘 표현

- とろ火 아주 약한 불
- ちゃんこ鍋 생선, 고기, 야채 등을 큼직하게 썰어 큰 냄비에 넣고 끓여 먹는 스모 선수들의 독특한 요리
- だいぶ 꽤, 상당히
- 汁 육수
- 火 불
- 弱める 약하게 하다
- 了解する 알다, 이해하다
- 追加 추가
- 頼む 부탁하다
- しめ 요리를 먹은 뒤의 식사
- ご飯 밥
- 注文 주문
- 雑炊 간장이나 된장 등으로 양념을 해서 육류, 해산물, 버섯과 야채 등과 함께 밥을 끓이거나 죽처럼 밥을 부드럽게 끓인 일본 요리

본문해석

김　　　: 잠시만, 이 창코나베, 상당히 육수가 없어졌어.
시마즈　: 정말이네요. 빨리 불을 약하게 해 주세요. 약한 불로 부탁합니다.
김　　　: 알았어. 이 정도로 괜찮을까!
시마즈　: 맞아요. 추가로 육수도 부탁하는 편이 좋다고 생각해요.
김　　　: 오케이. 그리고 창코나베를 먹은 뒤의 식사로, 밥이나 우동도 주문하자.
시마즈　: 그렇다면 밥을 부탁해 주세요. 조스이를 먹고 싶습니다.
김　　　: 나베 육수와 밥의 추가추문이지? 알았어.

응용표현

1. とろ火は弱火よりさらに弱く火が消えないぎりぎりの小さい炎のことです。
    → 도로비(아주 약한 불)는 요와비(약한 불)보다 더욱 약하게 불이 꺼지지 않도록 아슬아슬하게 작은 불꽃을 말합니다.

2. 先週の海外旅行でだいぶお金を使った。
    → 지난주의 해외여행에서 상당히 돈을 사용했다.

3. 追加で購入したい商品があります。
    → 추가로 구입하고 싶은 상품이 있습니다.

4. 家は駅から近い方が便利です。
    → 집은 역에서 가까운 편이 편리합니다.

5. だったらすべてのことをあなたに任せます。
    → 그렇다면 모든 것을 당신에게 맡기겠습니다.

어휘 표현
☐ 弱火 약한 불　☐ さらに 더욱　☐ 消える 꺼지다　☐ ぎりぎり 아슬아슬　☐ 炎 불꽃
☐ 先週 지난주　☐ 海外 해외　☐ 旅行 여행　☐ だいぶ 상당히　☐ 購入 구입　☐ 商品 상품
☐ 駅 역　☐ 便利 편리　☐ だったら 그렇다면　☐ すべて 모든　☐ 任せる 맡기다

unit. 4 とろ火でお願いします

응용표현 풀이

1. とろ火は弱火よりさらに弱く火が消えないぎりぎりの小さい炎のことです。

→ 도로비(아주 약한 불)는 요와비(약한 불)보다 더욱 약하게 불이 꺼지지 않도록 아슬아슬하게 작은 불꽃을 말합니다.

「さらに」는「더욱」,「ぎりぎり」는「아슬아슬」이라는 의미입니다. 각각의 예문을 보겠습니다.

「台風が近づくにつれ風はさらに強くなった:태풍이 다가옴에 따라 바람은 더욱 강해졌다」

「納期ぎりぎりの工事を無事にやり遂げた:납기가 아슬아슬하게 남은 공사를 무사히 끝냈다」입니다.

2. 先週の海外旅行でだいぶお金を使った。

→ 지난주의 해외여행에서 상당히 돈을 사용했다.

「だいぶ」는「꽤, 상당히」라는 의미로「非常に」와 같은 의미입니다. 각각의 예문을 보겠습니다.

「ここだけの話だが、彼はだいぶ頭が悪いと思うよ:여기서만의 이야기이지만, 그는 상당히 머리가 나쁘다고 생각해」

「彼がすっかり回復するまでには非常に時間がかかるだろう:그가 완전히 회복할 때까지는 매우 시간이 걸릴 것이다」입니다.

3. 追加で購入したい商品があります。

→ 추가로 구입하고 싶은 상품이 있습니다.

「追加」는「추가」,「購入」는「구입」이라는 단어인데, 한자읽기가 어려우니 주의하시기 바랍니다. 그럼, 각각의 예문을 한 개씩 보겠습니다.

「追加契約をご検討の方はこちらからお申し込みください:추가계약을 검토하시는 분은 이쪽에서 신청해 주세요」

「映画などのチケットを予約・購入ができます:영화 등의 티켓을 예약・구입을 할 수 있습니다」입니다.

4. 家は駅から近い方が便利です。

→ 집은 역에서 가까운 편이 편리합니다.

「方」는 「편, 쪽」이라는 의미입니다. 앞에서 많이 배웠기에 한 개의 예문만 보겠습니다.

「あなたはこの本を読まないほうがいい:당신은 이 책을 읽지 않는 편이 좋다」입니다.

5. だったらすべてのことをあなたに任せます。

→ 그렇다면 모든 것을 당신에게 맡기겠습니다.

「すべて」는 명사와 접속할 때는 반드시 「の」가 있어야 하지만 「あらゆる」는 의미는 같지만, 명사에 접속할 때는 바로 붙습니다. 각각의 예를 보겠습니다.

「すべてのことはあなたに任せます:모든 것은 당신에게 맡기겠습니다」

「あらゆる可能性を調べた:모든 가능성을 조사했다」입니다.

unit.4 とろ火でお願いします

어휘연습

어휘	읽기	의미
消える		
炎		
海外		
任せる		
頼む		
注文		

작문연습

1. 조금 매운 것 같으니 육수를 넣자.

2. 나베를 먹은 뒤의 식사로 밥을 3인분 주문했다.

3. 나베에 고기가 부족해서 소고기를 추가로 부탁했다.

문제풀이

어휘	읽기	의미
消える	きえる	꺼지다
炎	ほのお	불꽃
海外	かいがい	해외
任せる	まかせる	맡기다
頼む	たのむ	부탁하다
注文	ちゅうもん	주문

1. ちょっと辛いようだから汁を入れよう。

2. 鍋のしめに、ご飯を３人前注文した。

3. 鍋に肉が足りなくて牛肉を追加で頼んだ。

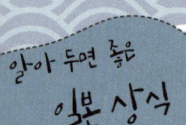

알아 두면 좋은
일본 상식

鍋(냄비・냄비요리)
なべ

냄비를 사용해서 식탁 위에서 만든 끓인 요리 「鍋料理、鍋物」를 말한다. 일반적으로 「鍋を食べる:나베를 먹는다」라고 말을 하면, 「나베요리를 먹는다」는 의미가 된다. 나베요리 중 BEST 4을 알아보자.
なべりょうり　なべもの

1. 水炊き 영계백숙
みずた

물과 간을 하지 않은 육수 등으로 건더기를 푹 끓인 나베요리. 기본적으로 고기는 닭고기를 사용한다.

2. 寄せ鍋 모둠 냄비
よ　なべ

고기・생선・채소・두부 등을 넣어 끓이면서 먹는 요리. 건더기의 재료에 특별한 제한은 없다.

3. ちゃんこ鍋(なべ) 짱코나베

큼직하게 토막을 낸 생선·닭고기 등과 채소를 섞어 백숙한 냄비 요리. 스모선수들이 자주 먹는데, 맛의 베이스는 간장, 된장, 소금 등으로 肉(にく)団子(だんご)(저민 고기에 끈기를 넣어 둥글게 조리한 것)와 양배추, 배추 등도 넣는다.

4. しゃぶしゃぶ 샤부샤부

얇게 저민 양고기나 쇠고기를 끓는 육수에 데쳐 양념장을 찍어 먹는 냄비 요리

unit 5 鉄板を取り替えてください

본문회화

金　　：　だいぶ鉄板が焦げてきましたね。

島津　：　そうなんですよ。さっきからきれいに焼けなくなってきました。

金　　：　そろそろ鉄板を替えなくてはいけないですね。

島津　：　すみません、鉄板を取り替えてください。

店員　：　少々お待ちください。まずは鉄板にのっている肉を移しますね。

島津　：　お願いします。

店員　：　危ないから少し鉄板から離れてください。今、鉄板を外しますね。交換が終わりました。

島津　：　さあ、残りの肉を食べよう。

어휘 표현

□ 鉄板 철판　□ 取り替える 바꾸다, 교환하다　□ だいぶ 상당히　□ 焦げる 눋다, 타다
□ 焼ける 굽히다　□ 肉 고기　□ 移す 옮기다　□ 危ない 위험하다　□ 離れる 벗어나다
□ 外す 떼다　□ 交換 교환　□ 終わる 끝나다　□ 残り 나머지

본문해석

김 : 상당히 철판이 눌러 붙었습니다.
시마즈 : 그렇습니다. 조금 전부터 깔끔하게 굽히지 않는군요.
김 : 이제 철판을 바꿔야만 하는군요.
시마즈 : 실례합니다, 철판을 바꿔주세요.
점원 : 잠시 기다려 주세요. 우선은 철판에 올려져 있는 고기를 옮기겠습니다.
시마즈 : 부탁합니다.
점원 : 위험하니 조금 철판에서 떨어져 주세요. 지금, 철판을 떼겠습니다. 교환이 끝났습니다.
시마즈 : 자, 남은 고기를 먹자.

응용표현

1. 大切なシャツがアイロンで焦げてしまった。
   → 소중한 셔츠가 다리미로 타 버렸다.

2. そこへ行くには、私たちはせまい通路を抜けなくてはいけない。
   → 거기에 가려면 우리들은 좁은 통로를 빠져나가지 않고서는 안 된다.

3. 防犯灯の器具が壊れているので取り替えてほしいのです。
   → 방범등의 기구가 고장나 있으니 교환해 주기를 바랍니다.

4. まずはお気軽に見学会にお越しください。
   → 우선은 부담 없이 견학회에 와 주세요.

5. 残りの人生を海外で過ごすつもりです。
   → 남은 인생을 해외에서 보낼 생각입니다.

어휘 표현

☐ 大切だ 소중하다 ☐ 동사기본형+には ~하려면 ☐ せまい 좁다 ☐ 通路 통로
☐ 抜ける 빠져나가다 ☐ 防犯灯 방범등 ☐ 器具 기구 ☐ 壊れる 망가지다, 고장나다
☐ まずは 우선은 ☐ 気軽だ 부담 없다 ☐ 見学会 견학회 ☐ 越す「行く-가다/来る-오다」의 존경어
☐ 人生 인생 ☐ 海外 해외 ☐ 過ごす 보내다

unit. 5 鉄板を取り替えてください

응용표현 풀이

1. 大切なシャツがアイロンで焦げてしまった。

→ 소중한 셔츠가 다리미로 타 버렸다.

「大切(たいせつ)だ」는 「중요하다」는 의미이고 「大事(だいじ)だ」와 같은 의미입니다. 각각의 예문을 보겠습니다.

「世界(せかい)でたったひとりの自分(じぶん)を大切にしたい:세계에서 단 한 명인 자신을 소중히 하고 싶다」

「この人(ひと)との関係(かんけい)をずっと大事にしたい:이 사람과의 관계를 계속 소중히 하고 싶다」입니다.

2. そこへ行くには、私たちはせまい通路を抜けなくてはいけない。

→ 거기에 가려면 우리들은 좁은 통로를 빠져나가지 않고서는 안 된다.

「동사기본형+には」는 「~하려면」이라는 의미인데, 「동사기본형+ためには」의 생략형입니다. 예문을 볼까요?

「私があなたに会(あ)いに行くにはどうしたらよいですか:제가 당신을 만나러 가려면 어떻게 하면 됩니까?」

「放送(ほうそう)を見(み)るには何(なん)が必要(ひつよう)ですか:방송을 보려면 무엇이 필요합니까?」입니다.

3. 防犯灯の器具が壊れているので取り替えてほしいのです。

→ 방범등의 기구가 고장나 있으니 교환해 주기를 바랍니다.

「~てほしい」는 「~해 주기를 원하다」는 의미입니다. 「~てください:~해 주세요」와 같은 뜻으로 볼 수 있죠. 한 개의 예문을 보겠습니다.

「もっとゆっくり話してほしいです:더욱 천천히 말해주기를 바랍니다」입니다.

4. まずはお気軽に見学会にお越しください。

→ 우선은 부담 없이 견학회에 와 주세요.

「越す」는 「行く-가다/来る-오다」의 존경어입니다. 그리고 존경표현 공식이 이 문장에 나와 있는데, 「お+동사ます형+ください」입니다. 예문을 통해서 그 쓰임을 알아보아요.

「こちらでお待ちください:여기서 기다려 주세요」

「お助けください:도와주세요」입니다.

5. 残りの人生を海外で過ごすつもりです。

→ 남은 인생을 해외에서 보낼 생각입니다.

「予定」와 「つもり」의 차이점에 대해서 알아봅시다. 간단하게 설명하면, 「つもり」는 자신의 의사가 들어가 있지만, 「予定」는 자신의 의사가 아니고 이미 정해진 스케줄입니다. 예문을 통해서 보겠습니다.

「私はそこに行くつもりだ:나는 거기에 갈 생각이다」 → 놀러 간다는 의미

「私はそこに行く予定だ:나는 거기에 갈 예정이다」 → 업무나 일 등

입니다.

unit.5 鉄板を取り替えてください

어휘연습

어휘	읽기	의미
焦げる		
通路		
抜ける		
防犯灯		
器具		
壊れる		

작문연습

1. 철판을 빈번하게 바꾸는 것도 좋지 않다.

2. 철판에 올려 있는 고기를 접시로 옮겨 주세요.

3. 소고기와 돼지고기, 채소 등을 철판으로 구워서 먹었다.

 문제풀이

어휘	읽기	의미
焦げる	こげる	눋다, 타다
通路	つうろ	통로
抜ける	ぬける	빠져나가다
防犯灯	ぼうはんとう	방범등
器具	きぐ	기구
壊れる	こわれる	망가지다, 고장나다

1. 鉄板を頻繁に替えるのもよくない。

2. 鉄板にのっている肉をお皿に移してください。

3. 牛肉と豚肉、野菜などを鉄板で焼いて食べた。

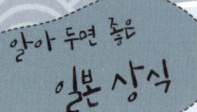

鉄板焼き 철판구이

철판구이는 철판으로 야채나 고기, 어패류 등을 구워서 먹는 요리를 말한다. 도쿄에서 즐길 수 있는 「철판구이」 가게 BEST 4을 알아보자.

1. ハナタレ 하나타레

千歳烏山駅 근처에 있다. 미야자키 현의 고유 품종의 닭을 비롯해서 7종류의 토종닭을 즐길 수 있는 본격 토종닭요리 전문점

2. 鉄板焼 雅 철판구이 미야비

신주쿠 역에서 도보 5분 거리에 있다. 특별히 주문한 철판을 사용해서, 눈 앞에서 철판구이를 만들어준다. 가게 안은 차분한 분위기이고, 엄선한 고기와 생선을 사용한 철판요리와, 요리에 맞는 와인이나 칵테일까지 갖추고 있다.

3. 鉄板焼Note 철판구이 노트

代々木上原駅 근처에 있다. 주인은 전 대사관 담당 요리사였으며, 미슐랭에 등재된 가게에서 일을 한 경험이 있다. 고기와 お好み焼き(오코노미야키) 전문점이다. 일본에서 가장 역사가 오래된 近江牛를 식재료로 사용한다. 궁극의 맛과 향기를 자랑하는 고기와 오코노미야키를 혼자서도 먹을 수 있는 것이 특징이다.

4. 鉄板焼 十一(TOPPIN) 철판구이 톱핀

麻布十番駅 바로 앞에 있다. 전통적인 철판구이의 스타일을 지키면서 계절에 맞는 재료를 사용한다. 본격적인 철판구이 코스부터 기본적인 안주까지 갖추고 있다.

unit.6 氷水をください

본문회화

金　　： すみません、追加オーダーお願いします。
島津　： どうぞ。
金　　： 焼酎のロックひとつ。
島津　： かしこまりました。
金　　： それから、氷水もください。
島津　： 氷水はひとつでいいですか。
金　　： 出来たら、人数分いただけますか。
島津　： わかりました。焼酎のロック１つと氷水４つですね。
金　　： そうです。

어휘 표현

- 氷水(こおりみず) 얼음물　□ 追加(ついか) 추가　□ 焼酎(しょうちゅう) 소주　□ ロック 술에 얼음을 넣어서 마시는 방법
- 人数分(にんずうぶん) 인원수대로

본문해석

김	: 실례합니다, 추가주문 부탁합니다.
시마즈	: 하세요.
김	: 소주 록을 한 개 주세요.
시마즈	: 알겠습니다.
김	: 그리고 얼음물도 주세요.
시마즈	: 얼음물은 한 개로 괜찮겠습니까?
김	: 가능하면 인원수대로 주실 수 있겠습니까?
시마즈	: 알겠습니다. 소주 록 한 개와 얼음물 4개이군요.
김	: 그렇습니다.

응용표현

1. ラストオーダーは閉店３０分前です。
   → 마지막 주문은 폐점 30분 전입니다.

2. 喫茶店でゆっくりと話して、それから食事をしに行きましょう。
   → 커피숍에서 느긋하게 이야기하고, 그리고 나서 식사를 하러 갑시다.

3. 飲み会は来週でいいですか。
   → 술모임은 다음주로 괜찮겠습니까?

4. 当店オリジナルデザートを人数分プレゼントいたします。
   → 당점 오리지널 디저트를 인원수대로 선물하겠습니다.

5. 少し考える時間をいただけますか。
   → 조금 생각할 시간을 주실 수 있겠습니까?

어휘표현

- ☐ 閉店(へいてん) 폐점　☐ 喫茶店(きっさてん) 커피숍　☐ ゆっくりと 느긋하게　☐ それから 그리고 나서
- ☐ 食事(しょくじ) 식사　☐ 飲み会(のみかい) 술자리　☐ 来週(らいしゅう) 다음주　☐ 当店(とうてん) 당점　☐ 少し(すこし) 조금
- ☐ 考える(かんがえる) 생각하다

unit. 6 　氷水をください

응용표현 풀이

1. ラストオーダーは閉店３０分前です。

→ 마지막 주문은 폐점 30분 전입니다.

「ラストオーダー」는 「마지막 주문」이라는 의미로, 가게가 손님에게 주문을 받을 수 있는 최종시간을 의미합니다. 물론, 마지막 주문을 받고 나서 바로 가게 문을 닫는 것은 아니지만, 마지막 주문을 한 후, 1시간 뒤에 문을 닫는 것이 일반적입니다. 그리고 「閉店」은 가게를 영원히 없앤다는 의미도 있지만, 가게의 문을 닫는다는 의미도 있습니다.

2. 喫茶店でゆっくりと話して、それから食事をしに行きましょう。

→ 커피숍에서 느긋하게 이야기하고, 그리고 나서 식사를 하러 갑시다.

「ゆっくり」는 「느긋하게, 천천히, 푹」이라는 의미를 가진 부사라고 앞에서 배운 적이 있습니다. 한 개의 예문을 보겠습니다.

「皆様とゆっくりとした時間を過ごしたい:여러분과 느긋한 시간을 보내고 싶다」입니다.

3. 飲み会は来週でいいですか。

→ 술모임은 다음주로 괜찮겠습니까?

「飲み会」는 「술자리, 술모임, 회식」이라는 의미를 가지고 있습니다. 어려운 표현은 아니나 한 개의 예문을 보겠습니다.

「コロナがきっかけで飲み会への意識が変わった:코로나가 계기로 술자리에 대한 의식이 바뀌었다」입니다.

4. 当店オリジナルデザートを人数分プレゼントいたします。

→ 당점 오리지널 디저트를 인원수대로 선물하겠습니다.

「オリジナル」라고 하면, 다른 곳에서는 살 수도 없고 맛볼 수도 없는 제품을 말합니다. 일본의 관광지의 선물가게나 식당에 가보면 「オリジナル」이라는 단어를 많이 볼 수 있는데, 그 지역의 가게에서만 살 수 있고 맛볼 수 있는 물건이나 음식을 의미합니다.

5. 少し考える時間をいただけますか。

→ 조금 생각할 시간을 주실 수 있겠습니까?

「いただく」는 「もらう:받다」의 겸양표현입니다. 내가 다른 사람으로부터 뭔가를 받는 것이기 때문에 나의 동작이죠. 따라서 자신을 낮춘 겸양표현이 되는 것입니다. 예문을 하나 보도록 하겠습니다.

「部長からプレゼントをいただきました:부장님으로부터 선물을 받았습니다」입니다.

unit.6 氷水をください

어휘연습

어휘	읽기	의미
閉店		
喫茶店		
食事		
当店		
人数分		
氷水		

작문연습

1. 일본에는 소주 마시는 방법이 다양하군요.

2. 얼음물을 인원수대로 부탁합니다.

3. 소주의 오유와리와 온더록을 마지막 주문으로 했다.

문제풀이

어휘	읽기	의미
閉店	へいてん	폐점
喫茶店	きっさてん	커피숍
食事	しょくじ	식사
当店	とうてん	당점
人数分	にんずうぶん	인원수대로
氷水	こおりみず	얼음물

1. 日本には焼酎の飲み方がさまざまですね。

2. 氷水を人数分でお願いします。

3. 焼酎のお湯割りとオンザロックをラストオーダーに出した。

焼酎の飲み方 소주를 마시는 법

우리 나라사람은 소주는 그냥 스트레이트로 마시지만, 일본인들은 다양하게 마신다. 소주를 마시는 기본적인 몇 개를 소개한다. 소주의 특유의 향을 싫어하는 사람에게 딱 맞다. 그러나 너무 차가우면 소주의 풍미를 느낄 수 없게 된다.

■ 水割り 미즈와리

먼저 소주를 따르고 나서 물을 천천히 따른다. 알코올과 물의 비중 차이가 있기에 굳이 젓지 않아도 된다. 물은 미네랄 워터가 최고이다. 여기에 레몬 슬라이스를 첨가하면 안성맞춤.

■ お湯割り

먼저 뜨거운 물을 따르고 나서 소주를 따른다. 미즈와리와 반대이니 주의하기 바란다. 그 이유는 뜨거운 물의 온도가 내려가 너무 뜨겁지 않도록 오유와리를 만들기 위해서이다. 조금 작은 잔이나 찻잔 타입의 잔으로 조금씩 만드는 것이 포인트이다.

■ お燗(かん) 오깡

스트레이트의 소주, 혹은 물을 섞은 소주를 직화로 천천히 데워서 마신다. 좋아하는 소주를 느긋하게 즐기고 싶은 분에게 권한다. 미리 물과 소주를 섞어 두고, 그것을 데우는 것이 포인트이다. 가장 맛있게 마실 수 있는 것은 전날에 소주와 물을 섞어 두는 것이다.

■ 비율

소주 : 물(뜨거운 물) = 6 : 4의 비율로 마시는 것을 추천한다.

unit. 7 持ち帰りにしてください

본문회화

金　　：　チーズバーガーのセットを２つください。

島津　：　飲み物を選んでください。

金　　：　コーヒー１つとサイダーを１つ。

島津　：　コーヒーはホットですか、アイスですか。

金　　：　ホットでお願いします。

島津　：　店内でのお召し上がりですか。

金　　：　いいえ、持ち帰りにしてください。

島津　：　かしこまりました。

어휘 표현

□ 持ち帰り 가지고 들고 돌아 감, 테이크아웃　□ 飲み物 음료수　□ 選ぶ 선택 하다
□ 店内 점내　□ 召し上がる 「食べる-먹다/飲む-마시다」의 존경어

본문해석

김 : 치즈버그 세트를 두 개 주세요.
시마즈 : 음료수를 선택해 주세요.
김 : 커피 한 개와 사이다 한 개입니다.
시마즈 : 커피는 따뜻한 것입니까? 아이스입니까?
김 : 따뜻한 것으로 부탁합니다.
시마즈 : 가게 안에서 드십니까?
김 : 아뇨, 테이크아웃으로 해 주세요.
시마즈 : 알겠습니다.

응용표현

1. あなたに合った勤務先を選んでください。
   → 당신에게 맞는 근무처를 선택해 주세요.

2. 地域のホットな話題を分かりやすく紹介しています。
   → 지역의 뜨거운 화제를 이해하기 쉽게 소개하고 있습니다.

3. 店内で我が子が走り回っていたら注意するのが親の義務です。
   → 가게 안에서 자기 아이가 뛰어 돌아다니고 있으면 주의하는 것이 부모의 의무입니다.

4. 部長は、朝食は何を召し上がりますか。
   → 부장님은, 아침은 무엇을 드셨습니까?

5. お持ち帰りのご注文は、便利な電話予約でお願いします。
   → 테이크아웃 주문은 편리한 전화예약으로 부탁합니다.

어휘 표현

□ 勤務先 근무처 □ 地域 지역 □ ホット 핫, 따뜻함 □ 話題 화제 □ 동사ます형+やすい ~하기 쉽다 □ 紹介 소개 □ 我が子 자기 아이 □ 走り回る 뛰어 돌아다니다 □ 注意 주의 □ 親 부모 □ 義務 의무 □ 部長 부장 □ 朝食 조식 □ 注文 주문 □ 便利 편리

unit. 7 持ち帰りにしてください

 응용표현 풀이

1. あなたに合った勤務先を選んでください。

→ 당신에게 맞는 근무처를 선택해 주세요.

「先」는「장소」를 나타내는 표현이라고 앞에서 공부를 하였습니다. 복습 차원에서 한 번 더 알아보겠습니다.「取引先:거래처」 「連絡先:연락처」 「宛先:수신처」 「お問い合わせ先:문의처」 등입니다.

2. 地域のホットな話題を分かりやすく紹介しています。

→ 지역의 뜨거운 화제를 이해하기 쉽게 소개하고 있습니다.

「동사ます형+やすい」는「~하기 쉽다, ~하기 편하다」라는 의미이고, 반대말은「동사 ます형+にくい」입니다. 각각의 예문을 보겠습니다.
「あの人の声は聞きやすいです:저 사람의 목소리는 듣기 편합니다」
「こんなところでハイヒールは歩きにくいですよ:이런 곳에서 하이힐은 걷기 불편합니다」입니다.

3. 店内で我が子が走り回っていたら注意するのが親の義務です。

→ 가게 안에서 자기 아이가 뛰어 돌아다니고 있으면 주의하는 것이 부모의 의무입니다.

「注意する」는「주의하다」는 의미로「気をつける」와 같은 의미입니다. 각각의 예문을 보겠습니다.
「注意したのに、あなたは聞かなかった:주의했는데 당신은 듣지 않았다」
「糖分のとり過ぎには気をつけた方がいいですよ:당분의 지나친 섭취에는 주의하는 편이 좋습니다」입니다.

4. 部長は、朝食は何を召し上がりますか。

→ 부장님은, 아침은 무엇을 드셨습니까?

「召し上がる」는 「食べる-먹다/飲む-마시다」의 존경어이고, 겸양어는 「いただく」입니다. 그럼 한 개의 예문을 보겠습니다.

「スープは冷めないうちに召し上がってください:스프는 식기 전에 드세요」입니다.

5. お持ち帰りのご注文は、便利な電話予約でお願いします。

→ 테이크아웃 주문은 편리한 전화예약으로 부탁합니다.

「持ち帰り」는 「들고 돌아감」 즉, 「테이크아웃」이라는 의미입니다. 한 개의 예문을 보겠습니다.

「お持ち帰りメニューを紹介します:테이크아웃 메뉴를 소개하겠습니다」입니다.

unit. 7 持ち帰りにしてください

어휘연습

어휘	읽기	의미
勤務先		
地域		
話題		
店内		
義務		
朝食		

작문연습

1. 따뜻한 커피와 갈비버거를 주세요.

2. 가게 안에서 떠드는 것은 주변사람에게 폐를 끼치는 것입니다.

3. 한 개는 테이크아웃으로, 또 한 개는 여기서 먹습니다.

 문제풀이

어휘	읽기	의미
勤務先	きんむさき	근무처
地域	ちいき	지역
話題	わだい	화제
店内	てんない	가게 안
義務	ぎむ	의무
朝食	ちょうしょく	조식

1. ホットコーヒーとカルビバーガーをください。

2. 店内(てんない)で騒(さわ)ぐのは周(まわ)りの人(ひと)に迷惑(めいわく)をかけることです。

3. 一(ひと)つは持(も)ち帰(かえ)りで、もう一(ひと)つはこちらで食(た)べます。

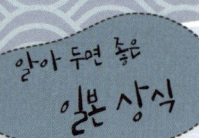

持ち帰り 테이크아웃
もちかえ

직역을 하면 들고 돌아간다는 뜻이다. 패스트푸드 가게에서 주문을 하면 점원이 필수적으로 묻는 질문이 「こちらでお召し上がりですか、それともお持ち帰りですか:여기서 드십니까? 아니면 테이크아웃입니까?」이다. 일본에는 다양한 테이크아웃 제품이 있는데, 그 중에서 유명한 가게 BEST 4를 알아보자.

1. 手づくり惣菜 たまくら
　　て　　　　そうざい

玉川学園前駅北口 도보 3분
たまがわがくえんまええききたぐち

계절감을 소중하게 생각하여 제철 식재료와 지역 채소를 사용한 수제 반찬이 일품이다. 영양사가 만들기에 안심하고 먹을 수 있는 것이 장점. 단품으로 반찬을 구매할 수도 있다.

2. 新宿日向や
　　しんじゅくひゅうが

新宿三丁目駅 도보 5분
しんじゅくさんちょうめえき

신주쿠에서 화제를 부르고 있는 日向鶏(휴가 지역의 닭)을 사용한 창작 토종닭요리가 유명하다. 그 외의 반찬이나 식재료도 주방장이 직접 엄선하여 닭요리를 만든다.

3. meat&wine BACCHUS

<small>いわもとちょうえきみなみぐち</small>
岩本町駅南口 도보 3분

고기, 어패류를 즐길 수 있는 곳이다. 와규 꼬리뼈 부분의 고기를 스테이크로 만든 것이 특징. 등심보다도 맛있다고 여겨지는 고급부위를 가게에서 자체 숙성하여 허브 소금과 생 와사비를 이용해서 간을 맞춘 것이 일품이다.

4. 塚田農場 OBENTO & DELI

<small>つか だ のうじょう</small>

<small>しながわえきみなとみなみぐち</small>
品川駅港南口 도보 2분

계란프라이는 장인이 직접 손으로 정성스럽게 굽고, 치킨은 타르타르 소스의 계란을 데친 것이다. 모든 요리가 개방된 주방에서 요리를 하기에 청결함을 엿볼 수 있다.

食べ放題、飲み放題

본문회화

金　　： すみません。もしかしてこの店は食べ放題ですか。

島津　： はい、そうです。２時間食べ飲み放題で、おひとり様あたり税抜き２９８０円になります。

金　　： ２時間の制限時間があるのですか。

島津　： はい、そうです。

金　　： 食べ飲み放題ということは、食べ放題と飲み放題がセットになっているのですね。

島津　： そうです。このメニューの中からどれでもご注文いただけます。

金　　： メニューもたくさんありますね。

島津　： 注文が決まりましたら、声をかけてください。

어휘 표현

- 食べ放題 음식의 무한리필　　□ 飲み放題 음료수나 주류의 무한리필
- もしかして 혹시　　□ 店 가게　　□ ひとり様 한분　　□ ～あたり ～당
- 税抜き 소비세를 제외함　　□ 制限 제한　　□ 注文 주문　　□ 決まる 정해지다
- 声をかける 말을 걸다

본문해석

김　　　：실례합니다만, 혹시 이 가게는 타베호다이입니까?
시마즈　：예, 그렇습니다. 2시간 타베 노미호다이이고, 한 분 당 세금을 빼고 2980엔입니다.
김　　　：2시간의 제한시간이 있습니까?
시마즈　：예, 그렇습니다.
김　　　：타베 노미호다이라는 것은 타베호다이와 노미호다이가 세트로 되어 있는 것이군요.
시마즈　：그렇습니다. 이 메뉴 안에서 어느 것이라도 주문하실 수 있습니다.
김　　　：메뉴도 많이 있군요.
시마즈　：주문이 정해지면 불러주세요.

응용표현

1. もしかして、事故にでもあってるんじゃないか。
   → 혹시 사고라도 당한 것이 아닌가?

2. １時間あたりの電気代は、次の式で計算できます。
   → 한 시간 당의 전기세는 다음 식으로 계산할 수 있습니다.

3. １日に利用可能な制限時間を設定することができます。
   → 하루에 이용가능한 제한시간을 설정할 수가 있습니다.

4. 杉本さんは何かをやるのに遅いということは決してない。
   → 스기모토 씨는 뭔가를 하는데 늦는 경우는 결코 없다.

5. どれでもいいので何か飲み物をいただけますか。
   → 무엇이든 괜찮으니 뭔가 마실 것을 주실 수 있겠습니까?

어휘 표현

- □ もしかして 혹시　□ 事故にあう 사고를 당하다　□ 電気代 전기세　□ 次 다음　□ 式 식
- □ 計算 계산　□ 利用 이용　□ 可能 가능　□ 設定 설정　□ 동사기본형+のに ～하는데
- □ 遅い 늦다　□ 決して 결코　□ どれでも 어느 것이라도　□ 飲み物 음료수

unit. 8 食べ放題、飲み放題

응용표현 풀이

1. もしかして、事故にでもあってるんじゃないか。

→ 혹시 사고라도 당한 것이 아닌가?

「もしかして」는「혹시」라는 뜻이고「あう」는「안 좋은 경우를 당하다」는 의미를 가지고 있습니다.「どろぼうにあう:도둑을 맞다」「すりにあう:소매치기를 당하다」등으로 사용할 수가 있습니다. 그럼「もしかして」가 들어가는 예문을 한 개 보겠습니다.

「もしかして彼は私との約束を忘れているかもしれない:어쩌면 그는 나와의 약속을 잊고 있을지도 모른다」입니다.

2. 1時間あたりの電気代は、次の式で計算できます。

→ 한 시간 당의 전기세는 다음 식으로 계산할 수 있습니다.

「〜あたり」는「〜당」이라는 의미입니다. 다른 예를 보면「一人あたり:한 명당」「一日あたり:하루 당」입니다. 그리고「代」는「금액이나 대금」을 나타내는데,「部屋代:방값」「水道代:수도세」등으로 사용할 수 있습니다.

3. 1日に利用可能な制限時間を設定することができます

→ 하루에 이용가능한 제한시간을 설정할 수가 있습니다.

「〜ことができる」는「〜할 수가 있다」는 표현입니다. 두 개의 예문을 보겠습니다.
「無事に日本へ来ることができました:무사히 일본에 올 수가 있었습니다」
「ボランティア活動を通して現地の人々とつながることができた:자원봉사활동을 통해서 현지 사람들과 연결할 수가 있었다」입니다.

4. 杉本さんは何かをやるのに遅いということは決してない。

→ 스기모토 씨는 뭔가를 하는데 늦는 경우는 결코 없다.

「동사기본형+のに」는 「~하는데」「~임에도 불구하고」라는 의미를 가지고 있습니다. 「~임에도 불구하고」는 많이 알려져 있으나 「~하는데」라는 의미는 잘 모르는 경우가 많으니 반드시 암기해 주세요. 두 개의 예문을 보겠습니다.

「このかばんは持って歩くのに便利だ:이 가방은 들도 다니는데 편리하다」
「外国語の勉強をするのに辞書が必要だ:외국어 공부를 하는데 사전이 필요하다」입니다.

5. どれでもいいので何か飲み物をいただけますか。

→ 무엇이든 괜찮으니 뭔가 마실 것을 주실 수 있겠습니까?

「いただく」는 「もらう:받다」의 겸양표현이라고 앞에서 배웠습니다. 한 개의 예문을 보겠습니다.

「少しお時間をいただいてもよろしいでしょうか:조금 시간을 내 주셔도 괜찮겠습니까?」입니다.

unit.8 食べ放題、飲み放題

어휘연습

어휘	읽기	의미
事故		
電気代		
計算		
利用		
可能		
制限		

작문연습

1. 2시간 야키니쿠 타베 노미호다이로 1인당 2980엔입니다.

2. 도쿄역 주변에는 유명한 샤부샤부 전문점이나 야키토리 전문점이 많다.

3. 혹시 이 주변에 저렴한 타베호다이 가게는 있습니까?

 문제풀이

어휘	읽기	의미
事故	じこ	사고
電気代	でんきだい	전기세
計算	けいさん	계산
利用	りよう	이용
可能	かのう	가능
制限	せいげん	제한

1. ２時間焼肉食べ飲み放題で、おひとり様あたり２９８０円になります。

2. 東京駅の周辺には有名なしゃぶしゃぶ専門店や焼き鳥専門店が多い。

3. もしかしてこの辺りに安い食べ放題の店はありますか。

알아 두면 좋은 **일본 상식**

食(た)べ放題(ほうだい) 음식의 무한리필

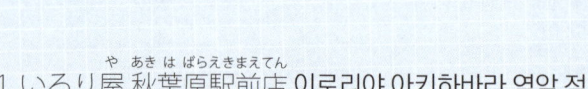

정해진 시간에 음식을 마음껏 먹을 수 있는 것을 「타베호다이」라고 한다. 주로 「焼肉(やきにく)」 타베호다이가 많지만, 「焼(や)き鳥(とり)」 「しゃぶしゃぶ」 등, 다양한 종류의 타베호다이가 있다. 도쿄에 있는 유명한 타베호다이 BEST 4을 알아보자.

1. いろり屋(や) 秋葉原駅前店(あきはばらえきまえてん) 이로리야 아키하바라 역앞 점

아키하바라 역에서 도보 1분. 전 좌석이 개인실로 구성되어 있고, 전국으로부터 엄선된 식재료를 바탕으로 일식, 나베요리, 샤부샤부, 해산물 요리 등을 제공. 2시간 노미호다이와 함께 하면 2980엔으로 즐길 수 있다.

2. 両国屋(りょうごくや) 池袋(いけぶくろ) 료고쿠야 이케부쿠로

이케부쿠로 역 바로 앞에 있다. 이 가게는 「手羽先(てばさき)(닭날개)」를 비롯하여, 육즙이 풍부한 토종닭요리, 펄떡펄떡 살아 있는 활어를 중심으로 제공한다. 다양한 코스요리가 있어서 선택의 폭이 넓다. 3시간 노미호다이와 함께 하면 2980엔으로 즐길 수 있다.

3. 町田 ビストロBBQ KUSI 마치다 비스트로 바비큐 쿠시

마치다 역 바로 옆에 있다. 여성분들의 모임이나 커플에 어울리는 곳이다. 각국의 요리와 남미요리를 잘 배합한 꼬지요리를 즐길 수 있다. 민트소스와 땅콩소스에 찍어 먹는 요리는 이 가게가 아니면 맛볼 수 없다.

4. 最牛 渋谷店 사이규 시부야 점

시부야 역 바로 앞에 있는 가게로 극상의 와규를 느낄 수 있는 곳이다. 가고시마에서 키운 극상 와규와 토종닭 등, 양질의 고기를 무한으로 맛볼 수 있는 코스를 즐길 수 있다. 다양한 고기의 특수부위를 먹을 수 있는 것도 장점.

3人前でお願いします

본문회화

金　　：　すみません。

島津　：　はい、何でしょうか。

金　　：　肉の追加をお願いします。

島津　：　何人前、お持ちしましょうか。

金　　：　カルビを、3人前でお願いします。

島津　：　かしこまりました。

金　　：　他にも追加オーダーはありますか。

島津　：　大丈夫です。

어휘 표현

□ ～人前 ～인분　□ 追加 추가　□ 他 그 외

본문해석

김 : 실례합니다.
시마즈 : 예, 무엇입니까?
김 : 고기의 추가를 부탁합니다.
시마즈 : 몇 인분, 들고 올까요?
김 : 갈비를 3인분 부탁합니다.
시마즈 : 알겠습니다.
김 : 그 외에도 추가주문은 있습니까?
시마즈 : 괜찮습니다.

응용표현

1. 牛肉の種類はいろいろあります。
    → 소고기의 종류는 여러 가지 있습니다.

2. お飲み物はいつお持ちしましょうか。
    → 음료수는 언제 들고 올까요?

3. 他にも質問があったら気軽に聞いてください。
    → 그 외에도 질문이 있으면 부담 없이 물어주세요.

4. 和食が、日本人の伝統的な食文化として、ユネスコ無形文化遺産に登録されました。
    → 일식이 일본인의 전통적인 식문화로서 유네스코 무형문화유산에 등록되었습니다.

5. 韓国の食べ物は日本ですごく人気がある。
    → 한국의 음식은 일본에서 엄청 인기가 있다.

어휘 표현

- □ 牛肉 소고기　□ 種類 종류　□ 飲み物 음료수　□ 持つ 들다, 가지다　□ 他にも 그 외에도
- □ 質問 질문　□ 気軽だ 부담 없다　□ 和食 일식　□ 伝統的 전통적　□ 食文化 식문화
- □ ～として ～로서　□ 無形 무형　□ 遺産 유산　□ 登録 등록　□ 人気 인기

unit. 9 食べ放題、飲み放題

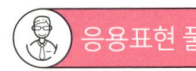 응용표현 풀이

1. 牛肉の種類はいろいろあります。

→ 소고기의 종류는 여러 가지 있습니다.

「いろいろ」는 「여러 가지」라는 의미로, 명사와 접속할 때는 「いろいろな」로 접속하는데, 같은 의미로 「いろんな」입니다. 두 개의 예문을 보겠습니다.

「パーティーのためにいろいろ準備をしている:파티를 위해서 여러 가지 준비를 하고 있다」

「彼を通じていろんな方を紹介してもらいました:그를 통해서 여러 분을 소개받았습니다」 입니다.

2. お飲み物はいつお持ちしましょうか。

→ 음료수는 언제 들고 올까요?

「お+동사ます형+する」는 「겸양표현 공식」입니다. 음료수를 들고 오는 사람이 본인 자신이기 때문에 나를 낮추는 것이 맞겠죠. 한 개의 예문을 보겠습니다.

「お待ちします:기다리겠습니다」인데, 내가 기다리는 것이기 때문에 겸양표현을 사용한 것입니다.

3. 他にも質問があったら気軽に聞いてください。

→ 그 외에도 질문이 있으면 부담 없이 물어주세요.

「気軽だ」는 「부담 없다」는 의미인데, 회화에서 많이 사용하는 표현입니다. 두 개의 예문을 보겠습니다.

「お気軽にご相談ください:부담 없이 상담해 주세요」

「気軽に何でも言ってください:부담 없이 뭐든지 말해 주세요」입니다.

4. 和食が、日本人の伝統的な食文化として、ユネスコ無形文化遺産に登録されました。

→ 일식이 일본인의 전통적인 식문화로서 유네스코 무형문화유산에 등록되었습니다.

「〜として」는 「〜로서」라는 의미로 「자격」을 나타내는 표현입니다. 두 개의 예문을 보겠습니다.

「私個人としては納得できません:저 개인으로서는 납득할 수 없습니다」

「娘はもうすぐ２歳になるけどまだ立てない。子どもとしては遅いほうだ:딸은 이제 곧 두 살이 되지만 아직 못 일어선다. 아이로서는 늦은 편이다」입니다.

5. 韓国の食べ物は日本ですごく人気がある。

→ 한국의 음식은 일본에서 엄청 인기가 있다.

「すごく」는 「엄청, 매우」라는 의미를 가진 부사입니다. 많이 알려진 단어이니 한 개의 예문을 보겠습니다.

「すごく風の強い夜でした: 엄청 바람이 강한 밤이었습니다」입니다.

unit.9 食べ放題、飲み放題

어휘연습

어휘	읽기	의미
種類		
伝統的		
食文化		
無形		
遺産		
登録		

작문연습

1. 로스 소금구이 3인분 부탁합니다.

2. 소 혀 양념구이와 소금구이를 1인분씩 주세요.

3. 야채 모둠과 안창살 2인분, 그리고 생맥주 두 잔 주세요.

 문제풀이

어휘	읽기	의미
種類	しゅるい	종류
伝統的	でんとうてき	전통적
食文化	しょくぶんか	식문화
無形	むけい	무형
遺産	いさん	유산
登録	とうろく	등록

1. ロースの塩焼き3人前お願いします。

2. タンのたれ焼きと塩焼きを1人前ずつください。

3. 野菜盛り合わせとハラミ2人前、そして生ビール二杯ください。

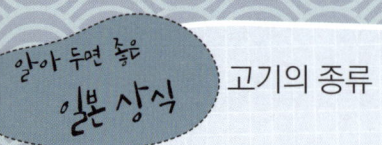

고기의 종류

고기의 부위별의 이름을 몰라서 고깃집에서 주문을 실패하는 경우도 있다. 일반적인 焼肉(야키니쿠) 가게에서도 정확하게 그 부위와 맛을 주문하도록 하자.

일본어	해석	일본어	의미
ハラミ	안창살	ミノ	소의 위(양)
カルビ	갈비	レバー	소의 간
ホルモン	곱창	ハツ	염통
タン	소 혀	肩(かた)サンカク	앞다리 정강이 쪽
ロース	로스	中肉(なかにく)	엉덩이 쪽
豚(ぶた)バラ	삼겹살	芯(しん)たま	뒷다리 정강이 쪽
ヒレ	안심	サーロイン	등심

焼肉メニュー

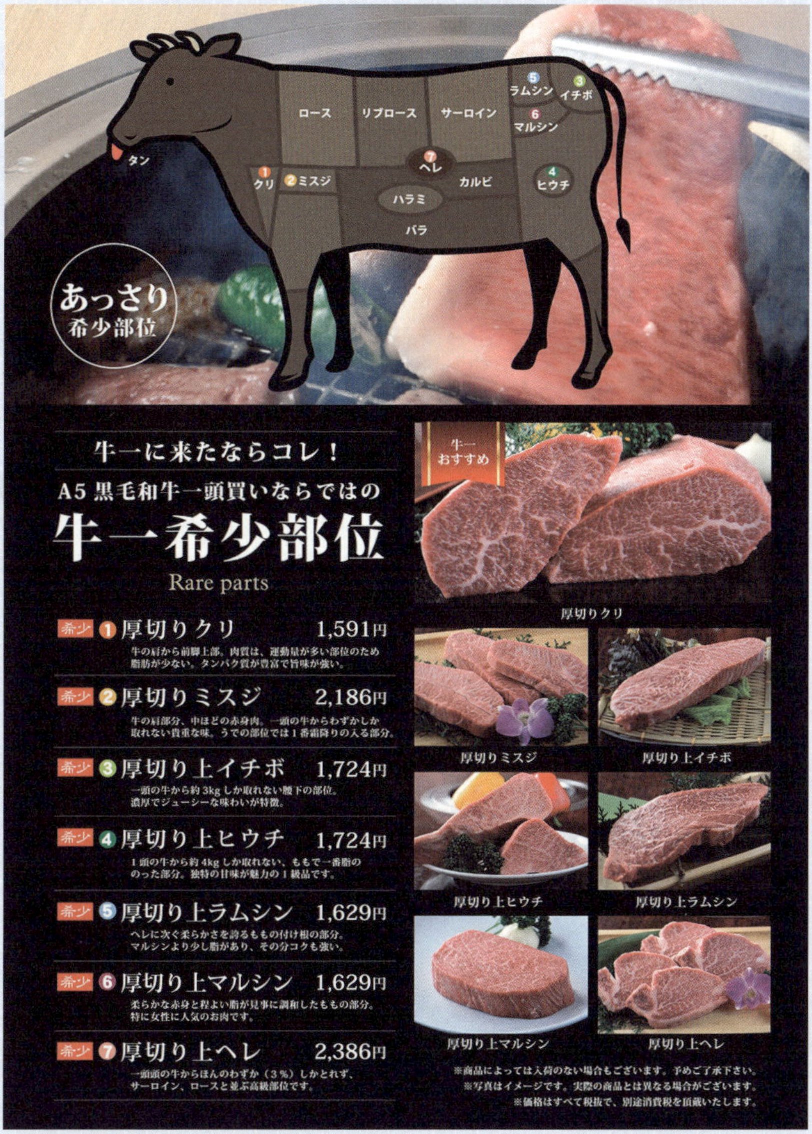

- ロース
- リブロース
- サーロイン
- ⑤ ラムシン
- ③ イチボ
- ⑥ マルシン
- タン
- ① クリ
- ② ミスジ
- ⑦ ヘレ
- カルビ
- ④ ヒウチ
- ハラミ
- バラ

あっさり 希少部位

牛一に来たならコレ！
A5 黒毛和牛一頭買いならではの
牛一希少部位
Rare parts

牛一おすすめ

希少	① 厚切りクリ	1,591円
	牛の肩から前脚上部。肉質は、運動量が多い部位のため脂肪が少ない。タンパク質が豊富で旨味が強い。	
希少	② 厚切りミスジ	2,186円
	牛の肩部分、中ほどの赤身肉。一頭の牛からわずかしか取れない貴重な味。うでの部位では1番霜降りの入る部分。	
希少	③ 厚切り上イチボ	1,724円
	一頭の牛から約3kgしか取れない腰下の部位。濃厚でジューシーな味わいが特徴。	
希少	④ 厚切り上ヒウチ	1,724円
	1頭の牛から約4kgしか取れない、ももで一番脂ののった部分。独特の甘味が魅力の1級品です。	
希少	⑤ 厚切り上ラムシン	1,629円
	ヘレに次ぐ柔らかさを誇るももの付け根の部分。マルシンより少し脂があり、その分コクも強い。	
希少	⑥ 厚切り上マルシン	1,629円
	柔らかな赤身と程よい脂が見事に調和したもも部分。特に女性に人気のお肉です。	
希少	⑦ 厚切り上ヘレ	2,386円
	一頭の牛からほんのわずか（3%）しかとれず、サーロイン、ロースと並ぶ高級部位です。	

厚切りクリ
厚切りミスジ
厚切り上イチボ
厚切り上ヒウチ
厚切り上ラムシン
厚切り上マルシン
厚切り上ヘレ

※商品によっては入荷のない場合もございます。予めご了承下さい。
※写真はイメージです。実際の商品とは異なる場合がございます。
※価格はすべて税抜で、別途消費税を頂戴いたします。

unit. 10 ホットコーヒーでお願いします

본문회화

金　　：　注文は何にしましょうか。
島津　：　コーヒーをください。
金　　：　ホットですか、アイスですか。
島津　：　ホットコーヒーでお願いします。
金　　：　コーヒーに砂糖とミルクはおつけしますか。
島津　：　ミルクだけつけてください。
金　　：　かしこまりました。

어휘 표현

□ 注文 주문　□ 砂糖 설탕　□ つける 붙이다

본문해석

김　　　：주문은 무엇을 할까요?
시마즈　：커피를 주세요.
김　　　：따뜻한 것입니까? 아이스입니까?
시마즈　：따뜻한 커피로 부탁합니다.
김　　　：커피에 설탕과 밀크는 가지고 올까요?
시마즈　：밀크만 들고 오세요.
김　　　：알겠습니다.

응용표현

1. ご注文は以上でよろしいですか。
   → 주문은 이상으로 괜찮습니까?

2. レジ袋は有料ですが、おつけしますか。
   → 비닐봉투는 유료입니다만, 함께 드릴까요?

3. この店は、半世紀も前から営業を続けるこの街でも指折りの老舗喫茶店だ。
   → 이 가게는 반세기나 전부터 영업을 계속하는 이 마을에서도 손꼽히는 대대로 이어오는 커피숍이다.

4. 健康のためには砂糖の摂り過ぎには注意したいです。
   → 건강을 위해서는 설탕을 지나치게 섭취하는 것에는 주의하고 싶습니다.

5. 6～7歳のお子さまだけでの航空券のご予約はできません。
   → 6~7세 아이만으로 항공권의 예약은 불가능합니다.

어휘 표현
- レジ袋 쇼핑봉투　□ 有料 유료　□ 半世紀 반세기　□ 営業 영업　□ 続ける 계속하다
- 街 거리　□ 指折り 손꼽힘　□ 老舗 대를 이은 가게　□ 喫茶店 커피숍　□ 健康 건강
- 摂り過ぎ 지나친 섭취　□ 注意 주의　□ お子さま 다른 사람의 아이　□ 航空券 항공권

unit. 10 ホットコーヒーでお願いします

응용표현 풀이

1. ご注文は以上でよろしいですか。

→ 주문은 이상으로 괜찮습니까?

이 문장은 어려운 표현이 없습니다. 문장에 나와 있는 한자로 어휘공부를 해 보겠습니다. 「注意:주의」「発注:발주」「文書:문서」「古文書:고문서」「以下:이하」「上限:상한」「上下:상하」 입니다

2. レジ袋は有料ですが、おつけしますか。

→ 비닐봉투는 유료입니다만, 함께 드릴까요?

「レジ」는 「계산대」인데, 계산대에서 주는 봉투이므로 「レジ袋」는 「쇼핑봉투, 비닐봉투」를 의미합니다. 그리고 「有料」는 「유료」이고 무료는 「無料」라고 합니다.

3. この店は、半世紀も前から営業を続けるこの街でも指折りの老舗喫茶店だ。

→ 이 가게는 반세기나 전부터 영업을 계속하는 이 마을에서도 손꼽히는 대대로 이어오는 커피숍이다.

「指折り」는 「손꼽힘」이라는 의미이고, 「老舗」는 「대를 이어서 하는 가게」를 나타내는데, 상당히 어려운 어휘이니 반드시 암기해 주세요. 각각의 예문을 보겠습니다.
「ここは東京でも指折りの正統派フランス料理店です:이곳은 도쿄에서도 손꼽히는 정통파 프랑스 요리점입니다.」
「日本には古くから続く老舗企業が多いことが知られています:일본에는 오래 전부터 계속되는 대를 이은 기업이 많은 것이 알려져 있습니다」 입니다.

4. 健康のためには砂糖の摂り過ぎには注意したいです。

→ 건강을 위해서는 설탕을 지나치게 섭취하는 것에는 주의하고 싶습니다.

「〜のため」는 「〜을 위해」라는 의미로 사용되는데 앞에서 충분히 공부를 하였습니다. 한 개의 예문을 보겠습니다.

「彼女のためなら何でもします:그녀를 위해서라면 뭐든지 하겠습니다」 입니다.

5. 6〜7歳のお子さまだけでの航空券のご予約はできません。

→ 6〜7세 아이만으로 항공권의 예약은 불가능합니다.

「だけ」는 한정을 나타내는 조사로서 「뿐, 만」이라는 의미입니다. 두 개의 예문을 보겠습니다.

「彼女は外国語の中で英語だけ話せる:그녀는 외국어 중에서 영어만 말할 수 있다」
「3人だけが合格しました:3명만이 합격했습니다」 입니다.

unit.10 ホットコーヒーでお願いします

어휘연습

어휘	읽기	의미
以上		
半世紀		
営業		
指折り		
老舗		
健康		

작문연습

1. 매일 커피를 마시는 것이 몸에 좋은지 어떤지 모르겠다.

2. 역 앞에 유명한 커피 체인점이 생겼다.

3. 스기모토 씨만큼 커피를 좋아하는 사람을 본 적이 없다.

 문제풀이

어휘	읽기	의미
以上	いじょう	이상
半世紀	はんせいき	반세기
営業	えいぎょう	영업
指折り	ゆびおり	손꼽힘
老舗	しにせ	대를 이어서 하는 가게
健康	けんこう	건강

1. 毎日コーヒーを飲むのが体にいいかどうか分からない。

2. 駅前に有名なコーヒーチェーン店ができた。

3. 杉本さんほどコーヒーが好きな人を見たことがない。

コーヒーショップ 커피숍

일본인들은 상당히 커피를 즐긴다. 다양한 종류의 캔커피와 수많은 전문 커피숍, 그리고 대대로 이어오는 가게가 있을 만큼, 커피에 대해서는 상당히 조예가 깊다. 도쿄의 유명하고 맛있는 커피를 파는 커피숍 BEST 4을 알아보자.

1. ALL SEASONS COFFEE 四谷三丁目店

신주쿠에 있는 3초메 점과는 분위기도 다르고, 전체적으로 테이블의 높이가 낮으며, 온화한 분위기이다. 커피는 가게에서 직접 볶은 원두를 사용하여, 이 가게만의 풍미를 느낄 수 있다. 그리고 프렌치 토스트, 치즈케이크 등 커피와 함께 즐길 수 있는 푸드 메뉴도 풍부하다.

2. Paradise Lounge

시부야 최고봉 약 230미터의 파노라마 뷰를 뽐내는 전망시설 「SHIBUYA SKY(渋谷スカイ)」의 46층에 위치. 커피는 青山(아오야마) 1초메에 있는 로스타 카페의 「Little Darling Coffee Roasters」의 원두를 사용한다. 세계각국으로부터 스카이라운지에 손님이 오기에 거기에 맞는 커피의 향을 만들어낸다.

3. KIELO COFFEE

아키하바라 역에서 가깝다. 「KIELO」는 핀란드의 국화로 「은방울꽃」을 의미한다. 꽃말은 「재차 행복이 찾아온다」이다. 북유럽의 문화에서 공간의 따뜻함, 커뮤니케이션을 중요시하는 커피숍으로 북유럽스타일로 원두를 연하게 볶아 신맛은 강하지만 커피향은 약하게 제공한다. 주인이 실제로 핀란드에 체류한 경험이 있어서 가게 안은 하얀색과 나무로 된 가구가 기본 인테리어로 구성되어 있다.

4. KANNON COFFEE SHOINJINJA

가게 이름의 유래는 본점이 있는 나고야 시내의 「大須観音(おおすかんのん)」에서 이다. 본점의 분위기를 그대로 도쿄의 松陰神社(쇼인신사)에 오픈했다. 「맛있는 커피를 맛볼 수 있고, 과자도 맛있다. 마을의 간이 찻집」을 컨셉으로 만들었다고 한다. 쇼인신사의 상점가가 펼쳐진 메인스트리트에 오래 전부터 있었던 옛 주택을 개조하여, 고풍스러운 멋과 풍취를 느낄 수 있다.

unit. 11 今日のおすすめ料理は何ですか

본문회화

金　　：　すみません。今日のおすすめ料理は何ですか。

島津　：　サンマの塩焼き定食です。

金　　：　日本産のサンマですか。

島津　：　そうです。最近、秋のサンマ漁が解禁になって、北海道から飛行機で運ばれた生サンマです。

金　　：　ということは、新鮮ですね。でも値段が張るのではないですか。

島津　：　そうですね。確かに冷凍サンマよりも値段は高めですが、今年のサンマは脂がのっていておいしいですよ。

金　　：　じゃあ、食べてみます。

島津　：　きっと後悔はしませんよ。期待してください。

어휘 표현

- おすすめ料理 추천 요리
- サンマ 꽁치
- 塩焼き 소금구이
- 定食 정식
- 日本産 일본산
- 最近 최근
- 秋 가을
- サンマ漁 꽁치 포획
- 解禁 해금
- 北海道 홋카이도
- 飛行機 비행기
- 運ぶ 운반하다
- 生サンマ 생물 꽁치
- 新鮮 신선
- 値段が張る 가격이 오르다
- 確かに 확실히
- 冷凍 냉동
- い형용사어간+め 조금한~듯
- 今年 올해
- 脂がのる 살이 올라 맛있다
- きっと 틀림없이
- 後悔 후회
- 期待 기대

본문해석

김	: 실례합니다. 오늘의 추천 요리는 무엇입니까?
시마즈	: 꽁치의 소금구이 정식입니다.
김	: 일본산의 꽁치입니까?
시마즈	: 그렇습니다. 최근에 가을의 꽁치포획이 해금이 되어, 홋카이도에서 비행기로 운반된 생물 꽁치입니다.
김	: 라는 것은 신선하다는 거군요. 하지만 가격이 오르는 것은 아닙니까?
시마즈	: 맞아요. 확실히 냉동 꽁치보다도 가격을 다소 비싸지만, 올해의 꽁치는 살이 올라 맛이 좋습니다.
김	: 그럼 먹어 보겠습니다.
시마즈	: 틀림없이 후회는 하지 않을 겁니다. 기대해 주세요.

응용표현

1. 使用用途ごとにおすすめの商品をご紹介します。
   → 사용용도별로 추천하는 상품을 소개하겠습니다.

2. 豚の生姜焼き定食はファミリーレストランでも人気メニューのひとつとなっている。
   → 돼지의 생강구이 정식은 패밀리레스토랑에서도 인기메뉴의 하나가 되었다.

3. 全国的な移動と観光が解禁となった。
   → 전국적인 이동과 관광이 해금되었다.

4. 値段は張るが、料理と雰囲気は素晴らしい。
   → 가격은 비싸지만, 요리와 분위기는 멋지다.

5. 血圧が高めの方の血圧を改善し、正常な血圧を維持する機能があることが報告されている。 → 혈압이 조금 높은 분의 혈압을 개선하고, 정상적인 혈압을 유지하는 기능이 있는 것이 보고되고 있다.

어휘 표현
- □ 使用 사용 □ 用途 용도 □ ～ごとに ～마다 □ おすすめ 추천 □ 商品 상품
- □ 紹介 소개 □ 豚 돼지 □ 生姜焼き 생강구이 □ 定食 정식 □ 人気 인기
- □ 全国的 전국적 □ 移動 이동 □ 観光 관광 □ 雰囲気 분위기 □ 素晴らしい 멋지다
- □ 血圧 혈압 □ 改善 개선 □ 正常 정상 □ 維持 유지 □ 機能 기능 □ 報告 보고

unit. 11 今日のおすすめ料理は何ですか

응용표현 풀이

1. 使用用途ごとにおすすめの商品をご紹介します。

→ 사용용도별로 추천하는 상품을 소개하겠습니다.

「お(ご)+명사+する」는 「겸양표현 공식」입니다. 상품을 소개하는 사람이 본인 자신이기에 겸양표현을 사용한 것입니다. 두 개의 예문을 보겠습니다.
「確認して後ほどご連絡します:확인하고 나중에 연락하겠습니다」
「わかり次第お電話します:아는 대로 전화드리겠습니다」입니다.

2. 豚の生姜焼き定食はファミリーレストランでも人気メニューのひとつとなっている。

→ 돼지의 생강구이 정식은 패밀리레스토랑에서도 인기메뉴의 하나가 되었다.

이 문장에서는 단어만 알고 있으면 충분히 해석이 되는 문장이기에 어휘공부를 해 보도록 하겠습니다. 「安定:안정」「定着:정착」「案の定:생각했던 대로」「定規:자」「断食:단식」「食前:식 전」「食後:식후」입니다.

3. 全国的な移動と観光が解禁となった。

→ 전국적인 이동과 관광이 해금되었다.

「的」가 들어가는 단어는 전부「な형용사」이기 때문에 명사와 접속할 때는 반드시「な+명사」가 되어야 합니다. 간혹 회화체에서는「な」를 생략해서 말하기도 합니다. 예를 들어볼게요.「民主的な手続き:민주적인 절차」「知的な人:지적인 사람」입니다.

4. 値段は張るが、料理と雰囲気は素晴らしい。

→ 가격은 비싸지만, 요리와 분위기는 멋지다.

「値段が張る」는 「가격이 비싸다」라는 의미인데, 동사 「張る」를 사용한다는 것에 주의하시기 바랍니다. 한 개의 예문을 보겠습니다.

「値段は張るが、こちらに決めたのはやはり品質がよかったからです:가격은 비싸지만 이쪽으로 정했던 것은 역시 품질이 좋았기 때문입니다」

5. 血圧が高めの方の血圧を改善し、正常な血圧を維持する機能があることが報告されている。

→ 혈압이 조금 높은 분의 혈압을 개선하고, 정상적인 혈압을 유지하는 기능이 있는 것이 보고되고 있다.

새로운 표현 「高め」에 대해서 알아볼까요. 「高い」는 「비싸다, 높다」라는 「い형용사」입니다. 여기서 「い」를 뺀 형태를 「い형용사의 어간」이라고 합니다. 즉, 「い형용사어간」에 「め」를 접속하면 「조금~한 듯」이라는 표현이 됩니다. 다른 예를 보면, 「大きめ:조금 큰 듯」 「広め:조금 넓은 듯」 「長め:조금 긴 듯」 입니다.

unit.11 今日のおすすめ料理は何ですか

어휘연습

어휘	읽기	의미
使用		
全国的		
移動		
解禁		
血圧		
正常		

작문연습

1. 다양한 정식이 있군. 무엇을 먹을까!

2. 모든 정식에는 된장국가 절임이 딸려 있습니다.

3. 가을의 꽁치는 살이 올라 맛있지만 가격이 비싸다.

 문제풀이

어휘	읽기	의미
使用	しよう	사용
全国的	ぜんこくてき	전국적
移動	いどう	이동
解禁	かいきん	해금
血圧	けつあつ	혈압
正常	せいじょう	정상

1. さまざまな定食(ていしょく)があるね。何(なに)を食(た)べようかな。

2. 全(すべ)の定食(ていしょく)にはみそ汁(しる)と漬物(つけもの)がついています。

3. 秋(あき)のサンマは脂(あぶら)がのっていておいしいが、値段(ねだん)が高(たか)い。

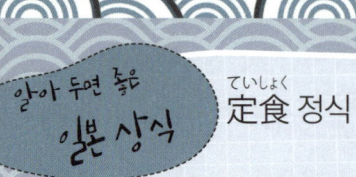

定食 정식
_{ていしょく}

우리나라에서는 定食이라고 하면 백반을 떠올린다. 일본도 마찬가지로 밥이 중심이 되고, 그 외에 다양한 반찬이 나오는데, 상당히 많은 종류의 定食가 있다. 일본 가게에서 흔히 볼 수 있는 定食메뉴에 대해서 알아보자.

일본어	의미
チキンの炭火焼定食	숯불구이 치킨정식
チキン南蛮定食	치킨 난반정식
唐揚げ定食	카라아게 정식
さんまの炭火焼定食	꽁치 숯불구이정식
さばの炭火焼定食	고등어 숯불구이정식
しまほっけ定食	임연수어 정식
サラダ定食	샐러드정식
天ぷら定食	튀김정식
ハンバーグ定食	햄버거 스테이크정식
エビフライ定食	새우튀김정식
レバーニラ定食	간 부추 볶음정식

일본어	의미
味噌カツ定食	미소카츠 정식
手作り豆腐定食	수제두부 정식
豚の生姜焼き定食	돼지 생강구이정식
豚のロースかつ定食	돼지 로스까츠정식
日替わり定食	요일 별 정식
とんかつ定食	돈까츠 정식
カキフライ定食	굴튀김 정식
焼肉定食	불고기 정식
肉野菜炒め定食	고기 야채 볶음정식
さしみ定食	회 정식
餃子定食	만두 정식

* 南蛮 : 1. 파가 들어간 것 2. 이국적인 것

* 味噌カツ : 된장을 바탕으로 가게에 따라 가다랑어 국물, 설탕 등의 여러 가지 독특한 소스를 돈까스에 뿌린 것이다. 미소카츠는 아이치 현의 요리.

unit. 12 すし注文

본문회화

金　　：　注文をお願いします。

島津　：　はい、何にしましょうか。

金　　：　すしを注文する順序ってあるのですか。

島津　：　それぞれの魚の味を楽しむのであれば、白身魚、赤身や脂がのった魚、軍艦、最後にさっぱりした巻物の順番がおすすめです。

金　　：　この白身魚は何ですか。

島津　：　鯛です。

金　　：　では、まず鯛と、中とろをください。

島津　：　かしこまりました。

어휘 표현

- 順序 순서　☐ それぞれ 제각각　☐ 魚 생선　☐ 味 맛　☐ 楽しむ 즐기다
- 白身 흰 살　☐ 赤身 붉은 살　☐ 脂がのる 살이 오르다　☐ 軍艦 초로 양념한 초밥을 김으로 싸고 그 위에 성게나 연어알 등을 얹은 것　☐ 最後 마지막　☐ さっぱり 담백함
- 巻物 초밥집에서 만 초밥　☐ おすすめ 추천　☐ 鯛 도미
- 中とろ 참치살의 지방분이 약간 많은 듯한 부분(복부에 가까운 살)

본문해석

김　　　： 주문을 부탁합니다.
시마즈　： 예, 무엇으로 하시겠습니까?
김　　　： 초밥을 주문하는 순서라는 것이 있습니까?
시마즈　： 제 각각의 생선의 맛을 즐기는 것이라면, 흰 살 생선, 붉은 살 생선이랑 살이 오른 생선, 군함, 마지막으로 담백한 맛이 나는 초밥의 순서가 추천입니다.
김　　　： 이 흰 살 생선은 무엇입니까?
시마즈　： 도미입니다.
김　　　： 그럼, 우선 도미와, 추토로를 주세요.
시마즈　： 알겠습니다.

응용표현

1. 物事には順序がある。
   → 모든 일에는 순서가 있다.

2. 一人で誕生日を過ごすってきっと辛いものだろう。
   → 혼자서 생일을 보낸다는 것은 틀림없이 괴로울 것이다.

3. それぞれの能力を生かして頑張っている。
   → 제 각각의 능력을 살려서 열심히 하고 있다.

4. 脂がのった魚が好みならば、秋口から出回る魚を選ぶといい。
   → 살이 오른 생선을 좋아한다면, 초가을부터 출하하는 생선을 선택하면 좋다.

5. さっぱりした醤油ラーメンが食べたい。
   → 담백한 간장라면을 먹고 싶다.

어휘 표현

□ 物事 만사, 모든 일 □ 誕生日 생일 □ 過ごす 보내다 □ きっと 틀림없이 □ 辛い 괴롭다
□ 能力 능력 □ 生かす 살리다 □ 頑張る 열심히 하다 □ 好み 취향 □ 秋口 초가을
□ 出回る 출하하다 □ 選ぶ 선택하다 □ 醤油 간장

unit. 12 すし注文

응용표현 풀이

1. 物事には順序がある。

→ 모든 일에는 순서가 있다.

「物事」는 「만사, 모든 일」이라는 의미입니다. 다른 예문을 보겠습니다.
「物事を始めるのに良い日があるらしいです:모든 일을 시작하는데 좋은 날이 있는 것 같습니다」 입니다.

2. 一人で誕生日を過ごすってきっと辛いものだろう。

→ 혼자서 생일을 보낸다는 것은 틀림없이 괴로울 것이다.

「きっと」는 「아마」라는 의미로 추측을 나타냅니다. 「多分」「おそらく」와 같은 의미이고, 「~と思います:라고 생각합니다」「~だろう:~일 것이다」라는 서술어와 잘 어울리는 단어입니다. 한 개의 예문을 보겠습니다.
「練習をたくさんしたら、きっと試合で勝つことができる:연습을 많이 하면 틀림없이 시합에서 이길 수가 있을 것이다」 입니다.

3. それぞれの能力を生かして頑張っている。

→ 제 각각의 능력을 살려서 열심히 하고 있다.

「それぞれ」는 「제각각」, 「生かす」는 「살리다」는 의미입니다. 각각의 예문을 보겠습니다.
「今回の旅行は、それぞれの車で行きましょう:이번 여행은 제각각의 자동차로 갑시다」
「長所を生かして、就活をするのが大切だ:장점을 살려서, 취업활동을 하는 것이 중요하다」 입니다.

4. 脂がのった魚が好みならば、秋口から出回る魚を選ぶといい。

→ 살이 오른 생선을 좋아한다면, 초가을부터 출하하는 생선을 선택하면 좋다.

「脂がのる」는「살이 오르다」,「秋口」는「초가을」,「出回る」는「출하하다」는 의미입니다. 조금 어려운 단어이지만 암기해 두시면 표현력이 풍부해 집니다.

5. さっぱロンが食べたい。

→ 담백한 간장라면을 먹고 싶다.

「さっぱりした」는「담백한」이라는 의미입니다. 한 개의 예문을 보겠습니다.

「今回は夕飯にぴったりなさっぱりしたおかずのレシピをご紹介します:이번에는 저녁밥에 딱 맞는 담백한 반찬의 레시피를 소개하겠습니다」입니다.

unit. 12 すし注文

어휘연습

어휘	읽기	의미
物事		
順序		
辛い		
能力		
秋口		
醤油		

작문연습

1. 초밥을 먹고 싶어도 한자를 몰라서 주문하기 어려워.

2. 나는 흰 살 생선보다 붉은 살 생선을 좋아한다.

3. 나에게 있어서 초밥을 먹을 때는, 된장국과 맥주는 뺄 수 없는 것이다.

 문제풀이

어휘	읽기	의미
物事	ものごと	만사, 모든 일
順序	じゅんじょ	순서
辛い	つらい	괴롭다
能力	のうりょく	능력
秋口	あきぐち	초가을
醤油	しょうゆ	간장

1. すしが食べたくても漢字が分からないから注文しにくい。

2. 私は白身の魚より赤身の魚のほうが好きだ。

3. 私にとってすしを食べるときは、みそ汁とビールは欠かせないものだ。

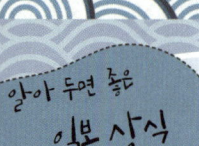

すし(초밥)의 종류

일본여행을 가서 초밥집에 가더라도 종류나 한자를 몰라서 주문을 못하는 경우가 많다. 따라서 모든 초밥 종류는 아니지만, 기본적인 초밥의 종류와 한자에 대해서 알아보자.

초밥의 종류	읽기	의미
鯵	あじ	전갱이
穴子・海鰻	あなご	붕장어
鮑	あわび	전복
烏賊	いか	오징어
鮭卵	いくら	연어알
伊勢海老	いせえび	닭새우
鯉	いなり	유부초밥
鰻	うなぎ	장어
海栗	うに	성게
海老	えび	새우
縁側	えんがわ	아가미 살
鰹	かつお	가다랑어

초밥의 종류	읽기	의미
蟹	かに	게
鰈	かれい	가자미
間八	かんぱち	잿방어
鮭	さけ	연어
秋刀魚	さんま	꽁치
鱸	すずき	농어
鯛	たい	도미
章魚	たこ	문어
螺	つぶがい	고동
	とろ	다랑어
海鼠	なまこ	해삼
鮃	ひらめ	넙치
河豚	ふぐ	복어
鰤	ぶり	방어
鮪	まぐろ	참치
鱒	ます	송어
真蛸	まだこ	낙지
公魚	わかさぎ	빙어

unit.13 おでん注文

본문회화

金　　：　寒いときはおでんが最高ですね。大根がよく煮えているね。

島津　：　そうですね。ちょうど食べごろです。

金　　：　では大根と、牛すじ、たまご、がんもどき。あと、しらたきはありますか。

島津　：　下の方に隠れていますが、あります。

金　　：　では、しらたきもください。

島津　：　お飲み物はどうしますか。

金　　：　焼酎のお湯割りをください。

島津　：　かしこまりました。

어휘 표현

□ 寒い 춥다　□ 最高 최고　□ 大根 무　□ 煮える 삶다, 익다　□ ちょうど 마침　□ 食べごろ 먹을 시기　□ 牛すじ 소 힘줄　□ がんもどき 유부의 한 종류이며 두부를 으깨어 당근, 연근, 우엉 등과 섞어 기름에 튀긴 요리　□ あと 그리고　□ しらたき 실 모양의 아주 가는 곤약　□ 隠れる 숨다　□ 焼酎 소주　□ お湯割り 소주·위스키 등에 따뜻한 물을 타서 묽게 함

본문해석

김 : 추울 때는 오뎅이 최고이군요. 무가 잘 익었군.
시마즈 : 맞아요. 딱 먹을 시기입니다.
김 : 그럼 무와, 소의 힘줄, 계란, 유부. 그리고 곤약은 있습니까?
시마즈 : 아래 쪽에 숨어 있습니다만, 있습니다.
김 : 그럼, 곤약도 주세요.
시마즈 : 마실 것은 무엇으로 하겠습니까?
김 : 소주 오유와리를 주세요.
시마즈 : 알겠습니다.

응용표현

1. この店にある料理はすべてが最高です。
   → 이 가게에 있는 요리는 전부가 최고입니다.

2. 最もおいしい食べごろを迎えた完熟のいちごが食べたい。
   → 가장 맛있는 제철을 맞이한 잘 익은 딸기를 먹고 싶다.

3. 先生は答えは本の中に隠れていると言った。
   → 선생님은 대답은 책 안에 숨어 있다고 말했다.

4. ちょうど今着いたところです。
   → 마침 지금 막 도착했습니다.

5. 寒い日が多いこの時期、焼酎のお湯割りが飲みたくなります。
   → 추운 날이 많이 이 시기, 소주의 오유와리를 마시고 싶게 됩니다.

어휘 표현
□ 店 가게 □ 料理 요리 □ すべて 전부 □ 最も 가장 □ 迎える 맞이하다 □ 完熟 완숙
□ 答え 대답 □ 着く 도착하다 □ 동사과거형+ところ 막~함 □ 日 날 □ 時期 시기

unit. 13 おでん注文

응용표현 풀이

1. この店にある料理はすべてが最高です。

→ 이 가게에 있는 요리는 전부가 최고입니다.

「すべて」는「모든」이라는 의미인데,「명사」와 접속할 때는「すべての」입니다. 같은 의미의 단어는「あらゆる」입니다. 각각의 예문을 보겠습니다.
「私はすべての子どもに教育が必要だと思う:나는 모든 아이에게 교육이 필요하다고 생각한다」
「博物館をあらゆる人に開放した:박물관을 모든 사람에게 개방했다」입니다.

2. 最もおいしい食べごろを迎えた完熟のいちごが食べたい。

→ 가장 맛있는 제철을 맞이한 잘 익은 딸기를 먹고 싶다.

「最も」는「가장」이라는 의미로 한자읽기에 주의하시기 바랍니다. 한 개의 예문을 보겠습니다.「世界で最も交通渋滞がひどい都市のランキングを発表した:세계에서 가장 교통정체가 심한 도시의 랭킹을 발표했다」입니다.

3. 先生は答えは本の中に隠れていると言った。

→ 선생님은 대답은 책 안에 숨어 있다고 말했다.

「隠れる」는「숨다」는 자동사이고, 타동사는「隠す」입니다. 한 개의 예문을 보겠습니다.
「杉本さんは真実を隠しているようだ:스기모토 씨는 진실을 숨기고 있는 것 같다」입니다.

4. ちょうど今着いたところです。

→ 마침 지금 막 도착했습니다.

「동사과거형+ところ」는 「막~함」이라는 의미인데, 자주 사용하는 표현입니다. 두 개의 예문을 보겠습니다.

「食べ終わったところだから動きたくない:막 밥을 먹었기에 움직이고 싶지 않다」
「レポートが書き終わったところだ:리포트를 막 끝냈다」 입니다.

5. 寒い日が多いこの時期、焼酎のお湯割りが飲みたくなります。
→ 추운 날이 많이 이 시기, 소주의 오유와리를 마시고 싶게 됩니다.

일본에는 소주를 마시는 방법이 다양합니다. 그 중 하나가 「오유와리」인데, 「소주에 따뜻한 물을 타서 마시는 방법」입니다. 본 교재에 소주를 마시는 방법에 대해서 상세히 소개해 두었으니 참고로 하시기 바랍니다.

unit. 13 おでん注文

어휘연습

어휘	읽기	의미
最高		
最も		
完熟		
時期		
焼酎		
煮える		

작문연습

1. 따뜻한 정종과(데운 청주와) 무, 시라타키를 먹으면 춥지 않을 것 같다.

2. 일본의 오뎅의 건더기는 그 종류가 많군요.

3. 맥주보다 소주 쪽이 오뎅과 잘 어울릴 것 같습니다.

 문제풀이

어휘	읽기	의미
最高	さいこう	최고
最も	もっとも	가장
完熟	かんじゅく	완숙
時期	じき	시기
焼酎	しょうちゅう	소주
煮える	にえる	삶다, 익다

1. 熱燗と大根、しらたきを食べると寒くならなさそうだ。

2. 日本のおでんの具はその種類が多いですね。

3. ビールより焼酎のほうがおでんとよく似合うみたいです。

おでん(어묵)의 종류

오뎅에 들어가는 건더기도 초밥만큼 종류가 많다. 그 종류를 알아보고 일본에서 먹고 싶은 것을 마음껏 시켜보자.

오뎅의 종류	읽기	의미
大根	だいこん	무
	こんにゃく	곤약
ゆで卵	ゆでたまご	삶은 계란
	ちくわ	대롱 어묵
	はんぺん	한펜
	じゃがいも	감자
牛すじ	ぎゅうすじ	소 힘줄
	にんじん	당근
	トマト	토마토
椎茸	しいたけ	표고버섯
里芋	さといも	토란
手羽肉	てばにく	닭날개
豚ばら肉	ぶたばらにく	삼겹살

오뎅의 종류	읽기	의미
	ウインナー	비엔나
	ロールキャベツ	롤 양배추
浅利	あさり	바지락
蟹	かに	게
	つみれ	생선살로 만든 경단
	ちくわぶ	밀가루로 만든 ちくわ
	かまぼこ	가마보코
	がんもどき	간모도키
さつま揚げ	さつまあげ	사쯔마아게
	しらたき	시라타키
ごぼう巻き	ごぼうまき	우엉말이
厚焼き卵	あつやきたまご	두꺼운 계란말이
	シュウマイ	슈마이
たこ焼き	たこやき	타코야키
	アボカド	아보카도

* はんぺん : 다진 생선살에 마 등을 갈아 넣고 반달형으로 쪄서 굳힌 식품
* かまぼこ : 흰 살 생선을 잘게 갈아 밀가루를 넣어 뭉친 음식
* がんもどき : 유부의 한 종류이며 두부를 으깨어 당근, 연근, 우엉 등과 섞어 기름에 튀긴 요리
* さつまあげ : 어육살로 만든 어묵을 튀긴 음식
* しらたき : 실모양의 아주 가는 곤약

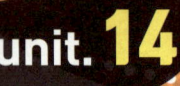

居酒屋で注文

본문회화

金　　：　注文を伺います。

島津　：　枝豆、揚げ出し豆腐、肉じゃが、ホッケの丸焼き、かれいの唐揚げを１つずつください。

金　　：　お飲み物はいかがなさいますか。

島津　：　生ビール２つと熱燗を２つください。

金　　：　本日のおすすめ料理もいかがでしょうか。旬のさしみ５点盛り合わせになります。

島津　：　何のさしみですか。

金　　：　マグロ、ハマチ、ヤリイカ、アジのたたき、カツオです。

島津　：　おいしそうですね。それも１つください。

어휘 표현

□ 居酒屋 이자카야, 대중 술집, 선술집　□ 枝豆 소금으로 삶은 콩　□ 揚げ出し豆腐 기름에 살짝 튀긴 두부　□ 肉じゃが 고기, 감자, 양파, 실곤약 등을 기름에 볶은 후 간장, 설탕, 미림으로 조림한 것　□ ホッケ 임연수어　□ 丸焼き 통구이　□ かれい 가자미　□ 唐揚げ 재료에 밀가루, 녹말 등의 가루를 묻혀 튀긴 음식　□ 熱燗 술을 뜨겁게 데움; 또, 그런 술　□ 旬 제철　□ 盛り合わせ 모둠　□ ハマチ 방어새끼　□ ヤリイカ 화살오징어　□ アジ 전갱이　□ たたき 다진 고기　□ カツオ 가다랑어

본문해석

김 : 주문을 여쭙겠습니다.
시마즈 : 에다마메, 아게다시 두부, 니쿠자가, 임연수어의 통구이, 가자미의 카라아게를 한 개씩 주세요.
김 : 마실 것은 어떻게 하시겠습니까?
시마즈 : 생맥주 두 잔고 아쯔캉을 두 개 주세요.
김 : 오늘의 추천요리도 어떻습니까? 제철 회 5점 모둠이 있습니다.
시마즈 : 어떤 회입니까?
김 : 참치, 방어새끼, 화살오징어, 전갱이의 타다끼, 가다랑어입니다.
시마즈 : 맛있을 것 같군요. 그것도 한 개 주세요.

응용표현

1. みなさんのご意見・提案を伺います。
   → 여러분의 의견・제안을 듣겠습니다.

2. こちらの資料を一枚ずつ、お持ち帰りください。
   → 이쪽의 자료를 한 장씩 들고 돌아가주세요.

3. 他のサンプルをお持ちすることもできますが、いかがいたしますか。
   → 다른 샘플을 들고 올 수도 있습니다만, 어떻게 할까요?

4. 旬の時期には、味がおいしくなるだけでなく、含まれる大切な栄養素の量もぐっと増えます。
   → 제철인 시기에는 맛있을 뿐만 아니라 포함된 중요한 영양소의 양도 부쩍 증가합니다.

5. 寿司盛り合わせをはじめとした新しいメニューをご用意しております。
   → 초밥 모둠을 비롯한 새로운 메뉴를 준비했습니다.

어휘 표현
- 提案(ていあん) 제안 □ 資料(しりょう) 자료 □ 持ち帰る(もちかえる) 들고 돌아가다 □ 他(ほか) 다른 □ 時期(じき) 시기 □ 味(あじ) 맛
- 含む(ふくむ) 포함하다 □ 大切(たいせつ)だ 중요하다 □ 栄養素(えいようそ) 영양소 □ 量(りょう) 양 □ ぐっと 부쩍
- 増える(ふえる) 증가하다 □ 寿司(すし) 초밥 □ 〜をはじめとした 〜을 비롯한 □ 用意(ようい) 준비

unit. 14 居酒屋で注文

응용표현 풀이

1. みなさんのご意見・提案を伺います。

→ 여러분의 의견・제안을 듣겠습니다.

「伺う」는 회회에서 아주 많이 사용하는 표현입니다. 다양한 장면에서 사용되므로 반드시 암기해 주세요. 「伺う」는 「聞く-묻다/訪ねる-방문하다」의 겸양어로서 「여쭙다」「찾아뵙다」라는 의미로 사용됩니다. 예문을 만들어보면,

「先生、明日伺ってもよろしいでしょうか:선생님, 내일 찾아 뵈어도 괜찮겠습니까?」
「部長、ちょっとお伺いしたいことがありますが:부장님, 잠시 여쭙고 싶은 것이 있습니다만」입니다. 「겸양표현」이라고 하면, 자신을 낮추어서 상대방을 올리는 것을 의미합니다. 「존경과 겸양표현」은 조금은 까다로울 수 있지만, 하나씩 공부해 나가다 보면, 아주 쉽게 느낄 수가 있습니다

2. こちらの資料を一枚ずつ、お持ち帰りください。

→ 이쪽의 자료를 한 장씩 들고 돌아가주세요.

「お+동사ます형+ください」는 「존경표현 공식」입니다. 두 개의 예문을 보겠습니다.
「ここにお名前をお書きください:여기에 성함을 써 주세요」
「このボールペンをお使いください:이 볼펜을 사용해 주세요」입니다.

3. 他のサンプルをお持ちすることもできますが、いかがいたしますか。

→ 다른 샘플을 들고 올 수도 있습니다만, 어떻게 할까요?

「お+동사ます형+する」는 「겸양표현 공식」입니다. 두 개의 예문을 보겠습니다.
「今日は早くお帰りします:오늘은 빨리 돌아가겠습니다」
「ここでお待ちします:여기서 기다리겠습니다」입니다.

4. 旬の時期には、味が美味しくなるだけでなく、含まれる大切な栄養素の量もぐっと増えます。

→ 제철인 시기에는 맛있을 뿐만 아니라 포함된 중요한 영양소의 양도 부쩍 증가합니다.

「だけでなく」는 「뿐만 아니라」라는 의미이고, 「のみならず」와 같은 의미입니다. 두 개의 예문을 보겠습니다.

「ワンピースは日本だけでなく、海外でも人気の漫画だ:원피스는 일본뿐만 아니라, 해외에서도 인기가 있는 만화이다」

「この映画はストリーだけでなく、音楽も最高だ:이 영화는 스토리뿐만 아니라 음악도 최고이다」 입니다.

5. 寿司盛り合わせをはじめとした新しいメニューをご用意しております。

→ 초밥 모둠을 비롯한 새로운 메뉴를 준비했습니다.

「〜をはじめとした」 는 「〜을 비롯한」 이라는 의미인데, 「〜をはじめとする」 와 같은 의미입니다. 한 개의 예문을 보겠습니다.

「地球をはじめとした太陽系の惑星は太陽を中心に公転している:지구를 비롯한 태양계의 혹성은 태양을 중심으로 공전하고 있다」 입니다.

unit. 14 居酒屋で注文

어휘연습

어휘	읽기	의미
提案		
旬		
含む		
栄養素		
増える		
用意		

작문연습

1. 일본의 이자카야는 술집이라기보다 요리를 파는 가게라는 느낌이다.

2. 모둠회는 몇 종류의 생선이 나옵니까?

3. 제철 요리는 영양이 풍부해서 건강에 좋다.

 문제풀이

어휘	읽기	의미
提案	ていあん	제안
旬	しゅん	제철
含む	ふくむ	포함하다
栄養素	えいようそ	영양소
増える	ふえる	증가하다
用意	ようい	준비

1. 日本の居酒屋は飲み屋というより料理を売る店という感じだ。

2. 刺身盛り合わせは何種類の魚が出ますか。

3. 旬の料理は栄養が豊富だから健康にいい。

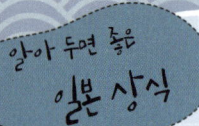

居酒屋 이자카야

「居酒屋」는 술과 그것에 맞는 요리를 제공하는 음식점으로 일본식 대중 술집이다. 맥주, 추하이, 사케 등을 제공하는 가게가 많고, 요리(안주)의 종류가 엄청나게 많다. 그 중, 일본인이 가장 많이 찾는 요리(안주)의 종류를 소개하겠다.

안주	의미
中華風きゅうり炒め	중국식 오이볶음
やみつきキャベツ	야미쯔끼 양배추
ネギチャーシューのおつまみ	파 돼지고기 안주
チーズのチュイル	치즈 츄일
エイヒレ	에이히레
つくねの照り焼き	じゃがいも
とん平焼き	톤페이 구이
鶏もつ煮	토리모쯔니
ポテトサラダ	감자 샐러드
だしのせ冷奴	다시노세 냉두부
モヤシのナムル	콩나물
枝豆	에다마메(풋콩)

안주	의미
明石(あかし)だし巻(ま)き卵(たまご)	아카시다시 계란말이
アボカド生(なま)ハム巻(ま)き	아보카도 햄말이
ネカキの卵雑炊(たまごぞうすい)	굴 계란 죽
章魚(たこ)	문어
たこわさ	타코와사
もろきゅう	모로큐
モツ煮込(にこ)み	내장 조림
牛(ぎゅう)すじの煮込(にこ)み	소 힘줄 조림
前菜(ぜんさい)盛(も)り合(あ)わせ	전채 모둠
焼(や)き鳥(とり)盛(も)り合(あ)わせ	야키토리 모둠
刺身(さしみ)盛(も)り合(あ)わせ	모듬회
漬物(つけもの)盛(も)り合(あ)わせ	절임 모둠
鳥(とり)の唐揚(から あ)げ	닭 카라아게
軟骨(なんこつ)の唐揚(から あ)	연골 카라아게
メンチカツ	민스 커틀릿
コロッケ	고로켓
アジフライ	전갱이 튀김
ポテトフライ	감자튀김

알아 두면 좋은 일본 상식

* やみつきキャベツ : 양배추를 양념에 버무린 것. 「やみつき」는 질리지 않는다는 뜻

* ネギチャーシューのおつまみ : 대파와 중국식 돼지고기 구이로 만든 안주

* チーズのチュイル : 피자용 치즈와 바질을 이용한 요리

* エイヒレ : 가오리의 지느러미를 말린 음식

* とん平焼き : 철판구이의 하나. 삼겹살을 계란으로 말아서 구운 구이

* 鶏もつ煮 : 닭의 간과 난관, 금귤 등을 양념을 넣어서 조린 요리

* だしのせ冷奴 : 오이나 가지 등 여름 야채를 잘게 썰어 다시마와 무쳐서 山形(야마다가타)의 맛국물을 두부에 뿌린 안주

* 明石だし巻き卵 : 효고현의 맛국물을 넣어 만든 계란말이를 맛국물에 찍어서 먹는 요리

* カキの卵雑炊 : 굴과 계란이 베이스가 된 죽

* メンチカツ : 다진 고기에 잘게 다진 양파 등을 넣어 빵가루를 무쳐서 기름에 튀긴 요리

* たこわさ : 문어를 와사비, 맛술, 소금누룩, 조미료 등과 함께 무쳐서 젓갈처럼 만든 요리

* もろきゅう : 보리된장에 오이를 묻힌 음식

MEMO

unit. 15 麺玉を追加してください

본문회화

島津 ： お客さん、うちの店は初めてですか。

金 ： そうです。なかなかおいしかったです。

島津 ： ありがとうございます。

金 ： ただ量がもっと多かったら、何も言うことはないです。

島津 ： うちは麺玉の追加もできますよ。

金 ： そうなのですか。だったら麺玉を追加してください。

島津 ： ありがとうございます。どんぶりをください。

金 ： はい、どうぞ。

어휘 표현

- 麺玉(めんたま) 라면이나 우동 가게 등에서 추가할 수 있는 면 □ 追加(ついか) 추가 □ 初(はじ)めて 처음
- ただ 단, 단지 □ 量(りょう) 양 □ もっと 더욱 □ どんぶり 그릇

본문해석

시마즈 : 손님, 저희 가게는 처음입니까?
김　　 : 그렇습니다. 상당히 맛있었습니다.
시마즈 : 감사합니다.
김　　 : 다만 양이 좀 더 많았다면, 더할 나위 없었습니다.
시마즈 : 저의 가게는 면의 추가도 할 수 있습니다.
김　　 : 그렇습니까? 그렇다면 면을 추가해 주세요.
시마즈 : 감사합니다. 그릇을 주세요.
김　　 : 예, 여기 있습니다.

응용표현

1. 初めての人でも分かりやすい取引ガイドです。
    → 처음 하는 사람이라도 이해하기 쉬운 거래 가이드입니다.

2. 飲み会の店を探しているんですが、どこも満席でなかなか見つけられません。
    → 회식하는 가게를 찾고 있습니다만, 전부 만석이어서 좀처럼 찾을 수 없습니다.

3. ただ彼の意見を聞いてみただけだ。
    → 단지 그의 의견을 물어보았을 뿐이다.

4. もっと歴史を深く知りたく歴史の本を買った。
    → 더욱 역사를 깊게 알고 싶어서 역사책을 샀다.

5. 何もしないのに猫が噛みついた。
    → 아무 것도 하지 않았는데 고양이가 물어뜯었다.

어휘 표현

☐ 取引 거래　☐ 飲み会 술자리, 회식　☐ 探す 찾다　☐ どこも 어디도, 전부　☐ 満席 만석
☐ なかなか 좀처럼　☐ 見つける 발견하다　☐ 意見 의견　☐ 歴史 역사　☐ 深い 깊다
☐ 何も 아무 것도　☐ 猫 고양이　☐ 噛みつく 물어뜯다

unit. 15 麺玉を追加してください

응용표현 풀이

1. 初めての人でも分かりやすい取引ガイドです。

→ 처음 하는 사람이라도 이해하기 쉬운 거래 가이드입니다.

「初(はじ)めて」는「경험 상의 처음」을 나타내고,「순서 상의」「제일 먼저」는「はじめに」입니다. 각각의 예문을 통해서 알아볼게요.

「初(はじ)めての方(かた)でも安心(あんしん)して利用(りよう)できる:처음 하는 분이라도 안심하고 이용할 수 있다」
「はじめに山田(やまだ)さんの意見(いけん)を聞(き)きましょう:제일 먼저 야마다 씨의 의견을 들읍시다」입니다.

2. 飲み会の店を探しているんですが、どこも満席でなかなか見つけられません。

→ 회식하는 가게를 찾고 있습니다만, 전부 만석이어서 좀처럼 찾을 수 없습니다.

「なかなか」는 긍정문에서 사용하면「매우」, 부정문에서 사용하면「좀처럼」입니다. 각각의 예문을 보겠습니다.

「彼の作(つく)った料理(りょうり)はなかなかおいしかった:그가 만든 요리는 상당히 맛있었다」
「電車(でんしゃ)がなかなか来(き)ません:전철이 좀처럼 오지 않습니다」입니다.

3. ただ彼の意見を聞いてみただけだ。

→ 단지 그의 의견을 물어보았을 뿐이다.

「ただ~だけ」는「단지~뿐」이라는 의미이고,「ただ~だけでなく」는「단지~뿐만 아니라」라는 의미입니다. 각각의 예문을 보겠습니다.

「ただ学歴(がくれき)があるだけでは、社会(しゃかい)では通用(つうよう)しない:단지 학력이 있는 것만으로는 사회에서는 통용 되지 않는다」
「教育(きょういく)とはただ学校(がっこう)に行(い)くだけではなくそれ以上(いじょう)のことを意味(いみ)する:교육이라는 것은

단지 학교에 가는 것뿐만 아니라 그 이상의 것을 의미한다」입니다.

4. もっと歴史を深く知りたく歴史の本を買った。

→ 더욱 역사를 깊게 알고 싶어서 역사책을 샀다.

「もっと」는 「더욱」「더욱 더」라는 의미의 부사입니다. 한 개의 예문을 보겠습니다.
「仕事をもっとまじめにしてほしい:일을 더욱 성실하게 해 주기를 바란다」입니다.

5. 何もしないのに猫が噛みついた。

→ 아무 것도 하지 않았는데 고양이가 물어뜯었다.

「のに」는 「동사와 い형용사의 종지형」에 접속하여 「〜임에도 불구하고」라는 의미입니다. 각각의 예문을 보겠습니다.
「社長も来るのに部長は休むという:사장님도 오는데 부장님은 쉰다고 한다」
「寒いのに窓が開けてある:추운데 창문이 열려 있다」입니다.

unit. 15 麺玉を追加してください

어휘연습

어휘	읽기	의미
探す		
満席		
深い		
噛みつく		
量		
猫		

작문연습

1. 이 가게는 맛도 양도 훌륭하다.

2. 면의 추가는 별도의 돈이 듭니다.

3. 돈코츠라면에 파와 조미계란을 토핑해 주세요.

 문제풀이

어휘	읽기	의미
探す	さがす	찾다
満席	まんせき	만석
深い	ふかい	깊다
噛みつく	かみつく	물어뜯다
量	りょう	양
猫	ねこ	고양이

1. この店は味も量も素晴らしい。

2. 麺玉の追加は別途のお金がかかります。

3. 豚骨ラーメンにネギと味付玉子をトッピングしてください。

ラーメン屋 라면가게

일본의 라면은 대표적으로 간장, 소금, 돼지뼈 육수(돈코츠)로 대표된다. 그리고 라면가게는 라면뿐만 아니라 다양한 부수 음식과 토핑메뉴도 같이 팔고 있다. 일본에서 맛있는 라면을 먹기 위해서 그 종류를 상세히 알아보자.

기본적인 라면

라면이름	의미
醤油ラーメン	간장라면
醤油つけ麺	긴장 쯔케멘
醤油ネギラーメン	간장 파 라면
醤油ピリ辛ネギラーメン	간장 매운 파 라면
醤油チャーシュー麺	간장 챠슈 면
醤油ネギチャーシュー麺	간장 파 챠슈 면
味噌ラーメン	된장라면
味噌つけ麺	된장 쯔케멘
味噌ネギラーメン	된장 파 라면
味噌ピリ辛ネギラーメン	된장 매운 파 라면

라면이름	의미
味噌チャーシュー麺	된장 챠슈 면
味噌ネギチャーシュー麺	된장 파 챠슈 면
塩ラーメン	소금라면
塩つけ麺	소금 쯔케멘
塩ネギラーメン	소금 파 라면
塩ピリ辛ネギラーメン	소금 매운 파 라면
塩チャーシュー麺	소금 챠슈 면
塩ネギチャーシュー麺	소금 파 챠슈 면
豚骨ラーメン	돈코츠라면
豚骨つけ麺	돈코츠 쯔케멘
豚骨ネギラーメン	돈코츠 파 라면
豚骨ピリ辛ネギラーメン	돈코츠 매운 파 라면
豚骨ネギチャーシュー麺	돈코츠 챠슈 면
豚骨ネギチャーシュー麺	돈코츠 파 챠슈 면

알아 두면 좋은 일본 상식

사이드 메뉴 및 토핑면

라면이름	의미
ギョーザ	만두
チャーハン	중국식 볶음밥
チャーシュー丼	챠슈 덮밥
ネギマヨチャーシュー丼	파 마요네즈 챠슈 덮밥
玉子かけご飯	계란밥
ライス	공기밥
半ライス	공기밥 반그릇
チャーシュー	챠슈
味付玉子	조미 계란
メンマ	마른 죽순
ホウレン草	시금치
もやし	콩나물
海苔	김
ネギ	파

MEMO

게시판

unit. 1 止まれ

본문회화

金　　：　こんなところに止まれと書かれた標識があります。

島津　：　それは一時停止の標識です。

金　　：　韓国の一時停止の標識と比べて、色は同じですが、形が違います。

島津　：　どんな形ですか。

金　　：　八角形です。

島津　：　知りませんでした。日本は逆三角形です。

金　　：　標識の形が違うので、間違えないように気を付けます。

島津　：　そうですね。交通事故に遭わないように気を付けてください。

어휘 표현

□ 止(と)まれ 멈춤　□ 標識(ひょうしき) 표지판　□ 一時停止(いちじていし) 일시정지　□ 比(くら)べる 비교하다　□ 色(いろ) 색
□ 同(おな)じ 같음　□ 形(かたち) 모양　□ 違(ちが)う 다르다　□ 八角形(はっかっけい) 팔각형　□ 逆三角形(ぎゃくさんかくけい) 역삼각형
□ 間違(まちが)える 틀리다　□ 気(き)を付(つ)ける 주의하다　□ 交通事故(こうつうじこ)に遭(あ)う 교통사고를 당하다

본문해석

김　　　 : 이런 곳에 멈춤이라고 적힌 표지판이 있습니다.
시마즈　 : 그것은 일시정지를 의미하는 표지판입니다.
김　　　 : 한국의 일시정지의 표지판과 비교해서, 색은 같습니다만, 모양이 다릅니다.
시마즈　 : 어떤 모양입니까?
김　　　 : 팔각형입니다.
시마즈　 : 몰랐습니다. 일본은 역삼각형입니다.
김　　　 : 표지판의 모양이 다르기 때문에 틀리지 않도록 주의하겠습니다.
시마즈　 : 맞아요. 교통사고를 당하지 않도록 주의해 주세요.

응용표현

1. 「止まれ」という標識が設置されていない交差点があります。
   → 「멈춰」라는 표지판이 설치되지 않은 교차로가 있습니다.

2. 一時停止すべき時間(秒数)は定められていないのが現状です。
   → 일시정지해야 하는 시간(초수)은 정해져 있지 않은 것이 현 상태입니다.

3. 今年度の申し込みは前年度に比べて、およそ2倍に増えた。
   → 금년도의 신청은 전년도와 비교해서 약 2배로 늘었다.

4. 形がきれいなホテルスタイルまくらを販売しております。
   → 모양이 예쁜 호텔스타일 베개를 판매하고 있습니다.

5. 自分がいくら気をつけていても事故に遭うときは遭う。
   → 자신이 아무리 주의를 해도 사고를 당할 때는 당한다.

어휘 표현

- ☐ 設置 설치　☐ 交差点 교차로　☐ ～すべき ～해야 함　☐ 秒数 초 수　☐ 定める 정하다
- ☐ 現状 현 상태　☐ 今年度 금년도　☐ 申し込み 신청　☐ 前年度 전년도　☐ およそ 약
- ☐ 倍 배　☐ 増える 증가하다　☐ まくら 베개　☐ 販売 판매　☐ いくら 아무리

unit. 1 止まれ

응용표현 풀이

1. 「止まれ」という標識が設置されていない交差点があります。

→ 「멈춰」라는 표지판이 설치되지 않은 교차로가 있습니다.

「標識(ひょうしき)」는 「표지판」이라는 의미로서 다양한 것이 있습니다. 일본과 한국이 같은 표지판도 있고 다른 표지판도 있으니 주의하시기 바랍니다. 예문을 한 개 보겠습니다.

「うっかり標識を見落(みお)としてしまった:깜박 표지판을 놓쳐 버렸다」 입니다.

2. 一時停止すべき時間(秒数)は定められていないのが現状です。

→ 일시정지해야 하는 시간(초수)은 정해져 있지 않은 것이 현 상태입니다.

「べき」는 「해야 한다」는 의미인데, 「する」에 접속이 될 때는 「すべき」 「するべき」 둘 다 사용할 수 있습니다. 두 개의 예문을 보겠습니다.

「私たちがすべきことはたくさんある:우리들이 해야만 하는 일은 많이 있다」
「あなたはそれを反省(はんせい)するべきです:당신은 그것을 반성해야만 합니다」 입니다.

3. 今年度の申し込みは前年度に比べて、およそ２倍に増えた。

→ 금년도의 신청은 전년도와 비교해서 약 2배로 늘었다.

「〜に比(くら)べて」는 「〜와 비교해서」라는 의미인데, 회화문에서 많이 사용합니다. 두 개의 예문을 보겠습니다.

「去年(きょねん)に比べて、売(う)り上(あ)げが３０％も増(ふ)えた:작년과 비교해서 매상이 30%나 늘었다」
「男性(だんせい)に比べて、女性(じょせい)の方(ほう)が一般的(いっぱんてき)に寿命(じゅみょう)が長(なが)いそうです:남성과 비교해서 여성 쪽이 일반적으로 수명이 길다고 합니다」 입니다.

4. 形がきれいなホテルスタイルまくらを販売しております。

→ 모양이 예쁜 호텔스타일 베개를 판매하고 있습니다.

「おる」는 「いる-있다」의 겸양표현으로 비즈니스회화에서 많이 사용하는 표현입니다. 자신의 행동이나 자신과 관련된 사람의 행동에 대해서 나타내므로 겸양표현이 되는 것입니다. 두 개의 예문을 보겠습니다.

「山田は他の電話に出ております:야마다는 다른 전화를 받고 있습니다」
「今でも学生時代のたくさんの思い出が残っております:지금도 학생시절의 많은 추억이 남아 있습니다」 입니다.

5. 自分がいくら気をつけていても事故に遭うときは遭う。

→ 자신이 아무리 주의를 해도 사고를 당할 때는 당한다.

「いくら〜ても」는 「아무리〜해도」라는 의미입니다. 예문을 통해서 그 의미를 정확하게 알아봅시다.

「いくらメールを送っても、彼女から全然返事が来ない:아무리 메일을 보내도 그녀로부터 전혀 답변이 오지 않는다」
「いくら旅行に行きたいと言っても、お金がなければいけないよ:아무리 여행을 가고 싶다고 말해도 돈이 없으면 안 된다」

unit. 1 止まれ

어휘연습

어휘	읽기	의미
標識		
交差点		
現状		
前年度		
販売		
事故に遭う		

작문연습

1. 한국과 일본의 표지판은 비슷한 점이 많다.

2. 횡단보도 앞에서는 일시정지를 해야 합니다.

3. 교통사고는 언제든지 일어날 수가 있기에 조심해야 한다.

 문제풀이

어휘	읽기	의미
標識	ひょうしき	표지판
交差点	こうさてん	교차로
現状	げんじょう	현상태
前年度	ぜんねんど	전년도
販売	はんばい	판매
事故に遭う	じこにあう	사고를 당하다

1. 韓国と日本の標識は似ているところが多い。

2. 横断歩道の前では一時停止をしなければならないです。

3. 交通事故はいつでも起きられるから気をつけなければならない。

一方通行

본문회화

金　　： この標識は一方通行ですか。

島津　： そうです。

金　　： 日本と韓国とでは矢印の向きが少し違いますね。

島津　： どう違うのですか。

金　　： 日本は矢印が左向きで、韓国は右向きです。

島津　： よく見るとそうですね。でもどうしてでしょうか。

金　　： 日本は左側通行で、韓国は右側通行だからだと思います。

島津　： そう言えばそうですね。

어휘 표현

- □ 一方通行(いっぽうつうこう) 일방통행　□ 標識(ひょうしき) 표지판　□ 矢印(やじるし) 화살표　□ 向き(むき) 방향　□ 違う(ちがう) 다르다
- □ 左向き(ひだりむき) 왼쪽 방향　□ 右向き(みぎむき) 오른쪽 방향　□ 左側(ひだりがわ) 좌측　□ 右側(みぎがわ) 우측
- □ そう言(い)えば 그러고 보니

본문해석

김 : 이 표지판은 일방통행입니까?
시마즈 : 그렇습니다.
김 : 일본과 한국에서는 화살표의 방향이 조금 다르군요.
시마즈 : 어떻게 다릅니까?
김 : 일본은 화살표가 왼쪽 방향이고 한국은 오른쪽 방향입니다.
시마즈 : 잘 보니 그렇군요. 하지만 왜일까요?
김 : 일본은 좌측통행이고, 한국은 우측통행이기 때문이라고 생각합니다.
시마즈 : 그러고 보니 그렇군요.

응용표현

1. 車を運転していると、つい見逃しがちなのが「一方通行」の標識です。
   → 자동차를 운전하고 있으면 깜박 보고 놓치기 쉬운 것이 「일방통행」의 표지판입니다.

2. 矢印は人々の生活に溶け込んでいる。
   → 화살표는 사람들의 생활에 동화되어 있다.

3. 記事投稿の時、写真の向きが正しく表示されないととても困ります。
   → 기사 투고 때, 사진의 방향이 바르게 표시되지 않으면 매우 곤란합니다.

4. どうして２月だけ２８日しかなくて、日数が変わりますか。
   → 왜 2월만 28일밖에 없고, 일수가 바뀝니까?

5. 現在、左側通行を採用しているのは５５の国連承認国家・地域である。
   → 현재, 좌측통행을 채용하고 있는 것은 55의 UN승인국가·지역이다.

어휘 표현

- □ つい 깜박　□ 見逃す 보고 놓치다　□ 동사ます형+がち ～하기 쉬움, ～하는 경향이 있음
- □ 溶け込む 융화되다, 동화되다　□ 記事 기사　□ 投稿 투고　□ 正しい 바르다
- □ 表示 표시　□ 困る 곤란하다　□ 日数 일수　□ 現在 현재　□ 採用 채용　□ 国連 UN
- □ 承認 승인　□ 国家 국가　□ 地域 지역

unit. 2 一方通行

응용표현 풀이

1. 車を運転していると、つい見逃しがちなのが「一方通行」の標識です。

→ 자동차를 운전하고 있으면 깜박 보고 놓치기 쉬운 것이 「일방통행」의 표지판입니다.

「동사ます형+がち」는 「~하기 쉬움, ~하는 경향이 있음」이라는 의미입니다. 두 개의 예문을 보겠습니다.

「最近、メールの返信を忘れがちで、上司からよく怒られる:최근에 메일의 답변을 잊는 경향이 있어서, 상사로부터 자주 혼난다」

「今日は朝から曇りがちな天気です:오늘은 아침부터 자주 흐리는 날씨입니다」입니다.

2. 矢印は人々の生活に溶け込んでいる。

→ 화살표는 사람들의 생활에 동화되어 있다.

「矢印」는 「화살표」라는 의미이고, 「溶け込む」는 「융화되다, 동화되다」는 의미입니다. 각각의 예문을 보겠습니다.

「矢印入りのデザイン看板です:화살표가 들어간 디자인의 간판입니다」

「ビルは周りの景色に完璧に溶け込んでいる:건물은 주변의 경치에 완벽히 동화되어 있다」입니다.

3. 記事投稿の時、写真の向きが正しく表示されないととても困ります。

→ 기사 투고 때, 사진의 방향이 바르게 표시되지 않으면 매우 곤란합니다.

「向き」는 「방향」이라는 의미도 있지만, 「~용, ~에 적합함」이라는 의미도 있습니다. 두 개의 예문을 보겠습니다.

「彼はその性格からして営業向きだ:그는 그 성격부터 영업에 적합하다」

「この映画は残酷な描写が多く、一般人向きではない:이 영화는 잔혹한 묘사가 많아서,

일반인에게 맞지 않다」입니다.

4. どうして２月だけ２８日しかなくて、日数が変わりますか。

→ 왜 2월만 28일밖에 없고, 일수가 바뀝니까?

「～しかない」는 「～밖에 없다」는 의미인데, 「ほかない」와 같은 뜻입니다. 두 개의 예문을 보겠습니다.

「やると言ったからには、最後までやるしかない:한다고 말한 이상에는 마지막까지 할 수밖에 없다」

「こんなに不景気なら店を閉めるほかないですよ:이렇게 불경기라면 가게를 닫을 수밖에 없습니다」입니다.

5. 現在、左側通行を採用しているのは５５の国連承認国家・地域である。

→ 현재, 좌측통행을 채용하고 있는 것은 55의 UN승인국가・지역이다.

「である」는 「だ」의 문장체이고, 「であります」는 「です」와 같은 뜻입니다. 두 개의 예문을 보겠습 니다.

「世界で最も高い山はエベレストである:세계에서 가장 높은 산은 에베레스트이다」
「当社は人材紹介会社である:당사는 인재소개회사이다」입니다.

unit. 2 一方通行

어휘연습

어휘	읽기	의미
一方通行		
矢印		
投稿		
表示		
日数		
採用		

작문연습

1. 여행을 목적으로 일본에 왔습니다.

2. 국가에 따라 통행하는 방향이 따르다.

3. 한국에서 운전하는 것과 일본에서 운전하는 것은 전혀 다르다.

 문제풀이

어휘	읽기	의미
一方通行	いっぽうつうこう	일방통행
矢印	やじるし	화살표
投稿	とうこう	투고
表示	ひょうじ	표시
日数	にっすう	일수
採用	さいよう	채용

1. 旅行を目的に日本へ来ました。

2. 国によって通行する方向が違う。

3. 韓国で運転することと日本で運転することは全然違う。

unit.3 自転車通行禁止

본문회화

金　　：　ここは自転車通行禁止なのですね。

島津　：　そうみたいですね。きっと人通りが多いからなのでしょう。

金　　：　確かに商店街の場合、自転車が通らないほうが歩きやすいですね。

島津　：　車を運転する時も、自転車が邪魔な時があります。

金　　：　そうですね。

島津　：　日本の場合は車線が少ないので、自転車通行禁止の車道かそうでないかは、車を運転する上で大きな違いがあります。

金　　：　自転車専用レーンがあるところもありますよね。

島津　：　そうですね。でも、まだまだ数が少ないと思います。

어휘 표현

- 自転車(じてんしゃ) 자전거　□ 通行禁止(つうこうきんし) 통행금지　□ きっと 아마　□ 人通り(ひとどお) 사람의 왕래
- 多い(おお) 많다　□ 確かに(たし) 확실히　□ 商店街(しょうてんがい) 상점가　□ 場合(ばあい) 경우　□ 歩く(ある) 걷다
- 運転(うんてん) 운전　□ 邪魔(じゃま)だ 방해가 되다　□ 車線(しゃせん) 차선　□ 少ない(すく) 적다　□ 車道(しゃどう) 차도
- ～上(うえ)で ～하는데 있어서　□ 違い(ちが) 차이　□ 専用(せんよう) 전용　□ 数(かず) 수

본문해석

김　　　：이곳은 자전거통행금지이군요.
시마즈　：그런 것 같습니다. 아마 사람의 왕래가 많기 때문이겠죠.
김　　　：확실히 상점가의 경우, 자전거가 지나가지 않는 편이 걷기에 편하죠.
시마즈　：자동차를 운전할 때도 자전거가 방해가 될 때가 있습니다.
김　　　：맞아요.
시마즈　：일본의 경우는 차선이 적기 때문에 자전거통행금지의 차도가 그렇지 않을까는, 자동차를 운전하는데 있어서 큰 차이가 있습니다.
김　　　：자전거전용 레인이 있는 곳도 있군요.
시마즈　：맞아요. 하지만, 아직 수가 적다고 생각합니다.

응용표현

1. 通行禁止道路通行許可の電子申請手続きにおいて必要な書類は次のとおりです。
   → 통행금지 도로 통행허가의 전자신청수속에서 필요한 서류는 다음에 적혀 있는대로 입니다

2. 数日前から風邪みたいな症状が続いている。
   → 며칠 전부터 감기 같은 증상이 계속되고 있다.

3. 君はきっとできると思うから、そんなに心配する必要はない。
   → 너는 틀림없이 할 수 있다고 생각하니 그렇게 걱정할 필요는 없다.

4. 今の時期はオフシーズンですから、ホテルが予約しやすいです。
   → 지금 시기는 오프시즌이니 호텔이 예약하기 쉽습니다.

5. あなたを採用する上で、２つ条件があります。
   → 당신을 채용하는데 있어서 두 가지 조건이 있습니다.

어휘 표현
- 道路(どうろ) 도로　　許可(きょか) 허가　　電子(でんし) 전자　　申請(しんせい) 신청　　手続き(てつづき) 수속
- ～において ～에서　　書類(しょるい) 서류　　～とおり ～대로　　数日前(すうじつまえ) 며칠 전
- 風邪(かぜ) 감기　　症状(しょうじょう) 증상　　時期(じき) 시기　　採用(さいよう) 채용　　条件(じょうけん) 조건

自転車通行禁止

응용표현 풀이

1. 通行禁止道路通行許可の電子申請手続きにおいて必要な書類は次のとおりです。

→ 통행금지 도로 통행허가의 전자신청수속에서 필요한 서류는 다음에 적혀 있는대로입니다

「～において」는 「～에서」라는 의미로 「で」와 같은 의미입니다. 두 개의 예문을 보겠습니다.

「今度のオリンピックは東京において開かれる:이번 올림픽은 도쿄에서 개최된다」
「日本の発展において、若い人材は不可欠だ:일본의 발전에서 젊은 인재는 불가결하다」입니다.

2. 数日前から風邪みたいな症状が続いている。

→ 며칠 전부터 감기 같은 증상이 계속되고 있다.

「～みたいだ」는 「～같다」는 의미로 「な형용사」 활용을 합니다. 두 개의 예문을 보겠습니다.

「兄みたいな人にはなりたくない:형 같은 사람은 되고 싶지 않다」
「数日前から風邪みたいな症状が続いている:며칠 전부터 감기 같은 증상이 계속되고 있다」입니다.

3. 君はきっとできると思うから、そんなに心配する必要はない。

→ 너는 틀림없이 할 수 있다고 생각하니 그렇게 걱정할 필요는 없다.

「きっと」는 「틀림없이」라고 해석하지만 「아마」라는 뉘앙스를 가진 부사입니다. 예문을 보겠습니다.

「山田さんもきっと飲み会に来ます:야마다 씨도 틀림없이 술자리에 옵니다」입니다.

4. 今の時期はオフシーズンですから、ホテルが予約しやすいです。

→ 지금 시기는 오프시즌이니 호텔이 예약하기 쉽습니다.

「동사ます형+やすい」는「~하기 쉽다, ~하기 편하다」라는 의미입니다. 두 개의 예문을 보겠습니다.
「このペンは使いやすくていつも愛用している:이 펜은 사용하기 편해서 항상 애용하고 있다」
「先生の説明はいつも分かりやすい:선생님의 설명은 항상 이해하기 쉽다」입니다.

5. あなたを採用する上で、２つ条件があります。

→ 당신을 채용하는데 있어서 두 가지 조건이 있습니다.

「~上で」는「동사의 현재형」에 접속하면「~하는데 있어서」라는 의미이고,「동사의 과거형」에 접속하면「~하고 나서」라는 의미입니다. 두 개의 예문을 보겠습니다.
「日本語を勉強する上で一番難しいのは漢字です:일본어를 공부하는데 있어서 가장 어려운 것은 한자입니다」
「トラブルの原因を調べた上で、上司に報告します:문제의 원인을 알아보고 나서 상사에게 보고합니다」입니다.

unit.3 自転車通行禁止

어휘연습

어휘	읽기	의미
道路		
許可		
申請		
数日前		
症状		
条件		

작문연습

1. 횡단보도에서 자전거를 타고 건너서는 안 됩니다.

2. 사람의 왕래가 많은 곳에서는 자전거는 끌고 가주세요.

3. 일본은 골목의 폭이 한국보다 좁다.

 문제풀이

어휘	읽기	의미
道路	どうろ	도로
許可	きょか	허가
申請	しんせい	신청
数日前	すうじつまえ	며칠 전
症状	しょうじょう	증상
条件	じょうけん	조건

1. 横断歩道で自転車に乗って渡ってはいけません。

2. 人通りの多い所では自転車は引いて行ってください。

3. 日本は路地の幅が韓国より狭い。

ゴミ捨て場

본문회화

金　　： ゴミ捨て場はどこですか。

島津　： １階の出口の脇にあります。

金　　： すぐに見つけられますか。

島津　： はい。標識があるので、すぐに分かると思います。標識には、ゴミ箱の絵が描いてあります。

金　　： それだったら日本語がよく分からなくても大丈夫ですね。

島津　： はい。とりあえず行ってみてください。

金　　： ありがとうございます。

島津　： どういたしまして。

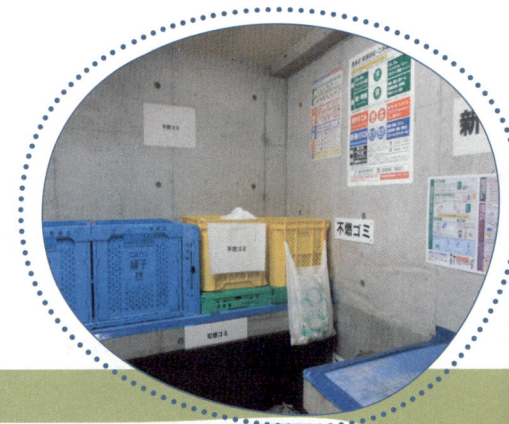

어휘 표현

- ゴミ捨（す）て場（ば） 쓰레기장　□ 出口（でぐち） 출구　□ 脇（わき） 옆　□ 見（み）つける 발견하다
- 標識（ひょうしき） 표지판　□ ゴミ箱（ばこ） 쓰레기통　□ 絵（え） 그림　□ 描（えが）く 그리다
- 大丈夫（だいじょうぶ）だ 문제없다, 괜찮다　□ とりあえず 우선

본문해석

김　　　: 쓰레기장은 어디입니까?
시마즈　: 1층의 출구 옆에 있습니다.
김　　　: 바로 찾을 수 있습니까?
시마즈　: 예. 표지판이 있으니 바로 알 수 있을 거예요. 표지판에는 쓰레기통의 그림이 그려져 있어요.
김　　　: 그렇다면 일본어를 잘 몰라도 괜찮겠군요.
시마즈　: 예. 우선 가 봐 주세요.
김　　　: 감사합니다.
시마즈　: 천만예요.

응용표현

1. 自治会への加入を拒否したら、「ごみ捨て場を使わせない」と言われた。
   → 자치회의 가입을 거부했더니 「쓰레기처리장을 사용하게 하지 않겠다」고 말했다.

2. 玄関の脇にある喫煙所をリニューアルしました。
   → 현관 옆에 있는 흡연소를 리뉴얼했습니다.

3. 人はどうすれば生きがいを見つけられるのか。
   → 사람은 어떻게 하면 사는 보람을 찾을 수 있을까?

4. 子供は犬の絵が描いてあるシャツを着ていた。
   → 아이는 개의 그림이 그려져 있는 셔츠를 입고 있었다.

5. とりあえずA案で対応したいと考えています。
   → 우선 A안으로 대응하고 싶다고 생각하고 있습니다.

어휘 표현

□ 自治会 자치회　□ 加入 가입　□ 拒否 거부　□ 使う 사용하다　□ 玄関 현관　□ 脇 옆
□ 喫煙所 흡연소　□ 生きがい 사는 보람　□ 見つける 발견하다　□ 犬 개　□ 着る 입다
□ 案 안　□ 対応 대응

ゴミ捨て場

응용표현 풀이

1. 自治会への加入を拒否したら、「ごみ捨て場を使わせない」と言われた。

→ 자치회의 가입을 거부했더니 「쓰레기처리장을 사용하게 하지 않겠다」고 말했다.

「使わせない」는 「사역형」입니다. 「사역표현」은 「~을 시키다, ~하게 하다」라고 해석을 하면 모든 사역문장을 부드럽게 해석할 수가 있습니다. 두 개의 예문을 보겠습니다.

「娘に数学の勉強をさせた:딸에게 수학공부를 시켰다」
「彼を行かせたほうがいい:그를 가게 하는 편이 좋다」입니다.

2. 玄関の脇にある喫煙所をリニューアルしました。

→ 현관 옆에 있는 흡연소를 리뉴얼했습니다.

「脇」는 「옆, 겨드랑이」라는 의미입니다. 신체부위의 겨드랑이는 몸의 바로 옆에 붙어 있기에 「옆」이라는 의미가 되는 것입니다.

3. 人はどうすれば生きがいを見つけられるのか。

→ 사람은 어떻게 하면 사는 보람을 찾을 수 있을까?

「かい」는 「보람」이라는 뜻인데 「동사ます형+がい」는 「~하는 보람」이라는 의미입니다. 두 개의 예문을 보도록 할게요.

「彼を教えたかいがあった:그를 가르친 보람이 있었다」
「趣味や仕事に生きがいを感じている人は多い:취미랑 일에 살아가는 보람을 느끼고 있는 사람은 많다」입니다.

4. 子供は犬の絵が描いてあるシャツを着ていた。

→ 아이는 개의 그림이 그려져 있는 셔츠를 입고 있었다.

「타동사+てある」는 상태를 나타냅니다. 「타동사」라고 하면 「목적어」를 수반하는 동사를 말합니다. 예문 두 개를 보겠습니다.

「窓は閉めてあります:창문은 닫혀 있습니다」

「電気が消してある:불이 꺼져 있다」인데, 「閉める:닫다」와 「消す:끄다」는 「타동사」입니다.

5. とりあえずA案で対応したいと考えています。

→ 우선 A안으로 대응하고 싶다고 생각하고 있습니다.

「とりあえず」는 「우선」이라는 의미입니다. 한 개의 예문을 보겠습니다.

「全額返すことはできないから、とりあえず一万円でも返すよ:전액 갚는 것은 불가능하니, 우선 만 엔이라도 갚을게」입니다.

unit.4 ゴミ捨て場

어휘연습

어휘	읽기	의미
加入		
拒否		
玄関		
脇		
喫煙所		
対応		

작문연습

1. 자원쓰레기를 버리는 날은 매주 금요일입니다.

2. 가연성 쓰레기와 불연성 쓰레기를 분리해 주세요.

3. 10월1일부터 대형 쓰레기의 요금이 변경됩니다.

 문제풀이

어휘	읽기	의미
加入	かにゅう	가입
拒否	きょひ	거부
玄関(	げんかん	현관
脇	わき	옆
喫煙所	きつえんじょ	흡연소
対応	たいおう	대응

1. 資源ゴミを捨てる日は毎週金曜日です。

2. 燃えるゴミと燃えないゴミを分別してください

3. １０月１日から粗大ごみの料金が変更になります。

unit. 5 ゴミ箱

본문회화

金　　： あそこにゴミ箱がたくさんありますね。

島津　： はい、分別ごみごとにゴミ箱があります。

金　　： どんなふうに分別しているのですか。

島津　： 大きく分けると、燃えるゴミ、燃えないゴミです。

金　　： 細かく分けると、どうなるんですか。

島津　： 資源ゴミと呼ばれるゴミの種類ごとに分けます。新聞や雑誌などの紙類、それから空き缶や空きビンなどです。

金　　： ゴミ箱には色別のラベルが貼られていますね。

島津　： 捨てやすいように工夫がされているのだと思います。

어휘 표현

- ☐ ゴミ箱(ばこ) 쓰레기통　☐ 分別(ぶんべつ) 분리, 분별　☐ ～ごとに ～마다　☐ 分ける 나누다
- ☐ 燃(も)える 불타다　☐ 細(こま)かい 세세하다　☐ 資源(しげん)ごみ 자원쓰레기　☐ 種類(しゅるい) 종류
- ☐ 新聞(しんぶん) 신문　☐ 雑誌(ざっし) 잡지　☐ 紙類(かみるい) 종이류　☐ 空(あ)き缶(かん) 빈 캔　☐ 空(あ)きビン 빈 병
- ☐ 色別(しきべつ) 색깔 별　☐ 貼(は)る 붙이다　☐ 捨(す)てる 버리다　☐ 工夫(くふう) 생각

본문해석

김	: 저기에 쓰레기통이 많이 있군요.
시마즈	: 예, 분리수거 쓰레기 별로 쓰레기통이 있습니다.
김	: 어떤 식으로 분리하고 있습니까?
시마즈	: 크게 나누면, 가연성 쓰레기, 불연성 쓰레기입니다.
김	: 세세하게 나누면 어떻게 됩니까?
시마즈	: 자원쓰레기라고 불리는 쓰레기 종류 별로 나눕니다. 신문이나 잡지 등의 종이 종류, 그리고 빈 캔이나 빈 병 등입니다.
김	: 쓰레기통에는 색깔 별의 라벨이 붙여 있군요.
시마즈	: 버리기 편하게 아이디어를 낸 것입니다.

응용표현

1. 資源とごみの分別ガイドブックをお配りします。
   → 자원(재활용 쓰레기)와 쓰레기의 분별(분리) 가이드북을 나눠드리겠습니다.

2. このシステムは一年ごとに更新される。
   → 이 시스템은 일년 마다 갱신된다.

3. どんなふうに働いて生きていきますか。
   → 어떤 식으로 일하고 살아가고 있습니까?

4. 皆さんが目で感じている色は大きく分けると2つになります。
   → 여러분이 눈으로 느끼고 있는 색은 크게 나누면 두 개가 됩니다.

5. 壁には映画のポスターが貼られている。
   → 벽에는 영화 포스트가 붙여져 있다.

어휘 표현

☐ 資源 자원　☐ 配る 나누다　☐ 更新 갱신　☐ 働く 일하다　☐ 生きる 살다
☐ 皆さん 여러분　☐ 目 눈　☐ 感じる 느끼다　☐ 色 색　☐ 壁 벽　☐ 映画 영화

unit.5 ゴミ箱

응용표현 풀이

1. 資源とごみの分別ガイドブックをお配りします。

→ 자원(재활용 쓰레기)와 쓰레기의 분별(분리) 가이드북을 나눠드리겠습니다.

앞에서 공부했듯이 「お+동사ます형+する」는 「겸양표현 공식」입니다. 한 개의 예문을 보겠습니다.

「重そうですね。お持ちしましょうか:무거울 것 같군요. 들어드릴까요?」입니다.

2. このシステムは一年ごとに更新される。

→ 이 시스템은 일년 마다 갱신된다.

「〜ごとに」는 「〜마다」라는 의미인데, 다른 어휘도 알아보도록 해요. 「日ごとに:날마다」 「人ごとに:사람마다」 「各部署ごとに:각 부서마다」입니다.

3. どんなふうに働いて生きていきますか。

→ 어떤 식으로 일하고 살아가고 있습니까?

「ふう」는 「식」이라는 의미입니다. 「こんなふう:이런 식」 「そんなふう:그런 식」 「あんなふう:저런 식」 등으로 사용하는 경우가 많습니다. 한 개의 예문을 보겠습니다.
「着物を着るならこんなふうにしてください:기모노를 입는다면 이런 식으로 해 주세요」입니다.

4. 皆さんが目で感じている色は大きく分けると２つになります。

→ 여러분이 눈으로 느끼고 있는 색은 크게 나누면 두 개가 됩니다.

「目」가 들어가는 관용구는 아주 많습니다. 대표적인 것을 암기하도록 합시다. 「目がない」는 「사족을 못쓰다, 아주 좋아하다」, 「目が肥える:안목이 높아지다」, 「目の上のこぶ:눈

엣가시」, 「目からうろこが落ちる:일이 계기가 되어 지금까지 몰랐던 것을 갑자기 알게 되다」, 「目に角を立てる 눈에 쌍심지 켜다」입니다.

5. 壁には映画のポスターが貼られている。

→ 벽에는 영화 포스트가 붙여져 있다.

「貼られる」는 「貼る:붙이다」의 수동형입니다. 수동형은 자동사인데, 「자동사+ている」는 상태를 나타내는 표현입니다. 그리고 「貼り紙:벽보」라는 단어도 같이 알아둡시다.

unit.5 ゴミ箱

어휘연습

어휘	읽기	의미
ゴミ箱		
分別ごみ		
燃える		
細かい		
資源		
色別		

작문연습

1. 어떤 것이 자원 쓰레기(재활용 쓰레기)인지 잘 모르겠다.

2. 쓰레기통은 생활 속에서 뺄 수 없는 아이템의 하나이다.

3. 신문, 잡지, 종이팩 등 재활용할 수 있는 종이류는 많이 있습니다.

문제풀이

어휘	읽기	의미
ゴミ箱	ゴミばこ	쓰레기통
分別ごみ	ぶんべつごみ	분리수거 쓰레기
燃える	もえる	불타다
細かい	こまかい	세세하다
資源	しげん	자원
色別	しきべつ	색깔 별

1. どんなものが資源ゴミなのかよく分からない。

2. ゴミ箱は生活の中で欠かせないアイテムのひとつだ。

3. 新聞、雑誌、紙パックなどリサイクルできる紙類はたくさんあります。

unit. 6
高速道路の休憩所
（サービスエリア）

본문회화

島津　：　もうすぐ休憩所があります。

金　　：　Ｐの標識がパーキングの意味ですよね。

島津　：　あとはガソリンスタンドと食堂の標識がみえますよね。

金　　：　はい、見えます。

島津　：　この３つが揃った休憩所は、サービスエリアと呼ばれます。

金　　：　トイレに行きたいので、ぜひ立ち寄ってください。

島津　：　分かりました。日本のサービスエリアは、ちょっとした娯楽施設みたいです。それにとてもきれいです。

金　　：　それは楽しみです。

어휘 표현

- 高速道路(こうそくどうろ) 고속도로
- 休憩所(きゅうけいじょ) 휴게소
- 標識(ひょうしき) 표지판
- 意味(いみ) 의미
- 食堂(しょくどう) 식당
- 揃う(そろう) 갖춰지다
- 立ち寄る(たちよる) 들르다
- 娯楽(ごらく) 오락
- 施設(しせつ) 시설
- それに 게다가
- 楽しみ(たのしみ) 기대, 즐거움

 본문해석

시마즈	: 이제 곧 휴게소가 있습니다.
김	: P의 표지판이 주차(장)의 의미이죠.
시마즈	: 그리고 주유소와 식당의 표지판이 보이죠?
김	: 예, 보입니다.
시마즈	: 이 3개가 갖춰진 휴게소는, 서비스에리어라고 불립니다.
김	: 화장실에 가고 싶으니 꼭 들러주세요.
시마즈	: 알겠습니다. 일본의 서비스에리어는 자그마한 오락시설같습니다. 게다가 매우 깨끗합니다.
김	: 그건 기대가 되는군요.

 응용표현

1. 高速道路で車を運転していると、数十キロおきにサービスエリアが見えてくる。 → 고속도로에서 자동차를 운전하고 있으면, 몇 킬로 간격으로 서비스에리어가 보인다.

2. ガソリンスタンドでのアルバイトは、誰でも簡単にできそうなバイトと思われがちです。 → 주유소에서의 아르바이트는 누구라도 손쉽게 할 수 있을 것 같은 아르바이트라고 생각되기 쉽습니다.

3. 人気条件の揃ったお部屋が検索できます。
   → 인기조건을 갖춘 방을 검색할 수 있습니다.

4. 出張の際に京都周辺に立ち寄ってみました。
   → 출장 때에 교토 주변을 들러 보았습니다.

5. ちょっとしたお礼をする機会は多くあります。
   → 자그마한 인사를 할 기회는 많이 있습니다.

어휘 표현

☐ ガソリンスタンド 주유소 ☐ 誰でも 누구라도 ☐ 簡単 간단 ☐ 動詞ます형+がち ~하기 쉬움, ~하는 경향이 있음 ☐ 条件 조건 ☐ 部屋 방 ☐ 検索 검색 ☐ 出張 출장 ☐ 際 때 ☐ 周辺 주변 ☐ ちょっとした 자그마한 ☐ お礼 인사, 답례 ☐ 機会 기회

unit. 6 高速道路の休憩所（サービスエリア）

응용표현 풀이

1. 高速道路で車を運転していると、数十キロおきにサービスエリアが見えてくる。

→ 고속도로에서 자동차를 운전하고 있으면, 몇 킬로 간격으로 서비스에어리어가 보인다.

「～おきに」는 「～걸러, ～간격」 라는 의미입니다. 두 개의 예문을 보겠습니다.
「薬は６時間おきに飲んでください:약은 6시간 간격으로 먹어 주세요」
「バスは３０分おきに来ます:버스는 30분 간격으로 옵니다」 입니다.

2. ガソリンスタンドでのアルバイトは、誰でも簡単にできそうなバイトと思われがちです。

→ 주유소에서의 아르바이트는 누구라도 손쉽게 할 수 있을 것 같은 아르바이트라고 생각되기 쉽습니다.

「동사ます형+がち」 는 「～하기 쉬움, ～하는 경향이 있음」 이라는 의미라고 앞에서 공부했습니다. 한 개의 예문을 보겠습니다.
「最近は忙しくて、友達との約束を忘れがちだ:최근에는 바빠서 친구와의 약속을 잊는 경향이 있다」 입니다.

3. 人気条件の揃ったお部屋が検索できます。

→ 인기조건을 갖춘 방을 검색할 수 있습니다.

「揃う」 는 「갖춰지다, 인원이 모이다」 는 의미입니다. 두 개의 예문을 보겠습니다.
「みんな揃ったら食べましょう:모두 모이면 먹읍시다」
「この店にはいろんな物が揃っている:이 가게에는 여러 물건이 갖춰져 있다」 입니다.

4. 出張の際に京都周辺に立ち寄ってみました。

→ 출장 때에 교토 주변을 들러 보았습니다.

「際」는 「때」라는 의미로서 「문장체」입니다. 두 개의 예문을 보겠습니다.
「お困りの際は、いつでもご連絡ください:곤란하실 때는, 언제든지 연락해 주세요」
「留学の際には、いろいろお世話になりました:유학 때에는, 여러 가지 신세를 졌습니다」입니다.

5. ちょっとしたお礼をする機会は多くあります。

→ 자그마한 인사를 할 기회는 많이 있습니다.

「ちょっとした」는 「ちょっと:조금」에서도 그 의미를 연상할 수 있는데, 「자그마한」이라는 의미입니 다. 한 개의 예문을 보겠습니다.
「いつもお世話になっている人にちょっとしたプレゼントを贈った:항상 신세를 진 사람에게 자그마한 선물을 보냈다」입니다.

高速道路の休憩所（サービスエリア）

어휘연습

어휘	읽기	의미
高速道路		
休憩所		
娯楽		
施設		
条件		
揃う		

작문연습

1. 고속도로의 휴게소에는 주유소와 식당 등이 있습니다.

2. 서비스에리어의 조건은 주차장, 식당 외에 무엇이 있습니까?

3. 서비스에리어에 들러 잠시 쉬어 갑시다.

 문제풀이

어휘	읽기	의미
高速道路	こうそくどうろ	고속도로
休憩所	きゅうけいじょ	휴게소
娯楽	ごらく	오락
施設	しせつ	시설
条件	じょうけん	조건
揃う	そろう	갖춰지다

1. 高速道路の休憩所にはガソリンスタンドと食堂などがあります。

2. サービスエリアの条件は駐車場、食堂以外に何がありますか。

3. サービスエリアに寄って少し休んで行きましょう。

unit. 7 禁煙

본문회화

金 : ここは禁煙ですか。

島津 : そうです。レストランやコーヒーショップでは、喫煙席と禁煙席を分けてある店が多いです。

金 : それはありがたいですね。

島津 : でもタバコを吸う人と吸わない人が一緒の時は困ります。

金 : どうするのですか。

島津 : どちらかが妥協するしかないです。子供がいるときは禁煙席にするとか、大人ばかりで喫煙者が多いときは喫煙席にするとかです。

金 : なるほど。時と場合によって決めるのですね。

어휘 표현

□ 禁煙 금연 □ 喫煙席 흡연석 □ 禁煙席 금연석 □ 分ける 나누다 □ 吸う 피우다
□ 困る 곤란하다 □ 妥協 타협 □ なるほど 과연 □ 時 때 □ 場合 경우
□ ～によって ～에 따라 □ 決める 정하다

본문해석

김　　　：이곳은 금연입니까?
시마즈　：그렇습니다. 레스토랑이랑 커피숍에서는 흡연석과 금연석으로 나뉘어 있는 가게가 많습니다.
김　　　：그건 고맙군요.
시마즈　：하지만 담배를 피우는 사람과 피우지 않는 사람이 함께 있을 때는 곤란합니다.
김　　　：어떻게 합니까?
시마즈　：어느 쪽인가가 타협할 수밖에 없습니다. 아이가 있을 때는 금연석으로 한다든가, 어른뿐이고 흡연자가 많을 때는 흡연석으로 한다든가 입니다.
김　　　：과연. 때와 경우에 따라서 정하는 것이군요.

응용표현

1. 喫煙席があるお店をご紹介します。
　→ 흡연소가 있는 가게를 소개하겠습니다.

2. 病院の日曜診察はありがたいです。
　→ 병원의 일요일 진찰은 고마운 것입니다

3. ビジネスではある程度妥協することも必要です。
　→ 비즈니스에서는 어느 정도 타협하는 것도 필요합니다.

4. あの大学に合格したかったら、毎日勉強するしかないですよ。
　→ 저 대학에 합격하고 싶다면 매일 공부할 수밖에 없습니다.

5. 時と場合によって対策も異なる。
　→ 때와 장소에 따라 대책도 다르다.

어휘 표현

☐ 店 가게　☐ 紹介 소개　☐ 病院 병원　☐ 日曜 일요일　☐ 診察 진찰
☐ ある程度 어느 정도　☐ 必要 필요　☐ 大学 대학　☐ 合格 합격　☐ 毎日 매일
☐ 勉強 공부　☐ ～しかない ～밖에 없다　☐ 対策 대책　☐ 異なる 다르다

unit. 7 禁煙

응용표현 풀이

1. 喫煙席があるお店をご紹介します。

→ 흡연소가 있는 가게를 소개하겠습니다.

「お(ご)+명사+する」는 본인을 낮추는 「겸양표현 공식」입니다. 두 개의 예문을 보겠습니다.

「いらっしゃいませ。お席(せき)にご案内(あんない)します:어서 오세요. 좌석으로 안내하겠습니다」
「こちらで確認(かくにん)してから、後(のち)ほどご連絡(れんらく)します:이쪽에서 확인하고 나서 나중에 연락하겠습니다」입니다.

2. 病院の日曜診察はありがたいです。

→ 병원의 일요일 진찰은 고마운 것입니다.

「ありがたい」는 「고맙다」는 「い형용사」입니다. 비슷한 단어로 「めでたい:경사스럽다」가 있습니다. 둘 다 「い형용사」 활용을 하는데, 예를 들면, 「ありがたく思(おも)います:고맙게 생각합니다」 「ありがたい気持(き)ちばかりです:고마운 마음뿐입니다」입니다.

3. ビジネスではある程度妥協することも必要です。

→ 비즈니스에서는 어느 정도 타협하는 것도 필요합니다.

「ある」는 「있다」는 의미도 있지만, 「어느」라는 「부사」로도 사용됩니다. 두 개의 예문을 보겠습니다.

「ある日(ひ)、突然(とつぜん)死ぬこともある:어느 날, 갑자기 죽는 경우도 있다」
「夫婦(ふうふ)はお互(たが)いにある程度(ていど)影響(えいきょう)を受(う)けます:부부는 서로 어느 정도 영향을 받습니다」입니다.

4. あの大学に合格したかったら、毎日勉強するしかないですよ。

→ 저 대학에 합격하고 싶다면 매일 공부할 수밖에 없습니다.

「～しかない」는 「～밖에 없다」는 의미로 앞에서 공부한 적이 있습니다. 한 개의 예문을 보겠습니다.

「財布の中には千円しかない:지갑 안에는 천 엔밖에 없다」 입니다.

5. 時と場合によって対策も異なる。

→ 때와 장소에 따라 대책도 다르다.

「～によって」는 「～에 따라, ～에 의해」라는 의미입니다. 두 개의 예문을 보겠습니다.
「この本を読むことによって、新しいことがわかります:이 책을 읽는 것에 의해, 새로운 것을 알 수 있습니다.」
「このアプリは、日本語の専門家によって作られた:이 앱은, 일본어 전문가에 의해서 만들어졌다」 입니다.

unit.7 禁煙

어휘연습

어휘	읽기	의미
診察		
程度		
妥協		
対策		
分ける		
異なる		

작문연습

1. 일본에는 식당에서도 담배를 피울 수 있는 곳이 많군요.

2. 흡연석과 금연석을 나누는 편이 다른 사람에 대한 배려입니다.

3. 건강을 위해서 담배를 끊는 편이 좋습니다.

 문제풀이

어휘	읽기	의미
診察	しんさつ	진찰
程度	ていど	정도
妥協	だきょう	타협
対策	たいさく	대책
分ける	わける	나누다
異なる	ことなる	다르다

1. 日本には食堂でもタバコを吸えるところが多いですね。

2. 喫煙席と禁煙席を分けた方が他人に対する気配りです。

3. 健康のためにタバコを止めた方がいいです。

unit. 8 喫煙

본문회화

金　　：　すみません、この近くにタバコを吸えるところはないですか。

島津　：　あります。あそこに喫煙所の看板が見えますよね。

金　　：　はい、見えます。

島津　：　日本ではタバコが吸える場所は、喫煙所、またはスモーキング・エリアと呼ばれています。

金　　：　ありがとうございます。行ってみます。

島津　：　日本は、喫煙者にとって少し不便な国かもしれないですが、喫煙所はところどころにありますので、気を付けて喫煙所の標示を見つけるようにしてください。

金　　：　分かりました。

어휘 표현

- 喫煙 흡연
- 近く 근처
- 吸う 피우다
- 喫煙所 흡연소
- 看板 간판
- 場所 장소
- 不便 불편
- 国 국가
- ところどころ 곳곳
- 気を付ける 주의하다
- 標示 표지
- 見つける 발견하다

본문해석

김　　　: 실례합니다. 이 근처에 담배를 피울 수 있는 곳은 없습니까?
시마즈　: 있습니다. 저곳에 흡연소의 간판이 보이죠?
김　　　: 예, 보입니다.
시마즈　: 일본에서는 담배를 피울 수 있는 장소는, 흡연소, 또는 스모킹・에리어라고 불리고 있습니다.
김　　　: 감사합니다. 가 보겠습니다.
시마즈　: 일본은, 흡연자에게 있어서 조금 불편한 나라일지도 모르겠습니다만, 흡연소는 곳곳에 있기에 주의해서 흡연소의 표지판을 찾도록 해 주세요.
김　　　: 알겠습니다.

응용표현

1. 近くに、食事ができる場所やコンビニはありますか。
   → 근처에 식사를 할 수 있는 장소와 편의점은 있습니까?

2. 以前より社内で新たなスモーキングエリアの設置を進めていました。
   → 이전부터 사내에서 새로운 흡연소의 설치를 진행하고 있었습니다.

3. スポーツ選手にとって、健康管理はとても重要です。
   → 스포츠 선수에게 있어서, 건강관리는 매우 중요합니다.

4. 今日は仕事がたくさんあるので、飲み会に参加できないかもしれない。
   → 오늘은 일이 많이 있어서, 회식에 참가할 수 없을지도 모른다.

5. 就職してからは、毎日新聞を読むようにしています。
   → 취직하고 나서는 매일 신문을 읽도록 하고 있습니다.

어휘 표현

□ 食事 식사　□ 以前 이전　□ 社内 사내　□ 新た 새롭다　□ 設置 설치
□ 進める 진행하다　□ 選手 선수　□ 健康 건강　□ 管理 관리　□ 重要 중요
□ 飲み会 회식, 술자리　□ 参加 참가　□ 就職 취직　□ ～てから ~하고 나서

unit. 8 喫煙

응용표현 풀이

1. 近くに、食事ができる場所やコンビニはありますか。

→ 근처에 식사를 할 수 있는 장소와 편의점은 있습니까?

「近(ちか)く」는「근처」라는 의미이고,「付近(ふきん):부근」과 같은 의미입니다. 두 개의 예문을 보겠습니다.

「近(ちか)くの温泉(おんせん)でも行(い)きましょう:근처의 온천이라도 갑시다」
「飛行機(ひこうき)が沖縄(おきなわ)付近(ふきん)に墜落(ついらく)した:비행기가 오키나와 부근에 추락했다」입니다.

2. 以前より社内で新たなスモーキングエリアの設置を進めていました。

→ 이전부터 사내에서 새로운 흡연소의 진행하고 있었습니다.

「新(あら)ただ」는「새롭다」는 의미를 가진「な형용사」입니다. 한 개의 예문을 보겠습니다.

「体操(たいそう)の世界(せかい)で、彼の演技(えんぎ)は新たな歴史(れきし)を作(つく)った:체조의 세계에서, 그의 연기는 새로운 역사를 만들었다」입니다.

3. スポーツ選手にとって、健康管理はとても重要です。

→ 스포츠 선수에게 있어서, 건강관리는 매우 중요합니다.

「~にとって」는「~에게 있어서」라는 의미로 회화표현에서 많이 사용됩니다. 두 개의 예문을 보겠습니다.

「うちの犬(いぬ)は、私たちにとって家族(かぞく)と同(おな)じです:우리 집 개는 우리들에게 있어서 가족과 같습니다」
「あなたにとって、理想(りそう)の上司(じょうし)はどんな人(ひと)ですか:당신에게 있어서 이상적인 상사는 어떤 사람입니까?」입니다.

4. 今日は仕事がたくさんあるので、飲み会に参加できないかもしれない。

→ 오늘은 일이 많이 있어서, 회식에 참가할 수 없을지도 모른다.

「～かもしれない」는「～일지도 모른다」라는 의미입니다. 한 개의 예문을 보겠습니다.

「走れば終電に間に合うかもしれません:달리면 마지막 전철에 맞을지도 모릅니다」입니다.

5. 就職してからは、毎日新聞を読むようにしています。

→ 취직하고 나서는 매일 신문을 읽도록 하고 있습니다.

「～てから」는「～하고 나서」라는 의미로「～たあと:～한 후」와 같은 의미입니다. 두 개의 예문을 보겠습니다.

「ビールは、シャワーを浴びてから飲みましょう:맥주는 샤워를 하고 나서 마십시다」
「電車を降りたあと、切符をなくしたことに気が付きました:전철에서 내린 후, 표를 잃은 것을 알아차렸습니다」입니다.

unit.8 喫煙

어휘연습

어휘	읽기	의미
食事		
社内		
新ただ		
健康		
重要		
就職		

작문연습

1. 걸으면서 피우는 담배는 모두에게 민폐입니다.

2. 신칸센과 비행기 안에서는 모든 곳이 금연입니다.

3. 일본에는 공공기관 안에도 흡연소가 있습니다.

 문제풀이

어휘	읽기	의미
食事	しょくじ	식사
社内	しゃない	사내
新ただ	あらただ	새롭다
健康	けんこう	건강
重要	じゅうよう	중요
就職	しゅうしょく	취직

1. 歩きたばこはみんなに迷惑です。

2. 新幹線と飛行機の中では全てのところが禁煙です。

3. 日本には公共機関の中にも喫煙所があります。

unit. 9 門（ドア）

본문회화

金　：　ドアが開かないですけど、どうなっているのですか。

島津　：　このドアは、引かないと開きませんよ。ドアのところに、「引く」と標示がありませんか。

金　：　本当ですね。「引く」と書いてありました。

島津　：　それから、あちらのドアは、閉め切りになっていて開きません。

金　：　そうだったのですか。

島津　：　隣の部屋は、今日は貸し切りなので、関係者以外はご利用できないです。

金　：　教えてくださってありがとうございます。

어휘 표현

□ 門 문　□ 開く 열리다　□ 引く 당기다　□ 標示 표시　□ 閉め切り 늘 닫혀 있음
□ 隣 옆　□ 部屋 방　□ 貸し切り 대절, 전세　□ 関係者 관계자　□ 以外 이외
□ 利用 이용　□ 教える 가르치다

 **본문해석**

김　　　: 문이 열리지 않는데 어떻게 된 것입니까?
시마즈　: 이 문은 당기지 않으면 안 열립니다. 문이 있는 곳에 「당기다」라고 표시가 없습니까?
김　　　: 정말이군요. 「당기다」라고 적혀 있군요.
시마즈　: 그리고 저쪽의 문은 늘 닫혀 있기 때문에 열리지 않습니다.
김　　　: 그렇습니까?
시마즈　: 옆 방은 오늘은 대절이기 때문에 관계자 이외는 이용할 수 없습니다.
김　　　: 가르쳐 주셔서 감사합니다.

 **응용표현**

1. ジャムの瓶の蓋を開けようと思ったらカチカチで開かない。
   → 잼이 들어있는 병의 뚜껑을 열려고 했더니 딱딱해서 열리지 않는다.

2. 我が国における路面標示の歴史は古い。
   → 우리 나라에서의 노면표시의 역사는 오래되었다.

3. 昼間から雨戸や厚手のカーテンで閉め切られている家もある。
   → 낮부터 덧문과 두툼한 커튼으로 늘 닫혀진 집도 있다.

4. 少人数から貸切できる空間を探しています。
   → 소인수부터 대절할 수 있는 공간을 찾고 있습니다.

5. 関係者以外の登山はご遠慮ください。
   → 관계자이외의 등산은 삼가주세요.

어휘 표현

- 瓶 병　　□ 蓋 뚜껑　　□ 開ける 열다　　□ カチカチ 딱딱함　　□ 我が国 우리 나라
- ～における ～에서의　　□ 路面 노면　　□ 歴史 역사　　□ 古い 오래되다　　□ 昼間 낮
- 雨戸 덧문　　□ 厚手 두툼함　　□ 少人数 소인수　　□ 空間 공간　　□ 探す 찾다
- 登山 등산　　□ 遠慮 삼가함

unit. 9 門（ドア）

응용표현 풀이

1. ジャムの瓶の蓋を開けようと思ったらカチカチで開かない。

→ 잼이 들어있는 병의 뚜껑을 열려고 했더니 딱딱해서 열리지 않는다.

「동사의지형+と思う」는 「〜하려고 생각하다」이고, 「동사의지형+とする」는 「〜하려고 하다」는 의미입니다. 두 개의 예문을 보겠습니다.
「みんなで映画を見に行こうと思います:다같이 영화를 보러 가려고 생각합니다」
「一人で海に行こうとしたが止められた:혼자서 바다로 가려고 했지만 제지당했다」입니다.

2. 我が国における路面標示の歴史は古い。

→ 우리 나라에서의 노면표시의 역사는 오래되었다.

「〜における」는 「〜에서의」라는 의미로 「〜での」와 같은 의미입니다. 두 개의 예문을 보겠습니다.
「高校における英語教育は未だに問題だらけだ:고등학교에서의 영어교육은 여태껏 문제 투성이다」
「車内における携帯電話のご利用はご遠慮ください:차내에서의 휴대전화 이용은 삼가 주세요」입니다.

3. 昼間から雨戸や厚手のカーテンで閉め切られている家もある。

→ 낮부터 덧문과 두툼한 커튼으로 늘 닫혀진 집도 있다.

「昼間」는 「낮」,「雨戸」는 「덧문」,「厚手」는 「두툼함」,「閉め切る」는 「늘 닫혀 있다」는 의미입니다. 조금은 어려운 단어로 구성된 문장이나, 어휘력은 여러분의 표현력을 성장시키는 것이니 반드시 암기해 주세요.

4. 少人数から貸切できる空間を探しています。

→ 소인수부터 대절할 수 있는 공간을 찾고 있습니다.

「探す」는「잃어버린 물건이나 없는 물건」을「찾다」라는 의미이지만, 잃어버린 물건을 찾았을 때는「見つける」라는 단어를 사용합니다. 예문을 통해서 알아볼까요.
「鍵を探したが、玄関の前で見つけた:열쇠를 찾았지만, 현관 앞에서 발견했다」입니다. 그리고 참고로「下ろす」는「은행에서 돈을 찾다」이고,「取る」는「맡긴 물건을 찾다」는 의미입니다.

5. 関係者以外の登山はご遠慮ください。

→ 관계자이외의 등산은 삼가주세요.

「お(ご)+명사+ください」는「존경표현 공식」입니다. 두 개의 예문을 보겠습니다.
「ぜひご応募ください:꼭 응모해 주세요」
「いつでもお電話ください:언제든지 전화해 주세요」입니다.

unit.9 門（ドア）

어휘연습

어휘	읽기	의미
蓋		
路面		
雨戸		
厚手		
少人数		
登山		

작문연습

1. 문에는「당긴다」「밀다」의 표시가 있습니다.

2. 늘 닫혀 있던 창문이 열려 있었다.

3. 이상한 소리가 나서 문을 열었더니 아무도 없었다.

 문제풀이

어휘	읽기	의미
蓋	ふた	뚜껑
路面	ろめん	노면
雨戸	あまど	덧문
厚手	あつて	두툼함
少人数	しょうにんずう	소인수
登山	とざん	등산

1. ドアには「引く」「押す」の標示があります。

2. 閉め切りになっていた窓が開けてあった。

3. 変な音がしてドアを開けたら誰もいなかった。

unit. 10 禁止

본문회화

島津 ： すみません。ここから先は、関係者以外は立入禁止です。

金 ： 知りませんでした。

島津 ： 入り口に「立入禁止」の標示があるのですが、見えませんでしたか。

金 ： そうだったのですね。急いでいたので、うっかり見落としてしまいました。

島津 ： ここから先は工事中で通り抜けが出来ません。回り道をしてください。

金 ： わかりました。そうするようにします。

島津 ： ご迷惑をおかけしますが、よろしくお願いします。

어휘 표현

- □ 禁止 금지 □ 先 앞 □ 関係者 관계자 □ 以外 이외 □ 立入 출입
- □ 入り口 입구 □ 標示 표시 □ 急ぐ 서두르다 □ うっかり 깜박
- □ 見落とす 못 보고 놓치다 □ 工事中 공사 중 □ 通り抜け 통과, 빠져나감
- □ 回り道 우회길 □ 迷惑をかける 폐를 끼치다

본문해석

시마즈 : 죄송합니다. 여기부터 앞은 관계자 이외는 출입금지입니다.
김　　 : 몰랐습니다.
시마즈 : 입구에 「출입금지」의 표시가 있습니다만 보이지 않았습니까?
김　　 : 그렇군요. 서둘렀기 때문에 깜박 간과해 버렸습니다.
시마즈 : 여기서부터 앞 공사 중이어서 통과할 수가 없습니다. 우회길로 가 주세요.
김　　 : 알겠습니다. 그렇게 하도록 하겠습니다.
시마즈 : 폐를 끼칩니다만, 잘 부탁합니다.

응용표현

1. ここから先は犬は入れません。
   → 여기서부터 앞은 개는 들어갈 수 없습니다.

2. 急いで食べたのであまり味がわかりませんでした。
   → 서둘러 먹어서 별로 맛을 몰랐습니다.

3. 約束があるのをうっかりしてしまったんです。
   → 약속이 있는 것을 깜박해 버렸습니다.

4. 近道もあれば回り道もあるのが人生ではないか。
   → 지름길도 있으면 우회길도 있는 것이 인생이 아닌가?

5. 子供に迷惑をかけない老後の過ごし方について考えましょう。
   → 자식에게 민폐를 끼치지 않는 노후를 보내는 방법에 대해서 생각합시다.

□ 犬 개　□ 入る 들어가다　□ 味 맛　□ 約束 약속　□ 近道 지름길　□ 回り道 우회길
□ 人生 인생　□ 老後 노후　□ 過ごし方 보내는 방법　□ 考える 생각하다

unit. 10 禁止

응용표현 풀이

1. ここから先は犬は入れません。

→ 여기서부터 앞은 개는 들어갈 수 없습니다.

「先」는「공간적인 앞, 시간적인 미래(먼저)」둘 다 사용할 수가 있습니다. 그런데 「さっき」는 「조금 전」이라는 의미이므로 발음에 주의해야 합니다. 예문을 통해서 알아보도록 하겠습니다.

「彼が先に出た:그가 먼저 나갔다」

「さっき彼が出た:조금 전에 그가 나갔다」입니다.

2. 急いで食べたのであまり味がわかりませんでした。

→ 서둘러 먹어서 별로 맛을 몰랐습니다.

「急ぐ」는 「서두르다」는 의미이고 「急ぎの~」는 「급한~」라는 의미입니다. 예문을 보겠습니다.

「父は急ぎの用事で町へ出かけました:아버지는 급한 볼일로 마을에 나갔습니다」입니다.

3. 約束があるのをうっかりしてしまったんです。

→ 약속이 있는 것을 깜박해 버렸습니다.

「うっかり」는 「깜박」이라는 의미입니다. 따라서 「うっかりする」는 「깜박하다」는 뜻이 됩니다. 두 개의 예문을 보겠습니다.

「うっかり免許を失効させてしまうことがあります:깜박 면허를 실효시켜버리는 경우가 있습니다」

「借りたお金を返すのをうっかりした:빌린 돈을 갚는 것을 깜박했다」입니다.

4. 近道もあれば回り道もあるのが人生ではないか。

→ 지름길도 있으면 우회길도 있는 것이 인생이 아닌가?

「近道(ちかみち)」는 「지름길」, 「回(まわ)り道(みち)」는 「우회길」이라는 의미로 반대어입니다. 도로와 관련된 어휘공부를 해보겠습니다. 「横断歩道(おうだんほどう):횡단보도」, 「大通(おおどお)り:큰 길」, 「路地(ろじ):골목」, 「高速道路(こうそくどうろ):고속도로」 입니다.

5. 子供に迷惑をかけない老後の過ごし方について考えましょう。

→ 자식에게 민폐를 끼치지 않는 노후를 보내는 방법에 대해서 생각합시다.

「迷惑(めいわく)をかける」는 「폐를 끼치다」는 의미이고, 「~について」는 「~에 대해서」라는 의미입니다. 한 개의 예문을 보겠습니다.

「新型(しんがた)コロナウイルス感染症(かんせんしょう)の対応(たいおう)について疑問(ぎもん)がある:신형 코로나 바이러스감염증의 대응에 대해서 의문이 있다」 입니다.

unit. 10 禁止

어휘연습

어휘	읽기	의미
近道		
回り道		
迷惑		
老後		
見落とす		
工事中		

작문연습

1. 공사 중이기 때문에 관계자 이외는 출입금지입니다.

2. 지름길로 가고 싶었지만 정체로 길이 막혀 있었다.

3. 약속을 지키기 위해 신호를 위반하며 달렸다.

 문제풀이

어휘	읽기	의미
近道	ちかみち	지름길
回り道	まわりみち	우회길
迷惑	めいわく	폐
老後	ろうご	노후
見落とす	みおとす	못 보고 놓치다
工事中	こうじちゅう	공사 중

1. 工事中なので関係者以外は立入禁止です。

2. 近道に行きたかったが、渋滞で道が混んでいた。

3. 約束を守るために信号を違反して走った。

unit. 11 道案内

본문회화

金　　：　ここから駅にはどうやって行けばよいですか。
島津　：　駅まででしたら、あそこに道案内の標識があります。
金　　：　ありがとうございます。
島津　：　駅は、ここから左側に１kmくらい歩いたところにあるようですね。
金　　：　ありがとうございます。歩いて行ってみます。
島津　：　途中で分からなくなったら、また誰かに聞いてみてください。
金　　：　わかりました。

어휘 표현

☐ 道案内(みちあんない) 길안내　☐ 駅(えき) 역　☐ 標識(ひょうしき) 표지판　☐ 左側(ひだりがわ) 좌측　☐ 歩く(ある) 걷다
☐ 途中(とちゅう) 도중　☐ 誰か(だれか) 누군가

본문해석

김　　　: 여기서 역에는 어떻게 가면 됩니까?
시마즈　: 역까지 라면 저곳에 길안내의 표시판이 있습니다.
김　　　: 감사합니다.
시마즈　: 역은, 여기서부터 좌측으로 1킬로 정도 걸어가면 있는 것 같군요.
김　　　: 감사합니다. 걸어서 가 보겠습니다.
시마즈　: 도중에 모르겠으면 또 누군가에게 물어봐 주세요.
김　　　: 알겠습니다.

응용표현

1. アメリカ西海岸から東海岸へは、どうやって行くのが一番安いですか。
   → 미국 서해안에서 동해안으로는, 어떻게 가는 것이 가장 쌉니까?

2. ここから作業を始めてみてください。
   → 여기서부터 작업을 시작해 봐 주세요.

3. スーパーへ行く途中、偶然大学時代の友人に会った。
   → 슈퍼에 가는 도중, 우연히 대학시절의 친구를 만났다.

4. 要らなくなった家具を誰かにもらってほしい。
   → 필요 없게 된 가구를 누군가에게 받기를 원한다.

5. いつも歩いて通勤しています。
   → 항상 걸어서 통근하고 있습니다.

어휘 표현

- 西海岸(にしかいがん) 서해안　□ 東海岸(ひがしかいがん) 동해안　□ 一番(いちばん) 가장　□ 安い(やすい) 싸다　□ 作業(さぎょう) 작업
- 始める(はじめる) 시작하다　□ 偶然(ぐうぜん) 우연　□ 大学時代(だいがくじだい) 대학시절　□ 友人(ゆうじん) 친구
- 要る(いる) 필요하다　□ 家具(かぐ) 가구　□ 通勤(つうきん) 통근

unit. 11　道案内

응용표현 풀이

1. アメリカ西海岸から東海岸へは、どうやって行くのが一番安いですか。

→ 미국 서해안에서 동해안으로는, 어떻게 가는 것이 가장 쌉니까?

「どうやって」는 「어떻게 해서, 어떠한 방법으로」라는 의미입니다. 어려운 표현이 아니니 한 개의 예문을 보겠습니다.
「先生(せんせい)、どうやって漢字(かんじ)を覚(おぼ)えたらいいですか：선생님, 어떤 방법으로 한자를 외우면 좋습니까?」입니다.

2. ここから作業を始めてみてください。

→ 여기서부터 작업을 시작해 봐 주세요.

「始(はじ)める」는 「시작하다」는 타동사이고, 「始(はじ)まる」는 「시작되다」는 자동사입니다. 각각의 예문을 보겠습니다.
「9時(じ)から授業(じゅぎょう)を始めます：9시부터 수업을 시작합니다」
「9時(じ)から授業(じゅぎょう)が始まります：9시부터 수업이 시작됩니다」입니다.

3. スーパーへ行く途中、偶然大学時代の友人に会った。

→ 슈퍼에 가는 도중, 우연히 대학시절의 친구를 만났다.

「偶然(ぐうぜん)」는 「우연」이라는 의미로 「たまたま」와 같은 뜻입니다. 따라서 위의 문장은 「たまたま大学時代の友人に会った」라고 해도 되며, 「たまたま」는 「가끔」이라는 의미도 있습니다.

4. 要らなくなった家具を誰かにもらってほしい。

→ 필요 없게 된 가구를 누군가에게 받기를 원한다.

324 | 모모, 김영민과 함께하는 히로비로 현지 일본어

「～てほしい」는 상대방에게 뭔가를 해주기를 원할 때 사용하는 표현입니다. 예문으로 알아봅시다.

「毎日部屋を掃除してほしいです:매일 방을 청소해 주기를 바랍니다」
「図書館の中がうるさいです。静かにしてほしいです:도서관 안이 시끄럽습니다. 조용히 해주기를 바랍니다」입니다.

5. いつも歩いて通勤しています。

→ 항상 걸어서 통근하고 있습니다.

「いつも」는 「항상」이라는 의미인데, 「과거부터 지금까지」라는 뉘앙스이고, 「いつでも」는 「언제든지」라는 의미로 「지금부터 미래」라는 뉘앙스입니다. 예문을 통해서 정확하게 알아볼게요.

「彼女はいつもスカートを履いている:그녀는 항상 치마를 입고 있다」에서 그녀는 과거부터 지금까지 늘 치마를 입고 있었기에 「いつも」를 사용하였고,

「困ったことがあったらいつでも連絡してください:곤란한 일이 있으면 언제든지 연락해 주세요」에서 지금부터 언제든지 연락해도 좋다는 의미이므로 「いつでも」가 사용된 것입니다.

unit. 11 道案内

 어휘연습

어휘	읽기	의미
道案内		
左側		
途中		
東海岸		
作業		
偶然		

 작문연습

1. 길안내 표지판에 일본어밖에 없어서 불편했습니다.

2. 목적지에 가는 도중에 길안내 표지판이 전혀 없었다.

3. 하라주쿠 역까지는 어떻게 가는 것이 가장 빠릅니까?

문제풀이

어휘	읽기	의미
道案内	みちあんない	길안내
左側	ひだりがわ	좌측
途中	とちゅう	도중
東海岸	ひがしかいがん	동해안
作業	さぎょう	작업
偶然	ぐうぜん	우연

1. 道案内の標識に日本語しかなくて不便でした。

2. 目的地にいく途中に道案内の標識がまったくなかった。

3. 原宿駅までにはどうやって行くのが一番速いですか。

unit. 12 速度案内

본문회화

金　　：このあたりは速度制限があるようですね。

島津　：本当ですか。

金　　：あそこに４０キロの速度案内の標識が見えます。

島津　：危なかった。６０キロで走っていました。

金　　：一般の道路だと速度制限は６０キロですが、人ごみの多い市街地では、４０キロに速度制限しているところもあります。

島津　：あそこにパトカーが見えます。

金　　：取締りですね。

島津　：本当に標識を見落とさなくて良かったです。

어휘 표현

- □ 速度(そくど) 속도　□ 案内(あんない) 안내　□ 制限(せいげん) 제한　□ 危ない(あぶない) 위험하다　□ 走る(はしる) 달리다
- □ 一般(いっぱん) 일반　□ 道路(どうろ) 도로　□ 人ごみ(ひとごみ) 인파　□ 市街地(しがいち) 시가지
- □ パトカー 패트롤카, 경찰차　□ 取締り(とりしまり) 단속　□ 見落とす(みおとす) 못 보고 놓치다

본문해석

김　　　　: 이 주변은 속도제한이 있는 것 같군요.
시마즈　　: 정말입니까?
김　　　　: 저곳에 40킬로 속도안내의 표지판이 보입니다.
시마즈　　: 위험했어. 60킬로로 달리고 있었습니다.
김　　　　: 일반도로라면 속도제한은 60킬로입니다만, 인파가 많은 시가지에서는 40킬로로 속도제한하고 있는 곳도 있습니다.
시마즈　　: 저기에 패트롤카가 보입니다.
김　　　　: 단속이군요.
시마즈　　: 정말로 표지판을 못 보고 놓치지 않아서 다행이었습니다.

응용표현

1. このあたりは熊が出没するのでご注意ください。
   → 이 주변은 곰이 출몰하기 때문에 주의해 주세요.

2. 月間のデータ通信総量を超過した場合、月末まで速度が制限されます。
   → 월간 데이터 통신총량을 초과했을 경우, 월말까지 속도가 제한됩니다.

3. 人ごみを避けるだけでコロナウイルス問題がある程度解決できる。
   → 인파를 피하는 것만으로 코로라 바이러스문제를 어느 정도 해결할 수 있다.

4. 交通事故防止のため、交通指導取締りを強化しております。
   → 교통사고방지를 위해서 교통지도 단속을 강화하고 있습니다.

5. 返信しなくてはならないメールを見落としてしまうこともあるかもしれません。
   → 답변해야만 할 메일을 간과해 버리는 경우도 있을지도 모릅니다.

어휘 표현

- このあたり 이 주변
- 熊(くま) 곰
- 出没(しゅつぼつ) 출몰
- 月間(げっかん) 월간
- 通信(つうしん) 통신
- 総量(そうりょう) 총량
- 超過(ちょうか) 초과
- 月末(げつまつ) 월말
- 避(さ)ける 피하다
- ある程度(ていど) 어느 정도
- 解決(かいけつ) 해결
- 交通(こうつう) 교통
- 事故(じこ) 사고
- 防止(ぼうし) 방지
- 指導(しどう) 지도
- 強化(きょうか) 강화
- 返信(へんしん) 답변

unit. 12 速度案内

응용표현 풀이

1. このあたりは熊が出没するのでご注意ください。

→ 이 주변은 곰이 출몰하기 때문에 주의해 주세요.

「このあたり」는 「이 주변」이라는 의미인데, 「この辺」과 같은 의미입니다. 두 개의 예문을 보도록 하겠습니다.
「このあたりの景色はすばらしい:이 주변의 경치는 멋지다」
「この辺は温泉が多いです:이 주변은 온천이 많습니다」 입니다

2. 月間のデータ通信総量を超過した場合、月末まで速度が制限されます。

→ 월간 데이터 통신총량을 초과했을 경우, 월말까지 속도가 제한됩니다.

한자음 명사가 많이 있으나 문장 자체는 어렵지 않습니다. 문장에 나온 한자를 응용해서 어휘공부를 해 보겠습니다. 「通過:통과」 「信頼:신뢰」 「総額:총액」 「重量:중량」 「広場:광장」 「合唱:합창」 「迅速:신속」 입니다.

3. 人ごみを避けるだけでコロナウイルス問題がある程度解決できる。

→ 인파를 피하는 것만으로 코로라 바이러스문제를 어느 정도 해결할 수 있다.

「人ごみ」는 「인파」, 「避ける」는 「피하다」는 의미입니다. 각각의 예문을 보겠습니다.
「すごい人ごみで疲れた:엄청난 인파로 피곤했다」
「暑い日は避けたほうがいい:더운 날은 피하는 편이 좋다」 입니다.

4. 交通事故防止のため、交通指導取締りを強化しております。

→ 교통사고방지를 위해서 교통지도 단속을 강화하고 있습니다.

「〜のため」는 「〜을 위해서」라는 의미로 사용됩니다. 두개의 예문을 보겠습니다.

「未来のため今頑張っている:미래를 위해서 지금 열심히 하고 있다」

「彼女のためにプレゼントを買った:그녀를 위해서 선물을 샀다」입니다.

5. 返信しなくてはならないメールを見落としてしまうこともあるかもしれません。

→ 답변해야만 할 메일을 간과해 버리는 경우도 있지도 모릅니다.

「〜なくてはならない」는 「〜하지 않고서는 안 된다」는 의미입니다. 한 개의 예문을 보겠습니다.

「取引先との約束は守らなくてはならない:거래처와의 약속은 지키지 않고서는 안 된다」입니다.

unit.12 速度案内

 어휘연습

어휘	읽기	의미
出没		
月間		
通信		
超過		
防止		
取締り		

 작문연습

1. 고속도로에 따라 제한속도가 다릅니다.

2. 신형 코로나 바이러스가 음주운전의 단속에도 영향을 미쳤다.

3. 초등학교 앞에서는 속도를 떨어뜨려서 달리도록 합시다.

 문제풀이

어휘	읽기	의미
出没	しゅつぼつ	출몰
月間	げっかん	월간
通信	つうしん	통신
超過	ちょうか	초과
防止	ぼうし	방지
取締り	とりしまり	단속

1. 高速道路によって制限速度が異なります。

2. 新型コロナウイルスが飲酒運転の取り締まりへも影響を及ぼした。

3. 小学校の前では速度を落として走るようにしましょう。

unit. 13 駅

본문회화

金　　：　山手線は何番ホームから乗ればよいですか。

島津　：　４番ホームと５番ホームみたいですね。あそこに標識があります。

金　　：　山手線は緑色ですか。

島津　：　そうです。

金　　：　確かに４番、５番と書いてありますね。

島津　：　４番、５番ホームへは、この階段を上ってください。

金　　：　はい、ありがとうございます。

島津　：　ホームに到着したら、電車が内回りか外回りかを確認して、間違えないようにしてください。

어휘 표현

□ 駅 역　□ 山手線 야마노테센　□ 何番 몇 번　□ 緑色 초록색　□ 確かに 확실히　□ 階段 계단　□ 上る 올라가다　□ 到着 도착　□ 電車 전철　□ 内回り 복선의 안쪽을 도는 선　□ 外回り 복선의 바깥쪽을 도는 선　□ 確認 확인　□ 間違える 틀리다

본문해석

김　　　： 야마노테센은 몇 번 홈에서 타면 됩니까?
시마즈　： 4번 홈과 5번 홈 같습니다. 저기에 표지판이 있습니다.
김　　　： 야마노테센은 초록색입니까?
시마즈　： 그렇습니다.
김　　　： 확실히 4번, 5번이라고 적혀 있군요.
시마즈　： 4번, 5번 홈으로는, 이 계단을 올라가 주세요.
김　　　： 예, 감사합니다.
시마즈　： 홈에 도착하면 전철이 복선의 안쪽을 도는 선인지, 바깥쪽을 도는 선인지를 확인하여, 틀리지 않도록 해 주세요.

응용표현

1. 乗れば乗るほどお得な定期券です。
   → 타면 탈수록 득이 되는 정기권입니다.

2. 電話が故障しているみたいです。
   → 전화가 고장난 것 같습니다.

3. 日本は確かに先進国になれたものの、その先行きは決して明るくない。
   → 일본은 확실히 선진국이 될 수 있었지만 그 미래는 결코 밝지 않다.

4. メニューに日本語が書いてあるので安心です。
   → 메뉴에 일본어가 적혀 있어서 안심입니다.

5. 営業時間をお間違えないようご予約ください。
   → 영업시간을 틀리지 않도록 예약해 주세요.

어휘 표현

□ 乗る 타다　□ ～ば…ほど ～면…수록　□ お得 이득　□ 定期券 정기권　□ 故障 고장
□ 先進国 선진국　□ ～ものの ～이지만　□ 先行き 미래　□ 決して 결코
□ 明るい 밝다　□ 安心 안심　□ 営業 영업　□ 予約 예약

unit. 13 駅

응용표현 풀이

1. 乗れば乗るほどお得な定期券です。

→ 타면 탈수록 득이 되는 정기권입니다.

「〜ば…ほど」는「〜면…수록」이라는 의미입니다. 많이 사용하는 표현이므로 두 개의 예문을 보겠습니다.
「お酒は飲めば飲むほど強くなると言われています:술은 마시면 마실수록 강해진다고 합니다」
「お金はあればあるほど安心です:돈은 있으면 있을수록 안심입니다」입니다.

2. 電話が故障しているみたいです。

→ 전화가 고장난 것 같습니다.

「〜みたいだ」는「〜인 것 같다」는 의미라고 앞에서 배웠습니다. 주로「주관적」인 개념으로 사용합니다. 한 개의 예문을 보겠습니다.
「毎日ゴミみたいな生活をしている:매일 쓰레기 같은 생활을 하고 있다」입니다.

3. 日本は確かに先進国になれたものの、その先行きは決して明るくない。

→ 일본은 확실히 선진국이 될 수 있었지만 그 미래를 결코 밝지 않다.

「確かに」는「확실히」라는 의미이지만,「確か」는「아마」라는 뜻입니다. 그리고「〜ものの」는「〜이지만」이라는「역접관계」를 나타냅니다. 각각의 예문을 보겠습니다.
「会長が亡くなったのは確か去年の冬だった:회장이 죽었던 것은 아마 작년의 겨울이었다」
「今の会社は給料は安いものの、人間関係がいいので満足している:지금의 회사는 급료는 싸지만, 인간관계가 좋아서 만족하고 있다」입니다.

4. メニューに日本語が書いてあるので安心です。

→ 메뉴에 일본어가 적혀 있어서 안심입니다.

「타동사+てある」는 「상태표현」이라고 앞에서 공부한 것입니다. 한 개의 예문을 보겠습니다.

「壁に絵がかけてある:벽에 그림이 걸려 있다」입니다.

5. 営業時間をお間違えないようご予約ください。

→ 영업시간을 틀리지 않도록 예약해 주세요.

「〜よう」는 「〜ように」가 원형이고, 「〜하도록, 〜처럼」이라는 의미입니다. 두 개의 예문을 보겠습니다.

「大学に合格できるように神社でお祈りをした:대학에 합격할 수 있도록 신사에서 기원을 했다」

「彼のようになるのが夢だ:그처럼 되는 것이 꿈이다」입니다.

unit. 13 駅

어휘연습

어휘	읽기	의미
緑色		
確かに		
定期券		
先進国		
先行き		
故障		

작문연습

1. 야마노테센은 순환선이어서 종점이 없다.

2. 지진경보로 현 내의 모든 전철이 멈춰 버렸다.

3. 노란색 선 안쪽에서 전철을 기다려 주세요.

 문제풀이

어휘	읽기	의미
緑色	みどりいろ	초록색
確かに	たしかに	확실히
定期券	ていきけん	정기권
先進国	せんしんこく	선진국
先行き	さきゆき	미래
故障	こしょう	고장

1. 山手線(やまのてせん)は循環線(じゅんかんせん)なので終点(しゅうてん)がない。

2. 地震警報(じしんけいほう)で県内(けんない)の全(すべ)ての電車(でんしゃ)が止(と)まってしまった。

3. 黄色(きいろ)い線(せん)の内側(うちがわ)で電車(でんしゃ)を待(ま)ってください。

unit. 14 改札口

본문회화

金　　：　「中央改札」はどこですか。

島津　：　中央改札ですか。向こうに見えるのが「中央改札」です。

金　　：　あそこの大きな改札ですか。

島津　：　そうです。黄色い標識の真ん中に、「中央改札」と書かれています。

金　　：　見えました。確かに「中央改札」ですね。

島津　：　中央改札からどこに行かれるのですか。

金　　：　東口に行きたいです。

島津　：　それでは改札を出られて、右側に進んでください。

어휘 표현

- 改札口(かいさつぐち) 개찰구
- 中央(ちゅうおう) 중앙
- 向こう(むこう) 건너편
- 黄色い(きいろい) 노랗다
- 真ん中(まんなか) 한가운데
- 確かに(たしかに) 확실히
- 東口(ひがしぐち) 동쪽 개찰구
- 右側(みぎがわ) 우측
- 進む(すすむ) 나아가다

 **본문해석**

김　　　：「중앙 개찰구」는 어디입니까?
시마즈　：중앙 개찰구입니까? 건너편에 보이는 것이「중앙 개찰구」입니다.
김　　　：저곳의 큰 개찰구입니까?
시마즈　：그렇습니다. 노란색의 표지판 한가운데에,「중앙 개찰구」라고 적혀 있습니다.
김　　　：보였습니다. 확실히「중앙 개찰구」이군요.
시마즈　：중앙 개찰구에서 어디로 가시는 것입니까?
김　　　：동쪽 개찰구로 가고 싶습니다.
시마즈　：그럼 개찰구에서 나오셔서 우측으로 가주세요.

 **응용표현**

1. 川の向こうに虹がかかっていた。
　→ 강의 건너편에 무지개가 걸려 있었다.

2. 子供は大きな夢を持っている。
　→ 아이는 큰 꿈을 가지고 있다.

3. 家の真ん中に青空があった。
　→ 집 한 가운데에 푸른 하늘이 있었다.

4. 駅を出てすぐ左にある花屋と駅舎の間の路地を前進すると博物館がある。
　→ 역에서 나와서 바로 왼쪽에 있는 꽃집과 역사 사이의 골목을 전진하면 박물관이 있다.

5. 順調に工事が進んでおります。
　→ 순조롭게 공사가 진행되고 있습니다.

어휘표현

☐ 川(かわ) 강　☐ 虹(にじ) 무지개　☐ 夢(ゆめ) 꿈　☐ 青空(あおぞら) 푸른 하늘　☐ 駅(えき) 역　☐ 花屋(はなや) 꽃집
☐ 駅舎(えきしゃ) 역사　☐ 間(あいだ) 사이　☐ 路地(ろじ) 골목　☐ 前進(ぜんしん) 전진　☐ 博物館(はくぶつかん) 박물관　☐ 順調(じゅんちょう) 순조
☐ 工事(こうじ) 공사

unit. 14 改札口

응용표현 풀이

1. 川の向こうに虹がかかっていた。

→ 강의 건너편에 무지개가 걸려 있었다.

「向こう」는 「건너편」이라는 의미도 있고, 「상대측」이라는 의미도 있습니다. 한 개의 예문을 보겠습니다.
「日本海の向こうに小さい島が見えました:일본해의 건너편에 작은 섬이 보였습니다」 입니다.

2. 子供は大きな夢を持っている。

→ 아이는 큰 꿈을 가지고 있다.

「大きな」와 「大きい」의 차이점에 대해서 알아봅시다. 「大きな」는 「주관적인 개념」이지만, 「大きい」는 「객관적인 개념」입니다. 예를 들어, 「大きな舞台:큰 무대」라고 표현했을 때, 나의 눈에는 큰 무대처럼 보이지만, 다른 사람의 시선에는 작게 보일 수도 있습니다. 따라서 누가 보아도 큰 것일 경우에는 「大きい」를 사용하지만, 본인만 크게 느낄 경우는 「大きな」를 사용합니다. 마찬가지로 「작다」도 객관적인 개념은 「小さい」이고, 주관적인 개념은 「小さな」입니다.

3. 家の真ん中に青空があった。

→ 집 한 가운데에 푸른 하늘이 있었다.

「真ん中」는 「한가운데」라는 의미인데, 관련된 어휘를 보겠습니다. 「真夜中:한밤중」, 「真っ赤:새빨간」, 「真っ青:새파란」 「真っ昼間:한낮」입니다.

4. 駅を出てすぐ左にある花屋と駅舎の間の路地を前進すると博物館がある。

→ 역에서 나와서 바로 왼쪽에 있는 꽃집과 역사 사이의 골목을 전진하면 박물관이 있다.

「역에서 나와서」라는 문장인데, 「駅を出て」라고 조사 「を」를 사용하는 이유는 「출발지」를 나타내는 경우는 조사 「を」를 사용합니다. 다른 예문을 보겠습니다.

「北口(きたぐち)を出(で)て右(みぎ)に行(い)くと博物館(はくぶつかん)がある:북쪽 개찰구에서 나와서 오른쪽으로 가면 박물관이 있다」입니다.

5. 順調に工事が進んでおります。

→ 순조롭게 공사가 진행되고 있습니다.

「順調(じゅんちょう)に」는 「순조롭게」라는 의미입니다. 한 개의 예문을 보겠습니다.

「物事(ものごと)が順調に進(すす)んでいる時(とき)は気分(きぶん)がいいものだ:만사가 순조롭게 진행되고 있을 때는 기분이 좋은 법이다」입니다.

unit. 14 改札口

 어휘연습

어휘	읽기	의미
虹		
青空		
駅舎		
路地		
前進		
順調		

 작문연습

1. 중앙 개찰구로 나가는 편이 박물관과 가깝습니다.

2. 도로 건너편에 고등학교 때의 친구가 서 있었다.

3. 역에서 나와서 왼쪽으로 조금 가면 꽃집이 있습니다.

문제풀이

어휘	읽기	의미
虹	にじ	무지개
青空	あおぞら	푸른 하늘
駅舎	えきしゃ	역사
路地	ろじ	골목
前進	ぜんしん	전진
順調	じゅんちょう	순조

1. 中央改札から出た方が博物館と近いです。

2. 道路の向こうに高校時代の友だちが立っていた。

3. 駅を出て左に少し行くと花屋があります。

unit. 15 昇降所と停留所

본문회화

金　　：このあたりのバスの停留所はどこになりますか。

島津　：左側に見えるのが、バスの停留所です。

金　　：確かにバスの停留所が見えます。

島津　：行先はどちらですか。行先によっては、右側に見えるバス停かもしれないです。

金　　：そうなのですか。

島津　：だからバス停に書かれた行先を確認してください。

金　　：わかりました。

島津　：それからバス停に時間表がありますので、時間も確認できます。

어휘 표현

- 昇降所(しょうこうしょ) 승강장
- 停留所(ていりゅうじょ) 정류소
- 左側(ひだりがわ) 좌측
- 確かに(たしかに) 확실히
- 行先(ゆきさき) 행선지
- バス停(ばすてい) 버스 정류장
- 確認(かくにん) 확인
- 時間表(じかんひょう) 시간표

 본문해석

김	: 이 주변의 버스 정류장은 어디에 있습니까?
시마즈	: 좌측에 보이는 것이 버스 정류장입니다.
김	: 확실히 버스 정류장이 보입니다.
시마즈	: 행선지는 어디입니까? 행선지에 따라서는, 우측에 보이는 버스정류장일지도 모릅니다.
김	: 그렇습니까?
시마즈	: 따라서 버스정류장에 적힌 행선지를 확인해 주세요.
김	: 알겠습니다.
시마즈	: 그리고 버스정류장에 시간표가 있으니 시간도 확인할 수 있습니다.

응용표현

1. 日付と行先をご確認の上、該当の便をご確認ください。
   → 날짜와 행선지를 확인하고 나서, 해당 편을 확인해 주세요.

2. インターネットによって、世界中のニュースを知ることができるようになった。
   → 인터넷에 의해서 세계 모든 뉴스를 알 수가 있게 되었다.

3. アフリカに住む作家によって書かれたとても有名な小説です。
   → 아프리카에 사는 작가에 의해서 쓰여진 매우 유명한 소설입니다.

4. ネットワークに問題がないか確かめてください。
   → 네트워크에 문제가 없는지 확인해 주세요.

5. バス停を探したり、現在地周辺のバス停を見つけることができます。
   → 버스정류장을 찾거나, 현지 위치 주변의 버스정류장을 찾을 수가 있습니다.

어휘 표현

☐ 日付 날짜 ☐ 該当 해당 ☐ 便 편 ☐ ～によって ～에 의해서 ☐ 世界中 세계 모든
☐ 住む 거주하다 ☐ 作家 작가 ☐ 有名 유명 ☐ 小説 소설 ☐ 確かめる 확인하다
☐ 探す 찾다 ☐ 現在地 현재 위치 ☐ 周辺 주변 ☐ 見つける 발견하다

昇降所と停留所

응용표현 풀이

1. 日付と行先をご確認の上、該当の便をご確認ください。

→ 날짜와 행선지를 확인하고 나서, 해당 편을 확인해 주세요.

「〜の上」는 「〜하고 나서」라는 의미입니다. 두 개의 예문을 보겠습니다.
「当店へは、ご予約の上、お越しください:당점으로는 예약을 하고 나서 오세요」
「書類に署名の上、ご返送ください:서류에 서명하고 나서 반송해 주세요」입니다.

2. インターネットによって、世界中のニュースを知ることができるようになった。

→ 인터넷에 의해서 세계 모든 뉴스를 알 수가 있게 되었다.

「〜によって」는 「〜에 의해서, 〜에 따라서」라는 의미라고 앞에서 충분히 공부를 하였습니다. 한 개의 예문을 보겠습니다.
「スマホによって、決済までできる時代になった:스마트폰에 의해서 결제까지 할 수 있는 시절이 되었다」입니다.

3. アフリカに住む作家によって書かれたとても有名な小説です。

→ 아프리카에 사는 작가에 의해서 쓰여진 매우 유명한 소설입니다.

「住む」「暮らす」「生きる」를 비교해서 알아봅시다. 「住む」는 「거주하다」, 「暮らす」는 「생활하다」, 「生きる」는 「목숨이 붙어있다」라는 뉘앙스입니다. 세 개의 예문을 보도록 하겠습니다.
「今は大阪に住んでいます:지금은 오사카에서 살고 있습니다」
「引退してから子供と暮らしている:은퇴하고 나서 자식과 생활하고 있다」
「祖父は今年９５歳だが、まだ生きている:할아버지는 올해 95세이지만 아직 살아 있다」입니다.

4. ネットワークに問題がないか確かめてください。

→ 네트워크에 문제가 없는지 확인해 주세요.

「確(たし)かめる」는 「확인하다」라는 의미로서 「確認(かくにん)する」와 같은 뜻입니다. 한 개의 예문을 보겠습니다.

「買(か)い物(もの)のリストを全部(ぜんぶ)確かめました:쇼핑리스트를 전부 확인했습니다」입니다.

5. バス停を探したり、現在地周辺のバス停を見つけることができます。

→ 버스정류장을 찾거나, 현지 위치 주변의 버스정류장을 찾을 수가 있습니다.

「ことができる」는 「할 수가 있다」, 「ことができない」는 「할 수가 없다」는 의미입니다. 각각의 예문 을 보겠습니다.

「一人(ひとり)で行(い)くことができる:혼자서 갈 수가 있다」

「辞書(じしょ)がないと外国語(がいこくご)の勉強(べんきょう)をすることができない:사전이 없으면 외국어 공부를 할 수가 없다」입니다.

unit. 15 昇降所と停留所

어휘연습

어휘	읽기	의미
日付		
行先		
該当		
作家		
小説		
現在地		

작문연습

1. 버스요금은 거리에 따라 비싸집니다.

2. 인터넷으로 예약을 했는데, 확인이 되지 않는다고 말했다.

3. 왕복으로 표를 사면 더욱 싸집니다.

 문제풀이

어휘	읽기	의미
日付	ひづけ	날짜
行先	ゆきさき	행선지
該当	がいとう	해당
作家	さっか	작가
小説	しょうせつ	소설
現在地	げんざいち	현재 위치

1. バス料金は距離によって高くなります。

2. インターネットで予約したが、確認できないと言われた。

3. 往復で切符を買うともっと安くなります。

간판

unit. 1 焼肉屋

본문회화

旅行者 ： 和牛焼肉と書いてありますが、日本産の牛肉のことですか。

ガイド ： はい、そうです。

旅行者 ： 山形牛というのはどういう牛肉ですか。

ガイド ： 山形県名産の牛肉のことです。

旅行者 ： 有名ですか。

ガイド ： はい。とても有名です。でも値段が高いかと思います。

旅行者 ： 手軽な価格の焼肉もありそうですか。

ガイド ： ランチタイムだったら、安い価格のセットメニューがあるようです。

어휘 표현

- 焼肉屋(やきにくや) 불고기 가게
- 和牛(わぎゅう) 와규
- 日本産(にほんさん) 일본산
- 牛肉(ぎゅうにく) 소고기
- 山形牛(やまがたぎゅう) 야마가타 산 소고기
- 名産(めいさん) 명산
- 有名(ゆうめい) 유명
- 値段(ねだん) 가격
- 手軽(てがる)だ 부담 없다
- 価格(かかく) 가격

본문해석

여행자 : 와규 불고기라고 적혀 있는데 일본산 소고기를 말하는 것입니까?
가이드 : 예, 그렇습니다.
여행자 : 야마가타 규라는 것은 어떤 소고기입니까?
가이드 : 야마가타 현 명산의 소고기를 말합니다.
여행자 : 유명합니까?
가이드 : 예. 매우 유명합니다. 하지만 가격이 비쌀 거라고 생각합니다.
여행자 : 부담 없는 가격의 불고기도 있을 것 같습니까?
가이드 : 런치타임이라면, 싼 가격의 세트메뉴가 있는 것 같습니다.

응용표현

1. 東京名産のブルーベリーは今が旬です。
   → 도쿄 명산의 블루베리는 지금이 제철입니다.

2. 被保険者とは誰のことですか。
   → 피보험자라고 하는 것은 누구를 말하는 것입니까?

3. 手軽な価格の食事が揃っています。
   → 부담 없는 가격의 식사가 갖춰져 있습니다.

4. 台風の影響がありそうです。
   → 태풍의 영향이 있을 것 같습니다.

5. この家からいい匂いがする。どうやら晩ご飯はカレーのようだ。
   → 이 집에서 좋은 냄새가 난다. 아무래도 저녁밥은 카레인 것 같다.

어휘 표현

☐ 今 지금 ☐ 旬 제철 ☐ 被保険者 피보험자 ☐ ～とは ～라고 하는 것은 ☐ 食事 식사
☐ 揃う 갖춰지다 ☐ 台風 태풍 ☐ 影響 영향 ☐ 匂い 냄새 ☐ どうやら 아무래도
☐ 晩ご飯 저녁밥

unit. 1 焼肉屋

응용표현 풀이

1. 東京名産のブルーベリーは今が旬です。

→ 도쿄 명산의 블루베리는 지금이 제철입니다.

「旬(しゅん)」은 「제철」이라는 뜻으로 다양하게 사용됩니다. 예문을 보겠습니다.
「時期(じき)ごとに旬の食(た)べ物(もの)が食(た)べられます:시기마다 제철의 음식을 먹을 수 있습니다」
「旬の食材(しょくざい)には豊富(ほうふ)な栄養素(えいようそ)がある:제철 식재료에는 풍부한 영양소가 있다」입니다.

2. 被保険者とは誰のことですか。

→ 피보험자라고 하는 것은 누구를 말하는 것입니까?

「~とは」는 「~というのは」의 줄인 말로 「~라고 하는 것은」이라는 의미입니다. 한 개의 예문을 보겠습니다.
「就活(しゅうかつ)とは、就職活動(しゅうしょくかつどう)のことだ:취할이라는 것은 취직활동을 말하는 것이다」입니다.

3. 手軽な価格の食事が揃っています。

→ 부담 없는 가격의 식사가 갖춰져 있습니다.

「手軽(てがる)だ」는 「부담 없다」는 의미인데, 자주 사용하는 표현이니 암기해 주시기 바랍니다. 한 개의 예문을 보겠습니다.
「手軽にできる体操(たいそう)をご紹介(しょうかい)します:부담 없이 할 수 있는 체조를 소개하겠습니다」입니다.

4. 台風の影響がありそうです。

→ 태풍의 영향이 있을 것 같습니다.

「동사ます형+そうだ」는 「〜할 것 같다」는 의미를 가진 양태표현입니다. 한 개의 예문을 보겠습니다.

「社長も会議に参加しそうだ:사장님도 회의에 참가할 것 같다」입니다.

5. この家からいい匂いがする。どうやら晩ご飯はカレーのようだ。

→ 이 집에서 좋은 냄새가 난다. 아무래도 저녁밥은 카레인 것 같다.

「どうやら」는 「아무래도」라는 의미를 가진 부사로 추측을 나타냅니다. 두 개의 예문을 보겠습니다.

「どうやら、このミルクは腐っているようだ:아무래도 이 우유는 썩은 것 같다」

「どうやら雨が降りそうだ:아무래도 비가 내릴 것 같다」입니다.

unit. 1 焼肉屋

어휘연습

어휘	읽기	의미
名産		
被保険者		
手軽だ		
揃う		
台風		
匂い		

작문연습

1. 일본에서는 소고기, 한국에서는 돼지고기를 파는 가게가 많은 것 같다.

2. 고베규와 미야자키규가 제 입에 맞는 것 같습니다.

3. 고깃집에서 다양한 부위의 소고기를 먹었다.

문제풀이

어휘	읽기	의미
名産	めいさん	명산
被保険者	ひほけんしゃ	피보험자
手軽だ	てがるだ	부담 없다
揃う	そろう	갖춰지다
台風	たいふう	태풍
匂い	におい	냄새

1. 日本では牛肉、韓国では豚肉を売る店が多いようだ。

2. 神戸牛と宮崎牛が私の口に合うようです。

3. 焼肉屋でさまざまな部位の牛肉を食べた。

電気製品

본문회화

旅行者 ： カメラと看板に書いてありますが、ここには電気製品も売っていそうですね。

ガイド ： そうです。昔はカメラ屋だったのですが、今では電気製品もたくさん売っています。

旅行者 ： 大きな文字でTAX FREEと書かれていますが、この店は免税で買い物ができそうですね。

ガイド ： はい、できます。だから外国人のお客さんが多いです。

旅行者 ： それは良かったです。いろいろと買いたいものがあります。

ガイド ： 閉店時間は夜9時と書かれているので、まだ買い物する時間がありそうですよ。

旅行者 ： 本当ですね。ここで少し買い物をしてもいいですか。

ガイド ： どうぞ。ご案内します。

어휘 표현

- ☐ 電気製品 전기제품
- ☐ 看板 간판
- ☐ 昔 옛날
- ☐ 文字 글씨
- ☐ 店 가게
- ☐ 免税 면세
- ☐ 買い物 쇼핑
- ☐ 外国人 외국인
- ☐ 閉店 폐점
- ☐ 夜 저녁
- ☐ 案内 안내

본문해석

여행자 : 카메라라고 간판에 적혀 있습니다만, 여기에는 전기제품도 팔고 있을 것 같군요.
가이드 : 그렇습니다. 옛날에는 카메라 가게였습니다만, 지금은 전기제품도 많이 팔고 있습니다.
여행자 : 큰 글씨로 TAX FREE라고 적혀 있습니다만, 이 가게는 면세로 쇼핑을 할 수 있을 것 같군요.
가이드 : 예, 가능합니다. 그래서 외국인 손님이 많습니다.
여행자 : 그건 다행이군요. 여러 가지 사고 싶은 것이 있습니다.
가이드 : 폐점시간은 저녁 9시라고 적혀 있으니 아직 쇼핑할 시간이 있을 것 같아요.
여행자 : 정말이예요. 여기서 잠시 쇼핑을 해도 되겠습니까?
가이드 : 그렇게 하세요. 안내하겠습니다.

응용표현

1. 明日は海に行く方もたくさんいそうですね。
    → 내일은 바다에 가는 분도 많이 있을 것 같습니다.

2. 免税対象金額は下記の通りです。
    → 면세대상 금액은 하기 대로입니다.

3. いろいろな果物のにおいがする飴がある。
    → 여러 과일의 냄새가 나는 사탕이 있다.

4. 営業時間は変更になる場合がございます。
    → 영업시간은 변경이 되는 경우가 있습니다.

5. こんなにつぼみがふくらんでいますからもうすぐ花が咲きそうです。
    → 이렇게 꽃봉오리가 부풀러 있으니 이제 곧 꽃이 필 것 같습니다.

어휘 표현
- □ 海 바다 □ 方 분 □ 対象 대상 □ 金額 금액 □ 下記 하기 □ ～通り ～대로
- □ 果物 과일 □ におい 냄새 □ 飴 사탕 □ 営業 영업 □ 変更 변경 □ 場合 경우
- □ つぼみ 꽃봉오리 □ ふくらむ 부풀다 □ 花 꽃 □ 咲く 피다

unit. 2 電気製品

응용표현 풀이

1. 明日は海に行く方もたくさんいそうですね。

→ 내일은 바다에 가는 분이 많이 있을 것 같습니다.

「동사ます형+そうだ」는「~할 것 같다」는 의미를 가진 양태표현으로 앞에서 배웠습니다. 그리고「なさそうだ없을 것 같다」,「よさそうだ좋을 것 같다」도 같이 알아두세요.

2. 免税対象金額は下記の通りです。

→ 면세대상 금액은 하기 대로입니다.

「~通(とお)り」는「~대로」라는 의미입니다. 두 개의 예문을 보겠습니다.
「説明書(せつめいしょ)通りに操作(そうさ)してみたが、よく分(わ)からなかった:설명서대로 조작해 보았지만, 잘 몰랐다」
「想像(そうぞう)した通(とお)りの結果(けっか)になった:상상했던 대로의 결과가 되었다」입니다.

3. いろいろな果物のにおいがする飴がある。

→ 여러 과일의 냄새가 나는 사탕이 있다.

「におい」는「일반적인 냄새」이고,「かおり」는「좋은 냄새」입니다. 그리고「くさい」는「안 좋은 냄새가 나다」입니다. 각각의 예문을 보겠습니다.
「何(なに)か怪(あや)しいにおいがする:뭔가 수상한 냄새가 난다」
「心地良(ここちよ)いかおりでリラックスした:기분 좋은 냄새로 릴랙스했다」

4. 営業時間は変更になる場合がございます。

→ 영업시간은 변경이 되는 경우가 있습니다.

「ございます」는 「あります」의 정중한 표현입니다. 즉, 나의 행위에 대해서 사용하면 「겸양표현」이 되지만, 다른 사람의 행위에 대해서 사용하면 「존경표현」이 됩니다. 예를 들어, 상대방에게 시간이 있는지 묻는, 「時間がございますか」는 존경표현이 되지만, 내가 「時間がございません」이라고 하면 겸양표현이 됩니다. 한글의 「말씀」이라는 단어처럼 존경과 겸양을 같이 가지고 있는 어휘입니다.

5. こんなにつぼみがふくらんでいますからもうすぐ花が咲きそうです。
→ 이렇게 꽃봉오리가 부풀러 있으니 이제 곧 꽃이 필 것 같습니다.

「こんなに:이렇게」, 「そんなに:그렇게」, 「あんなに:저렇게」인데, 「どんなに」는 「아무리, 얼마나」라는 의미입니다. 한 개의 예문을 보겠습니다.
「練習がどんなに厳しくても彼女は決して泣かなかった:연습이 아무리 힘들어도 그녀는 결코 울지 않았다」입니다.

unit. 2 電気製品

어휘연습

어휘	읽기	의미
電気製品		
文字		
閉店		
対象		
飴		
変更		

작문연습

1. 면세로 살 수 있는 물건은 정해져 있다.

2. 옛날에는 매우 큰 간판이 걸려 있었지만 지금은 작아졌다.

3. 영업시간 변경에 대한 알림이 현관에 붙어 있었다.

 문제풀이

어휘	읽기	의미
電気製品	でんきせいひん	전기제품
文字	もじ	글자
閉店	へいてん	폐점
対象	たいしょう	대상
飴	あめ	사탕
変更	へんこう	변경

1. 免税で買える物は限られている。

2. 昔はとても大きい看板が掲げてあったが今は小さくなった。

3. 営業時間の変更に関するお知らせが玄関に貼ってあった。

ショッピングモール

本文会話

旅行者 ： あそこのビルにいろんな看板が見えます。

ガイド ： あのビルは、ショッピングモールになっています。

旅行者 ： ではいろんな看板は、ショッピングモールの中に入っているお店の看板ですか。

ガイド ： そうです。たくさんありますね。

旅行者 ： どんな店があるのですか。

ガイド ： スーパー、洋服屋、電気屋、おもちゃ屋、楽器屋、ホームセンターにレストランなどです。

旅行者 ： ホームセンターって何の店ですか。

ガイド ： 家庭用の大工用品や修理用品、キャンプ用品など、家に関するいろいろな物を売っている店です。

旅行者 ： たくさんお店があって面白そうですね。少し立ち寄ってみたいです。

ガイド ： ＯＫです。行ってみましょう。

어휘 표현

- 洋服屋 옷집
- 電気屋 전기점
- おもちゃ屋 장난감 가게
- 楽器屋 악기점
- 家庭用 가정용
- 大工 목수
- 用品 용품
- 修理 수리
- 関する 관하다
- 面白い 재미있다
- 立ち寄る 들르다

본문해석

여행자 : 저 빌딩에 여러 간판이 보입니다.
가이드 : 저 건물은 쇼핑몰이 되었습니다.
여행자 : 그럼 여러 간판은, 쇼핑몰 안에 들어있는 가게의 간판입니까?
가이드 : 그렇습니다. 많이 있군요.
여행자 : 어떤 가게가 있습니까?
가이드 : 슈퍼, 옷 가게, 전기점, 장난감 가게, 악기점, 홈센터에 레스토랑 등입니다.
여행자 : 홈센터라는 것은 무슨 가게입니까?
가이드 : 가정용 목수용품이랑 수리용품, 캠프용품 등, 집에 관한 여러 가지 물건을 팔고 있는 가게입니다.
여행자 : 많은 가게가 있어서 흥미로울 것 같아요. 잠시 들러 보고 싶습니다.
가이드 : 좋습니다. 가 봅시다.

응용표현

1. お菓子などに入っている乾燥剤は再利用できますか。
   → 과자 등에 들어있는 건조제는 재이용할 수 있습니까?

2. たくさんの人が店の前で並んでいた。
   → 많이 사람이 가게 앞에서 줄 서있었다.

3. ホームセンターではさまざまな日用品を売っている。
   → 홈센터에서는 다양한 일용품을 팔고 있다.

4. 育休に関する街頭アンケートを行っております。
   → 육아휴직에 관한 가두 앙케트를 행하고 있습니다.

5. このあたりも面白そうな店が多いようです。
   → 이 주변에도 재미있을 것 같은 가게가 많은 것 같습니다.

어휘 표현

□ お菓子 과자 □ 入る 들어가다 □ 乾燥剤 건조제 □ 再利用 재이용 □ 並ぶ 줄 서다
□ さまざまな 다양한 □ 日用品 일용품 □ 育休 육아휴직 □ 〜に関する 〜에 관한
□ 街頭 가두 □ 行う 행하다 □ このあたり 이 주변

ショッピングモール

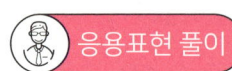 응용표현 풀이

1. お菓子などに入っている乾燥剤は再利用できますか

→ 과자 등에 들어있는 건조제는 재이용할 수 있습니까?

「入る」는 「들어가다」는 자동사이고, 「入れる」는 「넣다」는 타동사입니다. 각각의 예문을 보겠습니다.

「砂糖が入るコーヒーは飲まない:설탕이 들어간 커피는 안 마신다」

「コーヒーはいつも砂糖を入れて飲む:커피는 항상 설탕을 넣어서 마신다」 입니다.

2. たくさんの人が店の前で並んでいた。

→ 많이 사람이 가게 앞에서 줄 서있다.

「たくさん」은 명사와 접속할 때는 항상 「の」가 들어갑니다. 예문을 보겠습니다.

「彼女からたくさんの愛を感じている:그녀로부터 많은 사랑을 느끼고 있다」 입니다.

3. ホームセンターではさまざまな日用品を売っている。

→ 홈센터에서는 다양한 일용품을 팔고 있다.

「さまざまな」는 「다양한」 이라는 의미인데, 「いろんな」와 유사한 뜻입니다. 두 개의 예문을 보겠습니다.

「さまざまな方法を模索した:다양한 방법을 모색했다」

「いろんな国のあいさつについて教わった:여러 나라의 인사에 대해서 배웠다」 입니다.

4. 育休に関する街頭アンケートを行っております。

→ 육아휴직에 관한 가두 앙케트를 행하고 있습니다.

「～に関する」는 「～에 관한」이라는 의미로 「～に関しての」와 같은 뜻입니다 두 개의 예문을 보겠습니다.

「新型コロナウイルス感染症に関する情報をお知らせします:신형 코로나 바이러스 감염증에 관한 정보를 알려드리겠습니다」

5. このあたりも面白そうな店が多いようです。

→ 이 주변에도 재미있을 것 같은 가게가 많은 것 같습니다.

「このあたり」는 「이 주변」이라는 뜻으로 앞에서 공부를 하였습니다. 그리고 「い형용사 어간+そうだ」는 「～인 것 같다」는 의미입니다. 한 개의 예문을 보겠습니다.

「おいしそうなラーメンがあった:먹음직스러운 라면이 있었다」입니다.

unit.3 ショッピングモール

어휘연습

어휘	읽기	의미
乾燥剤		
再利用		
日用品		
育休		
街頭		
行う		

작문연습

1. 캠프용품은 아웃도어를 즐기기 위한 필수품입니다.

2. 한번은 들러 보고 싶은 추천장소를 소개하겠습니다.

3. 전문성이 높은 물건을 사고 싶을 때에 홈센터를 이용하는 사람이 많다.

 문제풀이

어휘	읽기	의미
乾燥剤	かんそうざい	건조제
再利用	さいりよう	재이용
日用品	にちようひん	일용품
育休	いくきゅう	육아휴직
街頭	がいとう	가두
行う	おこなう	행하다

1. キャンプ用品は、アウトドアを楽しむための必需品です。

2. 一度は立ち寄ってみたいおすすめの場所を紹介します。

3. 専門性の高いものを買いたいときにホームセンターを利用する人が多い。

ラーメン屋

본문회화

旅行者 ： あの看板はラーメン屋さんですね。

ガイド ： そうです。でも日本のラーメンはいくつかの種類があるので、よく看板を見てからお店を決めた方が良いですよ。

旅行者 ： どんなラーメン屋があるのですか。

ガイド ： 醤油ラーメン、味噌ラーメン、塩ラーメン、それから、とんこつラーメンです。

旅行者 ： 看板にとんこつと書いてあります。

ガイド ： 本当ですね。この店はとんこつラーメンの専門店ですね。

旅行者 ： とんこつラーメンだったら知っています。この店にしましょう。どうですか。

ガイド ： 私もとんこつラーメンが食べたかったので、大賛成です。

어휘 표현

□ 種類 종류 □ 決める 정하다 □ 醤油 간장 □ 味噌 된장 □ 塩 소금
□ とんこつ 돼지뼈를 우린 국물로 만든 라면 □ 専門店 전문점 □ 大賛成 대찬성

본문해석

여행자 : 저 간판은 라면 가게이군요.
가이드 : 그렇습니다. 하지만 일본의 라면은 몇 갠가의 종류가 있으니, 간판을 잘 보고 나서 가게를 결정하는 편이 좋습니다.
여행자 : 어떤 라면 가게가 있습니까?
가이드 : 간장라면, 된장라면, 소금라면, 그리고 돈코츠라면입니다.
여행자 : 간판에 돈코츠라고 적혀 있습니다.
가이드 : 정말이군요. 이 가게는 돈코츠라면의 전문점이군요.
여행자 : 돈코츠라면이라면 알고 있습니다. 이 가게로 합시다. 어떻습니까?
가이드 : 저도 돈코츠라면을 먹고 싶었기에 대찬성입니다.

응용표현

1. ホームページ制作にはいくつか種類があるんです。
   → 홈페이지제작에는 몇 갠가 종류가 있습니다.

2. 電車を降りてから、切符をなくしたことに気が付きました。
   → 전철을 내리고 나서 표를 잃어버린 것을 알아차렸습니다.

3. できるだけ熱心に仕事をしたほうがいいですよ。
   → 가능한 한 열심히 일을 하는 편이 좋습니다.

4. とんこつラーメンの発祥は実は久留米で、その元祖は「南京千両」というお店です。
   → 돈코츠 라면의 발상은 실은 구루메이고, 그 원조는「난킨센료」라는 가게입니다.

5. 私があなただったら転職します。
   → 내가 당신이라면 전직하겠습니다.

어휘표현

- 制作 제작
- 電車 전철
- 降りる 내리다
- 切符 표
- なくす 잃어버리다
- 気が付く 알아차리다
- できるだけ 가능한 한
- 熱心 열심
- 仕事 일
- 発祥 발상
- 実は 실은
- 元祖 원조
- 転職 전직

unit. 4 ラーメン屋

응용표현 풀이

1. ホームページ制作にはいくつか種類があるんです。

→ 홈페이지제작에는 몇 갠가 종류가 있습니다.

이 문장에는 어려운 표현이 없으므로, 문장에 있는 한자로 다양한 어휘를 공부해 보겠습니다. 「制限:제한」「規制:규제」「操作:조작」「作用:작용」「作業:작업」「作動:작동」 「人類:인류」입니다.

2. 電車を降りてから、切符をなくしたことに気が付きました。

→ 전철을 내리고 나서 표를 잃어버린 것을 알아차렸습니다.

「気が付く」는「알아차리다」라는 의미이고,「気付く」와 같은 뜻입니다. 한 개의 예문을 보겠습니다.
「入院して健康の大事さに気づいた:입원하고 건강의 소중함을 알아차렸다」입니다.

3. できるだけ熱心に仕事をしたほうがいいですよ。

→ 가능한 한 열심히 일을 하는 편이 좋습니다.

「できるだけ」는「가능한 한」이라는 의미입니다. 두 개의 예문을 보겠습니다.
「できるだけ小さくしてください:가능한 한 작게 해 주세요」
「できるだけよい品質のものを作りたい:가능한 한 좋은 품질의 물건을 만들고 싶다」입니다.

4. とんこつラーメンの発祥は実は久留米で、その元祖は「南京千両」というお店です。

→ 돈코츠 라면의 발상은 실은 구루메이고, 그 원조는 「난킨센료」라는 가게입니다.

「実は」는 「실은」이라는 의미이고, 「実に」는 「실로, 참으로」라는 감동을 나타내는 어휘입니다. 각각의 예문을 보겠습니다.

「この携帯は実に使いやすい:이 휴대폰은 실로 사용하기 편하다」
「実は、これが初めての海外旅行だ:실은, 이것이 첫 해외여행이다」입니다.

5. 私があなただったら転職します。

→ 내가 당신이라면 전직하겠습니다.

「명사+だったら」는 「가정형」입니다. 두 개의 예문을 보겠습니다.
「私だったら京都に行きます:나라면 교토에 갑니다」
「君だったらどうする？:너라면 어떻게 할 거야?」입니다.

unit.4 ラーメン屋

어휘연습

어휘	읽기	의미
制作		
切符		
熱心		
発祥		
元祖		
転職		

작문연습

1. 돈코츠라면이 먹고 싶어서 후쿠오카에 가기로 했다.

2. 지역에 따라 좋아하는 라면의 맛이 다릅니다.

3. 러시아인은 진한 맛을 좋아하기 때문에 라면보다 츠께멘을 좋아한다.

문제풀이

어휘	읽기	의미
制作	せいさく	제작
切符	きっぷ	표
熱心	ねっしん	열심
発祥	はっしょう	발상
元祖	がんそ	원조
転職	てんしょく	전직

1. とんこつラーメンが食(た)べたくて福岡(ふくおか)に行(い)くことにした。

2. 地域(ちいき)によって好(この)むラーメンの味(あじ)が違(ちが)います。

3. ロシア人(じん)は濃(こ)い味(あじ)が好(す)きなので、ラーメンよりつけ麺(めん)を好(この)む。

うどん屋

본문회화

旅行者 ： ここはうどん屋ですね。

ガイド ： そうです。看板にはさぬきうどん専門店と書いてあります。

旅行者 ： さぬきうどんだったら、韓国でも知っている人は多いです。

ガイド ： そうなんですね。香川県の特産品です。

旅行者 ： 手打ちって何のことですか。

ガイド ： うどんを手で打って作ると言う意味です。だからこの店の麺は自家製でしょう。

旅行者 ： 「かけうどん」と「ざるうどん」の違いは何ですか。

ガイド ： 「かけうどん」は、温かいスープの中に入ったうどんで、「ざるうどん」は、水で洗った冷たいうどんを冷たく濃いたれで食べるうどんです。

旅行者 ： 「釜揚げうどん」と「ぶっかけ」はどんな料理ですか。

ガイド ： 「釜揚げうどん」は、桶の中のお湯に入ったうどんを、温かく濃いたれにつけて食べます。「ぶっかけ」は、温かい麺をどんぶりに入れて、そこに釜揚げうどんの温かく濃いたれをかけた料理です。

어휘 표현

- □ 専門店(せんもんてん) 전문점
- □ 香川県(かがわけん) 카가와 현
- □ 特産品(とくさんひん) 특산품
- □ 手打ち(てう ち) 수타
- □ 意味(いみ) 의미
- □ 麺(めん) 면
- □ 自家製(じかせい) 자가 제품
- □ 違い(ちがい) 차이
- □ 温かい(あたたかい) 따뜻하다
- □ 水(みず) 물
- □ 洗う(あらう) 씻다
- □ 冷たい(つめたい) 차갑다
- □ 濃い(こい) 진하다
- □ たれ 양념
- □ 釜揚げうどん(かまあげうどん) 카마아게 우동
- □ 料理(りょうり) 요리
- □ 桶(おけ) 통
- □ お湯(ゆ) 뜨거운 물

여행자	: 이곳은 우동가게이군요.
가이드	: 그렇습니다. 간판에는 사누키우동 전문점이라고 적혀 있습니다.
여행자	: 사누키우동이라면 한국에서도 알고 있는 사람은 많습니다.
가이드	: 그래요. 카가와 현의 특산품입니다.
여행자	: 수타라는 것은 무엇입니까?
가이드	: 우동을 손으로 쳐서 만든다는 의미입니다. 그래서 이 가게의 면은 자가 제품이겠죠.
여행자	:「카케우동」과「자루우동」의 차이는 무엇입니까?
가이드	:「카케우동」은 따뜻한 국물 속에 들어있는 우동이고,「자루우동」은, 물로 씻은 차가운 우동을 차갑고 진한 양념으로 먹는 우동입니다.
여행자	:「카마아게우동」과「붓카케」는 어떤 요리입니까?
가이드	:「카마아게우동」은 통 안의 뜨거운 물에 들어간 우동을, 따뜻하고 진한 양념에 찍어서 먹습니다.「붓카케」는, 따뜻한 면을 그릇에 넣어서, 거기에 카마아게우동의 따뜻하고 진한 양념을 뿌린 요리입니다.

1. 地元で人気の名産品から、今話題の特産品まで多数ご紹介しています。
   → 그 지역에서 인기있는 명산품부터 지금 화제의 특산품까지 다수 소개하고 있습니다.

2. 手打ちうどんを自宅で作るための簡単レシピを教えてください。
   → 수타 우동을 자택에서 만들기 위한 간단 레시피를 가르쳐 주세요.

3. そのピアノは濃い褐色の木で作られていました。
   → 그 피아노는 진한 갈색의 나무로 만들어져 있었습니다.

4. 天候、凍結などが原因でお湯が出ない場合もあります。
   → 날씨, 동결 등이 원인으로 뜨거운 물이 나오지 않는 경우도 있습니다.

5. インスタントラーメンをどんぶりと電子レンジで調理する方法が話題を呼んでいます。
   → 인스턴트 라면을 사발과 전자레인지로 조리하는 방법이 화제를 부르고 있습니다.

어휘표현
□ 地元 그 지역 □ 人気 인기 □ 名産品 명산품 □ 話題 화제 □ 特産品 특산품
□ 多数 다수 □ 自宅 자택 □ 簡単 간단 □ 褐色 갈색 □ 木 나무 □ 天候 날씨
□ 凍結 동결 □ 原因 원인 □ どんぶり 사발 □ 電子 전자 □ 調理 조리 □ 方法 방법

うどん屋

응용표현 풀이

1. 地元で人気の名産品から、今話題の特産品まで多数ご紹介しています。

→ 그 지역에서 인기있는 명산품부터 지금 화제의 특산품까지 다수 소개하고 있습니다.
「地元(じもと)」는 「그 지역, 해당 지역」이라는 의미입니다. 예문을 보겠습니다.
「地元の魅力(みりょく)を満喫(まんきつ)できるところを探(さが)している:지역의 매력을 만끽할 수 있는 곳을 찾고 있다」입니다.

2. 手打ちうどんを自宅で作るための簡単レシピを教えてください。

→ 수타 우동을 자택에서 만들기 위한 간단 레시피를 가르쳐 주세요.
「手打(てう)ち」는 「수타」 즉, 「손으로 직접 밀가루를 반죽」한 것을 의미하고, 「手作(てづく)り」는 「수작」 즉, 「손으로 직접 만든 것」을 의미합니다. 예문을 보겠습니다.
「この店(みせ)では手作りのかばんが買(か)える:이 가게에서는 손으로 직접 만든 가방을 살 수 있다」입니다.

3. そのピアノは濃い褐色の木で作られていました。

→ 그 피아노는 진한 갈색의 나무로 만들어져 있었습니다.
「濃(こ)い」는 「진하다」이고, 「薄(うす)い」는 「연하다, 얇다」입니다. 이처럼 「い형용사」는 반대어끼리 암기하면 좋습니다. 한 개의 예문을 보겠습니다.
「ノートブックは薄ければ薄いほど値段(ねだん)が高(たか)い:노트북은 얇으면 얇을수록 가격이 비싸다」입니다.

4. 天候、凍結などが原因でお湯が出ない場合もあります。

→ 날씨, 동결 등이 원인으로 뜨거운 물이 나오지 않는 경우도 있습니다.

어려운 표현이 없는 문장이니 어휘공부를 해 보겠습니다. 「天井(てんじょう):천장」 「好天(こうてん):좋은 날씨」 「気候(きこう): 기후」 「候補者(こうほしゃ):후보자」 「結論(けつろん):결론」 「結果(けっか):결과」 「因果(いんが):인과」 입니다.

5. インスタントラーメンをどんぶりと電子レンジで調理する方法が話題を呼んでいます。

→ 인스턴트 라면을 사발과 전자레인지로 조리하는 방법이 화제를 부르고 있습니다.

「どんぶり」는 「사발」이라는 의미 외에 「덮밥」이라는 의미도 있습니다. 그리고 편의점 등에서 전자레인지로 데워 달라고 할 때는「あたためてください」「チンしてください」라고 합니다. 이 때 「チン」은 전자레인지에서 데우기가 끝났을 때 나는 소리를 나타냅니다.

unit. 5 うどん屋

어휘연습

어휘	읽기	의미
話題		
特産品		
多数		
天候		
凍結		
調理		

작문연습

1. 수타우동이 일반우동보다 조금 비싸다.

2. 자루우동을 파는 전문점이 1년 사이에 부쩍 많아졌다.

3. 지역별로 우동의 맛과 면의 굵기가 다른 것 같다.

 문제풀이

어휘	읽기	의미
話題	わだい	화제
特産品	とくさんひん	특산품
多数	たすう	다수
天候	てんこう	날씨
凍結	とうけつ	동결
調理	ちょうり	조리

1. 手打ちのうどんが一般のうどんより少し高い。

2. ざるうどんを売る専門店が1年の間ぐんと多くなった。

3. 地域ごとにうどんの味とかたさが違うようだ。

unit.6 居酒屋

本文会話

旅行者 ： どの店が居酒屋ですか。

ガイド ： 居酒屋の看板は、はっきりと居酒屋と書いていないことも多いから、少しわかりづらいかもしれないですね。

旅行者 ： どうやって居酒屋だと見分けるのですか。

ガイド ： 居酒屋と書いてある店はもちろんですが、大衆酒場と書いてある店もあります。それから看板のどこかにお酒の名前が書いてあれば、だいたい居酒屋です。

旅行者 ： そうなのですね。

ガイド ： あと看板と一緒に、提灯が飾ってあるお店も居酒屋であることが多いです。

旅行者 ： 提灯は知っています。韓国にある日本風居酒屋でも見かけます。

ガイド ： 韓国にも居酒屋があるのですね。知りませんでした。

어휘 표현

- 居酒屋 이자카야
- はっきりと 확실히
- 동사ます형+づらい ～하기 어렵다
- 見分ける 구분하다
- 大衆酒場 대중 술집
- お酒 술
- 名前 이름
- あと 그리고
- 提灯 초롱
- 飾る 장식하다
- 日本風 일본풍
- 見かける 발견하다

본문해석

여행자 : 어떤 가게가 이자카야입니까?
가이드 : 이자카야의 간판은 확실하게 이자카야라고 적혀 있는 않는 곳도 많으니, 조금 알기 어려울지도 모릅니다.
여행자 : 어떻게 이자카야라고 분간합니까?
가이드 : 이자카야라고 적혀 있는 가게는 물론입니다만, 대중 술집이라고 적혀 있는 가게도 있습니다. 그리고 간판의 어딘가에 술의 이름이 적혀 있으면 대체로 이자카야입니다.
여행자 : 그렇군요.
가이드 : 그리고 간판과 함께 초롱이 장식되어 있는 가게도 이자카야인 경우가 많습니다.
여행자 : 초롱은 알고 있습니다. 한국에 있는 일본풍 이자카야에서도 봤습니다.
가이드 : 한국에도 이자카야가 있군요. 몰랐습니다.

응용표현

1. まだ参加人数がはっきりと決まっていません。
   → 아직 참가 인원수가 확실히 정해지지 않았습니다.

2. ここでは話しづらいと思うから、別のところに行きましょうか。
   → 여기서는 말하기 힘들다고 생각하니 다른 곳으로 갑시다.

3. 大体の金額はいくらぐらいになりますか。
   → 대략적인 금액은 얼마 정도 됩니까?

4. 提灯には様々な絵柄やデザインがあります。
   → 초롱에는 다양한 그림과 디자인이 있습니다.

5. 心を落ち着かせてくれるような日本風のデザインは世界中で大人気です。
   → 마음을 안정시켜 주는 듯한 일본풍의 디자인은 세계 모든 곳에서 대인기입니다.

어휘표현
- 参加(さんか) 참가
- 人数(にんずう) 인원수
- はっきり 확실히
- 決まる(きまる) 정해지다
- 別(べつ) 다른
- 大体(だいたい) 대개, 대체
- 金額(きんがく) 금액
- 様々(さまざま) 다양한
- 絵柄(えがら) 그림
- 心(こころ) 마음
- 落ち着く(おちつく) 안정되다
- 世界中(せかいじゅう) 세계 모든
- 大人気(だいにんき) 대인기

unit.6 居酒屋

응용표현 풀이

1. まだ参加人数がはっきりと決まっていません。

→ 아직 참가 인원수가 확실히 정해지지 않았습니다.

「はっきりと」는 「확실히」라는 의미입니다. 한 개의 예문을 보겠습니다.
「勉強の時間と楽しい時間がはっきりと分かれている:공부시간과 즐거운 시간이 확실히 나뉘어 있다」입니다.

2. ここでは話しづらいと思うから、別のところに行きましょうか。

→ 여기서는 말하기 힘들다고 생각하니 다른 곳으로 갑시다.

「동사ます형+づらい」는 「~하기 어렵다」는 의미입니다. 두 개의 예문을 보겠습니다.
「メガネがないと、新聞が読みづらい:안경이 없으면 신문을 읽기가 어렵다」
「あの話は、うそだった。でも、あの人には、本当のことを言いづらい:그 이야기는 거짓말이었다. 하지만, 저 사람에게는 사실을 말하기 어렵다」입니다.

3. 大体の金額はいくらぐらいになりますか。

→ 대개의 금액은 얼마 정도 됩니까?

「大体」는 「대개, 대체로」라는 의미입니다. 두 개의 예문을 보겠습니다.
「報告書は大体書き終わった:보고서는 대체로 다 썼다」
「私は大体寝る前に歯を磨きます:나는 대체로 자기 전에 이를 닦습니다」입니다.

4. 提灯には様々な絵柄やデザインがあります。

→ 초롱에는 다양한 그림과 디자인이 있습니다.

「提灯」은「초롱」이라는 의미인데, 일본의 가게 앞에 많이 걸려 있습니다. 그리고「絵柄」는「그림」이라는 뜻입니다. 어려운 단어이나 꼭 암기해 주세요.

5. 心を落ち着かせてくれるような日本風のデザインは世界中で大人気です。

→ 마음을 안정시켜 주는 듯한 일본풍의 디자인은 세계 모든 곳에서 대인기입니다.

「〜ような」는「〜같은」이라는 의미이고,「〜ように」는「〜처럼」이라는 의미입니다. 두 개의 예문 을 보겠습니다.

「先生のような方ははじめてだ:선생님과 같은 분은 처음이다」

「彼のようにしてください:그처럼 해 주세요」입니다.

unit. 6 居酒屋

어휘연습

어휘	읽기	의미
大体		
提灯		
絵柄		
大衆		
飾る		
日本風		

작문연습

1. 이자카야에서는 다양한 종류의 요리를 맛볼 수 있다.

2. 가게 안에 들어가서 여기가 이자카야라는 것을 알 수 있었다.

3. 초롱이 장식되어 있는 가게는 옛날의 풍취를 느낄 수 있다.

 문제풀이

어휘	읽기	의미
大体	だいたい	대개, 대체
提灯	ちょうちん	초롱
絵柄	えがら	그림
大衆	たいしゅう	대중
飾る	かざる	장식하다
日本風	にほんふう	일본풍

1. 居酒屋ではさまざまな種類の料理を味わえる。

2. 店の中に入ってここが居酒屋だということが分かった。

3. 提灯が飾ってある店は昔の趣が感じられる。

unit. 7 書店

본문회화

旅行者 ： ここは本屋さんですか。

ガイド ： そうです。

旅行者 ： ローマ字だけの看板なので、何の店なのかよく分かりませんでした。

ガイド ： 本当ですね。昔は「書店」と書かれた店の看板が多かったのですけど、最近は横文字の看板も多いです。

旅行者 ： しかも本だけでなく、お洒落な雑貨や文房具もたくさん売っていますね。

ガイド ： そうですよ。奥には喫茶店もあります。

旅行者 ： 韓国も同じです。でも日本の方がよく本屋を見かけます。

ガイド ： それでも、日本も昔よりは本屋の数が減りました。

어휘 표현

□ 書店(しょてん) 서점 □ 本屋(ほんや) 서점 □ ローマ字(じ) 로마자 □ 昔(むかし) 옛날 □ 最近(さいきん) 최근
□ 横文字(よこもじ) 서양의 언어 □ しかも 게다가 □ ～だけでなく ～뿐만 아니라
□ お洒落(しゃれ)だ 화려하다, 사치스럽다 □ 雑貨(ざっか) 잡화 □ 文房具(ぶんぼうぐ) 문방구 □ 奥(おく) 안쪽
□ 喫茶店(きっさてん) 커피숍 □ 同(おな)じ 같음 □ 見(み)かける 발견하다 □ 数(かず) 수 □ 減(へ)る 줄다

 **본문해석**

여행자	: 이곳은 서점입니까?
가이드	: 그렇습니다.
여행자	: 로마자만 있는 간판이어서 무슨 가게인지 잘 몰랐습니다.
가이드	: 정말이군요. 옛날에는 「서점」이라고 적힌 가게의 간판이 많았습니다만, 최근에는 영어의 간판도 많습니다.
여행자	: 게다가 책분만 아니라, 멋있는 잡화나 문방구도 많이 팔고 있군요.
가이드	: 맞습니다. 안에는 커피숍도 있습니다.
여행자	: 한국도 마찬가지입니다. 하지만 일본 쪽이 서점이 많습니다.
가이드	: 하지만, 일본도 옛날보다는 서점의 수가 줄었습니다.

 **응용표현**

1. 野菜は栄養があります。なので、毎日たくさん食べて下さい。
    → 야채는 영양이 있습니다. 그래서 매일 많이 먹어주세요.

2. 女の子は本当にピンクが好きなのか疑問です。
    → 여자는 정말로 핑크를 좋아하는지 의문입니다.

3. よく履いていたジーンズが最近入らなくなってきたので、ダイエットを始めることにした。
    → 자주 입었던 청바지가 최근 들어가지 않게 되어 다이어트를 시작하기로 했다.

4. 雨があがって太陽が出てきた。しかも、空に虹まで出ている。
    → 비가 그치고 태양이 나왔다. 게다가 하늘에 무지개까지 나와 있다.

5. 工事中の現場をよく見かけます。
    → 공사 중인 현장을 자주 발견합니다.

어휘표현

- □ 野菜 야채 □ 栄養 영양 □ 本当に 정말로 □ 疑問 의문 □ 履く 입다, 신다
- □ 入る 들어가다 □ 始める 시작하다 □ 雨があがる 비가 그치다 □ 太陽 태양
- □ しかも 게다가 □ 空 하늘 □ 虹 무지개 □ 工事中 공사 중 □ 現場 현장

unit. 7 書店

응용표현 풀이

1. 野菜は栄養があります。なので、毎日たくさん食べて下さい。

→ 야채는 영양이 있습니다. 그래서 매일 많이 먹어주세요.

「なので」는「그래서, 때문에」라는 의미이고「だから」와 같은 뜻입니다. 두 개의 예문을 보겠습 니다.

「明日は忘年会だ。なので、帰りが遅くなる:내일은 망년회다. 그래서 귀가가 늦어진다」

「来月の予定が決まらない。だから、まだ返事ができない:다음달의 예정이 정해지지 않는다. 따라서 아직 답변을 할 수가 없다」입니다.

2. 女の子は本当にピンクが好きなのか疑問です。

→ 여자는 정말로 핑크를 좋아하는지 의문입니다.

「な형용사어간+なのか」는「~인지, ~한지」라는 의미입니다. 두 개의 예문을 보겠습니다.

「まずはどれぐらい上手なのか試してみたい:우선은 어느 정도 잘하는지 시험해 보고 싶다」

「なぜ彼らはそんなに親切なのかよくわからない:왜 그들은 그렇게 친절한지 잘 모르겠다」입니다.

3. よく履いていたジーンズが最近入らなくなってきたので、ダイエットを始めることにした。

→ 자주 입었던 청바지가 최근 들어가지 않게 되어 다이어트를 시작하기로 했다.

「~ことにする」는「~하기로 하다」는 의미인데, 다른 예문을 보면,「行くことにしま

す:가기로 합니다」「食(た)べないことにする:안 먹기로 하다」입니다.

4. 雨があがって太陽が出てきた。しかも、空に虹まで出ている。

→ 비가 그치고 태양이 나왔다. 게다가 하늘에 무지개까지 나와 있다.

「しかも」는 「게다가」라는 첨가의 의미를 가진 부사입니다. 같은 표현으로 「それに・おまけに」가 있습니다. 두 개의 예문을 보겠습니다.

「今日(きょう)はとても暑(あつ)い。しかも湿度(しつど)も高(たか)いので何(なに)もする気(き)になれない:오늘은 매우 덥다. 게다가 습도도 높아서 아무 것도 할 마음이 들지 않는다」

「彼はハンサムで頭(あたま)がいい。それに、スポーツも得意(とくい)だ:그는 핸섬하고 머리가 좋다. 게다가 스포츠도 잘 한다」입니다.

5. 工事中の現場をよく見かけます。

→ 공사 중의 현장을 자주 발견합니다.

어려운 문장이 아니니 어휘공부를 해 보겠습니다. 「場面(ばめん):장면」「現場(げんば):현장」「広場(ひろば):광장」「場所(ばしょ):장소」「場合(ばあい):경우」「現在(げんざい):현재」「出現(しゅつげん):출현」입니다.

unit. 7 書店

어휘연습

어휘	읽기	의미
栄養		
疑問		
履く		
太陽		
現場		
雑貨		

작문연습

1. BOOK OFF라는 곳은 중고책을 주로 팔고 있습니다.

2. 지금은 온라인 서점에서 책을 사는 사람이 훨씬 많습니다.

3. 책을 읽는 사람이 적어졌다. 게다가 책을 1년에 한 권도 사지 않는 사람도 있다.

 문제풀이

어휘	읽기	의미
栄養	えいよう	영양
疑問	ぎもん	의문
履く	はく	입다, 신다
太陽	たいよう	태양
現場	げんば	현장
雑貨	ざっか	잡화

1. BOOK OFFというところは中古本を主に売っています。

2. 今はオンライン書店で本を買う人がずっと多いです。

3. 本を読む人が少なくなった。しかも本を1年に1冊も買わない人もいる。

unit.8 古本屋

본문회화

旅行者 ： 「古書」と看板に書いてありますが、ここは古本屋さんですか。

ガイド ： そうです。

旅行者 ： 「買い取ります」とも書いてありますが、何のことですか。

ガイド ： ここで販売する古本を買い取るという意味です。

旅行者 ： そうなのですね。

ガイド ： この店の場合、本や漫画だけでなく、ＣＤ，ＤＶＤ，ゲームの中古品も販売しています。

旅行者 ： 中古とはいえ、いろんなものを売っていて、便利ですね。

ガイド ： はい。私もよく利用します。

어휘 표현

□ 古本屋 고서적 서점　□ 古書 고서　□ 買い取る 매입하다　□ 販売 판매
□ 意味 의미　□ 場合 경우　□ 漫画 만화　□ ～だけでなく ～뿐만 아니라
□ 中古品 중고품　□ ～とはいえ ～라고는 해도　□ 便利 편리　□ 利用 이용

본문해석

여행자 : 「고서」라고 간판에 적혀 있는데 이곳은 고서적 서점입니까?
가이드 : 그렇습니다.
여행자 : 「매입합니다」라고도 적혀 있는데 무슨 뜻입니까?
가이드 : 여기서 판매하는 고서를 사들인다는 의미입니다.
여행자 : 그렇군요.
가이드 : 이 가게의 경우, 책이랑 만화뿐만 아니라, CD, DVD, 게임의 중고품도 판매하고 있습니다.
여행자 : 중고라고는 해도 여러 물건을 팔고 있어서 편리하군요.
가이드 : 예. 저도 자주 이용합니다.

응용표현

1. 古本屋の店主になって１０年が過ぎました。
   → 고서적 서점의 점주가 된 지 10년이 지났습니다.

2. 彼とも一緒に仕事をしたことがあります。
   → 그와도 함께 일을 한 적이 있습니다.

3. 路上販売には警察の許可が必要です。
   → 노상판매에는 경찰의 허가가 필요합니다.

4. この映画はストリーだけでなく、音楽も最高だ。
   → 이 영화는 스토리뿐만 아니라 음악도 최고다.

5. 退院したとはいえ、まだ安静にしてください。
   → 퇴원했다고는 해도 아직 안정해 주세요.

어휘 표현

☐ 店主 점주　☐ 過ぎる 지나다　☐ 一緒 함께　☐ 仕事 일　☐ 路上 노상　☐ 販売 판매
☐ 警察 경찰　☐ 許可 허가　☐ 必要 필요　☐ 映画 영화　☐ 音楽 음악　☐ 最高 최고
☐ 退院 퇴원　☐ 安静 안정

unit.8 古本屋

응용표현 풀이

1. 古本屋の店主になって１０年が過ぎました。

→ 고서적 서점의 점주가 된 지 10년이 지났습니다.

「古本屋ふるほんや」의 읽기에 주의하기 바랍니다. 그리고 문장의 한자를 이용해서 어휘공부를 해 봅시다. 「古文書こもんじょ:고문서」「支店してん:지점」「家主いえぬし:집주인」「地主じぬし:땅주인」「株主かぶぬし:주주」「飼かい主ぬし:사육주」입니다.

2. 彼とも一緒に仕事をしたことがあります。

→ 그와도 함께 일을 한 적이 있습니다.

「동사과거형+ことがある」는「~한 적이 있다」이고,「동사과거형+ことがない」는「~한 적이 없다」입니다. 긍정문과 부정문의 문장을 한 개씩 보겠습니다.
「水泳すいえいを習ならったことがある:수영을 배운 적이 있다」
「会社かいしゃに入はいったことがない:회사에 들어간 적이 없다」입니다.

3. 路上販売には警察の許可が必要です。

→ 노상판매에는 경찰의 허가가 필요합니다.

「許可きょかする:허가하다」는「許ゆるす:용서하다, 허락하다」와 같은 의미입니다. 두 개의 예문을 보겠습니다.
「彼の浮気うわきを許した:그의 바람기를 용서했다」
「子供こどもに一日いちにち３０分ぷんのゲームを許した:아이에게 하루 30분의 게임을 허락했다」입니다.

4. この映画はストリーだけでなく、音楽も最高だ。

→ 이 영화는 스토리뿐만 아니라 음악도 최고다.

「〜だけでなく」는「〜분만 아니라」라는 의미로「〜のみならず」와 같은 의미입니다. 두 개의 예문을 보도록 하겠습니다.

「杉本さんは英語だけでなく、中国語もペラペラだ:스기모토 씨는 영어분만 아니라 중국어도 잘한다」

「この漫画は面白いのみならず、日本の歴史についても学ぶことができる:이 만화는 재미있을 뿐만 아니라 일본의 역사에 대해서도 배울 수가 있다」입니다.

5. 退院したとはいえ、まだ安静にしてください。

→ 퇴원했다고는 해도 아직 안정해 주세요.

「〜とはいえ」는「〜라고는 해도」라는 의미입니다. 두 개의 예문을 보겠습니다.

「日本は安全とはいえ、危ないところもあるので、夜は女性一人で歩かないほうがいい:일본은 안전하다고는 해도, 위험한 곳도 있기 때문에, 밤에는 여성 혼자서 걷지 않는 편이 좋다」

「家族とはいえ、暗証番号は教えてはいけない:가족이라고는 해도 비밀번호는 가르쳐 주어서는 안 된다」입니다.

unit. 8 古本屋

어휘연습

어휘	읽기	의미
古本屋		
店主		
路上		
販売		
退院		
安静		

작문연습

1. 고서적 서점에서 백 년 전에 쓰여진 진귀한 책을 발견했다.

2. 사용하지 않는 CD, DVD, 책을 고서적 서점에 팔았다.

3. 판매하는 모든 물건에는 10%의 소비세가 붙습니다.

문제풀이

어휘	읽기	의미
古本屋	ふるほんや	고서적 서점
店主	てんしゅ	점주
路上	ろじょう	노상
販売	はんばい	판매
退院	たいいん	퇴원
安静	あんせい	안정

1. 古本屋で百年前に書かれた珍しい本を見かけた。

2. 使わないＣＤ、ＤＶＤ、本を古本屋に売った。

3. 販売している全ての物には１０％の消費税がつきます。

unit. 9 駅

본문회화

旅行者 ： 北改札東口はどうやって行くのですか。

通行人 ： エスカレーターの横に北改札と書かれた看板があります。まずはあそこのエスカレーターで上に行ってください。

旅行者 ： 上に行ったらどうすればよいのですか。

通行人 ： 上に北改札があります。北改札から駅の外に出てください。

旅行者 ： 駅の外に出たら、東口は見つかりますか。

通行人 ： 北改札の出口に東口の看板があります。

旅行者 ： なかなか複雑ですね。

通行人 ： そうですね。途中で分からなくなったら、別の人に聞いてください。

어휘 표현

☐ 駅 역　☐ 北改札 북쪽 개찰구　☐ 東口 동쪽 입구　☐ 横 옆　☐ 外 밖
☐ 見つかる 발견되다　☐ 複雑 복잡　☐ 途中 도중　☐ 別 다른

본문해석

여행자 : 북쪽 개찰구 동쪽 입구는 어떻게 갑니까?
통행인 : 에스컬레이터의 옆에 북쪽 개찰구라고 적혀 있는 간판이 있습니다. 우선은 저곳의 에스컬레이터로 위로 가 주세요.
여행자 : 위로 가면 어떻게 하면 되겠습니까?
통행인 : 위에 북쪽 개찰구가 있습니다. 북쪽 개찰구에서 역의 밖으로 나가주세요.
여행자 : 역 밖으로 나가면 동쪽 입구는 보입니까?
통행인 : 북쪽 개찰구의 출구에 동쪽 입구의 간판이 있습니다.
여행자 : 상당히 복잡하군요.
통행인 : 맞아요. 도중에 모르겠다면 다른 사람에게 물어주세요.

응용표현

1. まずは会員登録が必要です。
   → 우선은 회원등록이 필요합니다.

2. どうすればいいのかさっぱり分からない。
   → 어떻게 하면 좋을지 전혀 모르겠다.

3. あのレストランはなかなか予約できない。
   → 저 레스토랑은 좀처럼 예약이 불가능하다.

4. 人の気持ちはとても複雑で繊細です。
   → 사람의 마음은 매우 복잡하고 섬세하다.

5. 彼氏がいるのに別の人が好きになってしまった。
   → 애인이 있는데 다른 사람을 좋아하게 되어버렸다.

어휘 표현

- 会員(かいいん) 회원
- 登録(とうろく) 등록
- 必要(ひつよう) 필요
- さっぱり 전혀
- 分(わ)かる 알다
- なかなか 좀처럼
- 予約(よやく) 예약
- 気持(きも)ち 마음
- 繊細(せんさい) 섬세
- 彼氏(かれし) 애인

unit. 9 駅

응용표현 풀이

1. まずは会員登録が必要です。

→ 우선은 회원등록이 필요합니다.

이 문장은 어려운 표현이 없습니다. 어휘공부를 해 보겠습니다.「人員:인원」「登山:등산」「記録:기록」「必須:필수」「重要:중요」「要点:요점」「要望:요망」입니다.

2. どうすればいいのかさっぱり分からない。

→ 어떻게 하면 좋을지 전혀 모르겠다.

「さっぱり」는「전혀」라는 의미도 있지만,「맛이 담백한 모양」「말쑥한 모양」이라는 의미도 있습니다. 그럼 제 각각의 예를 보겠습니다.
「読んでもさっぱり分からない文章もある:읽어도 전혀 모르겠는 문장도 있다」
「野菜がベースのさっぱりした料理が食べたい:야채를 베이스로 한 담백한 요리를 먹고 싶다」입니다.

3. あのレストランはなかなか予約できない。

→ 저 레스토랑은 좀처럼 예약이 불가능하다.

「なかなか」는 긍정문에 사용할 때는「매우」라는 의미이지만「부정문」에 사용할 때는「좀처럼」이라는 의미입니다. 예문을 통해서 알아볼게요.
「この問題はなかなか難しい:이 문제는 상당히 어렵다」
「あんな親切な人はなかなかいない:저런 친절한 사람은 좀처럼 없다」입니다.

4. 人の気持ちはとても複雑で繊細です。

→ 사람의 마음은 매우 복잡하고 섬세하다.

「複雑:복잡」과 「繊細:섬세」는 둘 다 「な형용사」입니다. 「명사」와 「な형용사」의 구분은 「~하고 있다」는 말을 붙여서 말이 되지 않으면 「な형용사」입니다.

5. 彼氏がいるのに別の人が好きになってしまった。

→ 애인이 있는데 다른 사람을 좋아하게 되어버렸다.

「のに」는 「동사」와 「い형용사」에 접속하여 「~임에도 불구하고」라는 의미입니다. 두 개의 예문을 보겠습니다.

「みんな期待しているのに試験に落ちてしまった:모두 기대하고 있는데 시험에 떨어져 버렸다」

「とても寒いのに半そでを着ている:매우 추운데 반팔을 입고 있다」입니다.

unit.9 駅

어휘연습

어휘	읽기	의미
会員		
登録		
複雑		
繊細		
東口		
横		

작문연습

1. 신주쿠 역은 개찰구가 많아서 어디가 어딘지 모르겠습니다.

2. 길을 잃어 근처의 파출소에 갔습니다.

3. 미도리 창구에서 당일치기 온천여행을 알아보았다.

문제풀이

어휘	읽기	의미
会員	かいいん	회원
登録	とうろく	등록
複雑	ふくざつ	복잡
繊細	せんさい	섬세
東口	ひがしぐち	동쪽 입구
横	よこ	옆

1. 新宿駅は改札口が多くてどこがどこか分かりません。

2. 道に迷って近くの交番に行きました。

3. 緑の窓口で日帰りの温泉旅行を調べた。

デパート（百貨店）

 본문회화

旅行者： あのデパートの看板の横に垂れ幕がたくさん見えますね。

ガイド： 垂れ幕が良い広告になっていますね。

旅行者： 大感謝祭とは何のことですか。

ガイド： 年に１、２回開催される大セールのことです。

旅行者： とても目立つので、嫌でも目につきますね。でも、わかりやすいです。

ガイド： 他にも全国各地の駅弁のイベント販売も開催されていますね。

旅行者： 駅弁って、駅で売っているお弁当のことですか。

ガイド： そうです。たまに全国各地のお弁当がデパートでも買えます。

어휘 표현

- ☐ 百貨店(ひゃっかてん) 백화점
- ☐ 横(よこ) 옆
- ☐ 垂れ幕(たれまく) 현수막
- ☐ 広告(こうこく) 광고
- ☐ 大感謝祭(だいかんしゃさい) 대감사제
- ☐ 開催(かいさい) 개최
- ☐ 目立つ(めだつ) 눈에 띄다
- ☐ 嫌だ(いやだ) 싫다
- ☐ 目につく(めにつく) 돋보이다
- ☐ 全国(ぜんこく) 전국
- ☐ 各地(かくち) 각지
- ☐ 駅弁(えきべん) 역에서 팔고 있는 도시락
- ☐ 販売(はんばい) 판매
- ☐ 弁当(べんとう) 도시락
- ☐ たまに 가끔

본문해석

여행자 : 저 백화점의 간판의 옆에 현수막이 많이 보이는군요.
가이드 : 현수막이 좋은 광고가 되는군요.
여행자 : 대감사제라는 것은 무엇입니까?
가이드 : 년에 한 두번 개최되는 대세일을 말하는 것입니다.
여행자 : 매우 눈에 띄기 때문에 싫어도 돋보입니다. 하지만 이해하기 쉬워요.
가이드 : 그 외에도 전국 각지의 에키벤 이벤트판매도 개최되고 있군요.
여행자 : 에키벤이라고 하면 역에서 팔고 있는 도시락을 말합니까?
가이드 : 그렇습니다. 가끔 전국 각지의 도시락을 백화점에서도 살 수 있습니다.

응용표현

1. 垂れ幕ならネット印刷通販のグラフィックにお任せください。
   → 현수막이라면 인터넷 인쇄 통신판매 그래픽에 맡겨 주세요.

2. 現在、一番人気のある広告について調べました。
   → 현재, 가장 인기가 있는 광고에 대해서 알아보았습니다.

3. 看板が目立つので、車でサッと通り過ぎても、はっきり店名が見えます。
   → 간판이 눈에 띄기 때문에 자동차로 획 지나쳐도 확실히 가게 이름이 보입니다.

4. このテニスコートは広いですから、練習しやすいです。
   → 이 테니스코트는 넓어서 연습하기 편합니다.

5. たまにお酒を飲んでいます。
   → 가끔 술을 마시고 있습니다.

어휘표현
- 印刷 인쇄 □ 通販 통신판매 □ 任せる 맡기다 □ 現在 현재 □ 一番 가장
- 人気 인기 □ 調べる 조사하다 □ 看板 간판 □ サッと 획 □ 通り過ぎる 지나쳐가다
- はっきり 확실히 □ 店名 가게 이름 □ 広い 넓다 □ 練習 연습 □ お酒 술

unit. 10 デパート（百貨店）

 응용표현 풀이

1. 垂れ幕ならネット印刷通販のグラフィックにお任せください。

→ 현수막이라면 인터넷 인쇄 통신판매 그래픽에 맡겨 주세요.

「명사+なら」는 가정형입니다. 그리고 동사에 접속이 될 때는 「행위 전+なら+선택이나 권유, 부탁」일 때 사용합니다. 두 개의 예문을 보겠습니다.

「日本へ留学に行くなら東京のほうがいい:일본에 유학 간다면 도쿄 쪽이 좋다」
「デパートに行くならパンを買ってきてくれ:백화점에 간다면 빵을 사와 줘」입니다.

2. 現在、一番人気のある広告について調べました。

→ 현재, 가장 인기가 있는 광고에 대해서 알아보았습니다.

이 문장은 조금 어렵게 느껴질 수가 있습니다. 왜냐하면 「人気のある広告」라는 문장 때문인데요. 「人気がある広告」라고 하지 않는가 라고 의문을 가질 수가 있는데, 결론적으로 말하자면 둘 다 같은 의미이지만, 일반적인 일본인은 「人気のある広告」라고 합니다. 왜냐하면, 「人気」가 「ある」를 수식하고 「人気がある」는 「広告」를 수식할 때는 조사 「が」를 대신해서 「の」를 사용할 수 있습니다. 다른 예를 들면, 「雨の降る日」인데, 「雨」가 「降る」를 수식하고 「雨が降る」가 「日」를 수식하므로 조사 「が」를 대신해서 「の」를 넣어 「雨の降る日」라고 하는 것입니다.

3. 看板が目立つので、車でサッと通り過ぎても、はっきり店名が見えます。

→ 간판이 눈에 띄기 때문에 자동차로 획 지나쳐도 확실히 가게 이름이 보입니다.

「目立つ」는 「눈에 띄다」라는 의미입니다. 그리고 「サッと」는 「획」이라는 뜻인데, 각각의 예문을 보도록 하겠습니다.
「目立った変化はありません:눈에 띄는 변화는 없습니다」

「サッと風が吹いた:획 바람이 불었다」입니다.

4. このテニスコートは広いですから、練習しやすいです。

→ 이 테니스코트는 넓어서 연습하기 편합니다.

「동사ます형+やすい」는「〜하기 쉽다, 〜하기 편하다」라는 의미로 앞에서 여러 번 배웠습니다. 한 개의 예문을 보겠습니다.

「間違えやすい英語の表現を勉強した:틀리기 쉬운 영어표현을 공부했다」입니다.

5. たまにお酒を飲んでいます。

→ 가끔 술을 마시고 있습니다.

「たまに」는「가끔」이라는 의미이고,「たまたま」는「가끔, 우연히」라는 두 개의 의미를 가지고 있습니다. 한 개의 예문을 보겠습니다.

「たまには会いに来て下さい:가끔은 만나러 와 주세요」입니다.

デパート（百貨店）

어휘연습

어휘	읽기	의미
垂れ幕		
印刷		
通販		
現在		
広告		
看板		

작문연습

1. 현수막이 너무 많아서 운전하는데 방해가 됩니다.

2. 눈에 띄는 간판을 만들기 위해 유명한 디자이너에게 의뢰했다.

3. 역에서 파는 도시락만을 전문적으로 광고하는 회사도 있다.

 문제풀이

어휘	읽기	의미
垂れ幕	たれまく	현수막
印刷	いんさつ	인쇄
通販	つうはん	통신판매
現在	げんざい	현재
広告	こうこく	광고
看板	かんばん	간판

1. 垂れ幕が多すぎて運転するのにじゃまになります。

2. 目立つ看板を作るために有名なデザイナーに依頼した。

3. 駅弁だけを専門的に広告する会社もある。

unit. 11 どんぶり屋

본문회화

旅行者 ： 牛丼、かつ丼、親子丼と看板に書かれていますが、丼とはどういう意味ですか。

ガイド ： どんぶり料理のことです。日本には、いろんなどんぶり料理があります。

旅行者 ： ここは、肉料理ばかりですね。小盛、並盛、特盛とは何ですか。

ガイド ： ご飯の量のことです。

旅行者 ： 隣の店は、マグロ丼、海鮮丼、いくら丼と海の料理ばかりのようですね。

ガイド ： どちらもおいしそうですね。

旅行者 ： みんな食べてみたいです。

ガイド ： まず今日食べるどんぶり料理を決めましょう。

어휘 표현

- どんぶり屋 덮밥집
- 牛丼 소고기덮밥
- かつ丼 돈까스덮밥
- 親子丼 닭고기 계란덮밥
- 意味 의미
- 料理 요리
- 肉料理 고기요리
- 小盛 적게 담음
- 並盛 보통으로 담음
- 特盛 특 곱빼기
- ご飯 밥
- 量 양
- 隣 이웃, 근처
- マグロ丼 참치덮밥
- 海鮮丼 해산물덮밥
- いくら丼 연어알덮밥
- 決める 정하다

본문해석

여행자 : 규동, 카쯔동, 오야코동이라고 간판에 적혀 있습니다만, 동이라는 것은 어떤 의미입니까?
가이드 : 덮밥요리를 말합니다. 일본에는 여러 가지 덮밥요리가 있습니다.
여행자 : 이곳은 고기요리뿐이군요. 소량, 보통, 곱빼기라는 것은 무엇입니까?
가이드 : 밥의 양입니다.
여행자 : 옆 가게는, 참치덮밥, 해산물덮밥, 연어알덮밥으로 바다 요리뿐인 것 같군요.
가이드 : 어느 쪽도 먹음직스럽군요.
여행자 : 전부 먹어보고 싶습니다.
가이드 : 우선 오늘 먹을 덮밥요리를 정합시다.

응용표현

1. 伝統を守るってどういうことだろう。
    → 전통을 지키다는 것은 어떤 것일까?

2. いろんな国の挨拶について調べた。
    → 여러 나라의 인사에 대해서 알아보았다.

3. あなたは、他の人の意見に反対してばかりですね。
    → 당신은 다른 사람의 의견에 반대만 하는군요.

4. 彼は兄のような存在だ。
    → 그는 형 같은 존재이다.

5. 魚、肉、どちらも好きです。
    → 생선, 고기, 어느 쪽도 좋아합니다.

어휘 표현

- 伝統 전통 □ 守る 지키다 □ ～って ~라고 하는 것은 □ 国 나라 □ 挨拶 인사
- 調べる 조사하다 □ 他 다른 □ 意見 의견 □ 反対 반대 □ 兄 형 □ 存在 존재
- 魚 생선 □ 肉 고기 □ どちらも 어느 쪽도

どんぶり屋

응용표현 풀이

1. 伝統を守るってどういうことだろう。

→ 전통을 지킨다는 것은 어떤 것일까?

「って」의 표현도 상당히 중요합니다. 이 문장에서는 「というのは」라는 의미인데, 「~라고 하는 것은」이라는 뜻입니다. 그 외에도 다양한 의미가 있지만, 「~라고 하는 것은」이라는 의미만 정확하게 알아둡시다. 두 개의 예문을 보겠습니다..

「東大って、東京大学のことだ:동대라는 것은 도쿄대학을 말한다」
「特技って自分の得意なことという意味だ:특기라는 것은 자신이 잘하는 것이라는 의미이다」 입니다.

2. いろんな国の挨拶について調べた。

→ 여러 나라의 인사에 대해서 알아보았다.

「~について」는 「~에 대해서」라고 앞에서 충분히 공부했습니다. 한 개의 예문만 보겠습니다.

「返品手続きについてお知らせします:반품수속에 대해서 알려드리겠습니다」 입니다.

3. あなたは、他の人の意見に反対してばかりですね。

→ 당신은 다른 사람의 의견에 반대만 하는군요.

「~てばかり」는 「~하기 만」이라는 의미입니다. 두 개의 예문을 보겠습니다.

「ゲームしてばかりいないで宿題しなさい:게임만 하지 말고 숙제해라」
「お父さんは休みの日は寝てばかりいる:아버지는 쉬는 날은 자기만 한다」 입니다.

4. 彼は兄のような存在だ。

→ 그는 형 같은 존재이다.

「~ような」는 「~같은」 이라는 의미로, 앞에서 충분히 공부를 했습니다. 한 개의 예문을 보겠습니다.

「私はチョコレートのような食べ物が好きだ:나는 초콜릿 같은 음식을 좋아한다」 입니다.

5. 魚、肉、どちらも好きです。

→ 생선, 고기, 어느 쪽도 좋아합니다.

「どちらも」 는 「어느 쪽도」 라는 의미로 「양쪽 다」 라는 의미입니다. 한 개의 예문을 보겠습니다.

「杉本さんは英語・フランス語どちらも話せる:스기모토 씨는 영어・프랑스어 양쪽 다 말할 수 있다」 입니다.

unit.11 どんぶり屋

어휘연습

어휘	읽기	의미
牛丼		
小盛		
隣		
伝統		
守る		
存在		

작문연습

1. 다양한 덮밥을 즐기는 것도 일본여행의 즐거움의 하나이다.

2. 덮밥의 양을 원하는 대로 선택할 수 있습니다.

3. 소고기 덮밥을 파는 체인점이 여기저기 있어서 편리하다.

 문제풀이

어휘	읽기	의미
牛丼	ぎゅうどん	소고기덮밥
小盛	こもり	적게 담음
隣	となり	이웃, 근처
伝統	でんとう	전통
守る	まもる	지키다
存在	そんざい	존재

1. さまざまなどんぶりを楽しむのも日本旅行の楽しみの一つだ。

2. どんぶりの量を好きなように選べます。

3. 牛丼を売るチェーン店があちこちあって便利だ。

unit. 12 コンビニ

본문회화

旅行者 ： だいたいのコンビニの看板には、酒、たばこ、銀行ＡＴＭと書かれていますね。

ガイド ： そうです。酒屋とタバコ屋と銀行を兼ねています。

旅行者 ： 特製弁当と書かれていますね。

ガイド ： コンビニのお弁当は意外に種類も多くて、味も想像よりはおいしいと思います。

旅行者 ： それではお弁当屋も兼ねているのですね。

ガイド ： そうです。揚げ物は店で作っているので、いつも温かい唐揚げやポテトが売られています。

旅行者 ： 本当に便利になりましたね。

ガイド ： 昔に比べたら、はるかに便利になりました。

어휘 표현

- だいたい 대부분
- 酒 술
- 銀行 은행
- 酒屋 술집
- 兼ねる 겸하다
- 特製弁当 특제도시락
- 意外 의외
- 種類 종류
- 味 맛
- 想像 상상
- 揚げ物 튀김
- 作る 만들다
- 温かい 따뜻하다
- 唐揚げ 닭튀김
- 便利 편리
- 昔 옛날
- 比べる 비교하다
- はるかに 훨씬

본문해석

여행자 : 대부분의 편의점의 간판에는 술, 담배, 은행 ATM이라고 적혀 있군요.
가이드 : 맞습니다. 술집이랑 담배집과 은행을 겸하고 있습니다.
여행자 : 특제도시락이라고 적혀 있군요.
가이드 : 편의점의 도시락은 의외로 종류도 많고, 맛도 상상보다는 맛있다고 생각합니다.
여행자 : 그럼 도시락집도 겸하고 있군요.
가이드 : 그래요. 튀김은 가게에서 만들고 있기 때문에 언제나 따뜻한 카라아게나 포테이토가 팔리고 있습니다.
여행자 : 정말로 편리해졌군요.
가이드 : 옛날과 비교하면 훨씬 편리해졌습니다.

응용표현

1. 日本語のリスニング練習を兼ねて、日本のドラマやアニメを見ています。
   → 일본어의 리스닝 연습을 겸해서 일본 드라마와 애니메이션을 보고 있습니다.

2. 意外な結果が出て驚きました。
   → 의외의 결과가 나와서 놀랐습니다.

3. 本を読むといつも眠くなるのはなぜか。
   → 책을 읽으면 항상 졸리게 되는 것은 왜일까?

4. 本当に大変な仕事を任せられた。
   → 정말로 힘든 일이 맡겨졌다.

5. 想像をはるかに超えるエンディングだった。
   → 상상을 훨씬 넘는 엔딩이었다.

□ 練習 연습　□ 結果 결과　□ 驚く 놀라다　□ 眠い 졸리다　□ 本当に 정말로
□ 大変だ 힘들다　□ 仕事 일　□ 任せる 맡기다　□ 超える 넘다

unit.12 コンビニ

응용표현 풀이

1. 日本語のリスニング練習を兼ねて、日本のドラマやアニメを見ています。

→ 일본어의 리스닝 연습을 겸해서 일본 드라마와 애니메이션을 보고 있습니다.

「～を兼ねて」는「～을 겸해서」라는 의미입니다. 두 개의 예문을 보겠습니다.
「復習を兼ねて模擬試験に挑戦した:복습을 겸해서 모의시험에 도전했다」
「本日は挨拶を兼ねて、新製品のご紹介に参りました:오늘은 인사를 겸해서 신제품의 소개로 왔습니다」입니다.

2. 意外な結果が出て驚きました。

→ 의외의 결과가 나와서 놀랐습니다.

「驚く」는「놀라다」는 의미로「びっくりする」와 같은 의미입니다. 한 개의 예문을 보겠습니다.
「友だちが事故にあったという話を聞いてびっくりした:친구가 사고를 당했다는 이야기를 듣고 깜짝 놀랐다」입니다.

3. 本を読むといつも眠くなるのはなぜか。

→ 책을 읽으면 항상 졸리게 되는 것은 왜일까?

「なぜ」는「왜」라는 의미이며「どうして」와 같은 의미입니다. 한 개의 예문을 보겠습니다.
「どうして２月だけ２８日しかなくて、日数が変わるのか教えてください:왜 2월만 28일밖에 없고, 일수가 바뀌는 것인지 가르쳐 주세요」입니다.

4. 本当に大変な仕事を任せられた。

→ 정말로 힘든 일이 맡겨졌다.

「任せる」는「맡기다」라는 의미이고「任せられる」는「수동형」입니다. 수동형의 다른 문장 두개를 보겠습니다.

「部長に仕事を頼まれた:부장님께 일을 부탁받았다」
「どろぼうに財布を盗まれた:도둑에게 지갑을 도둑맞았다」입니다.

5. 想像をはるかに超えるエンディングだった。

→ 상상을 훨씬 넘는 엔딩이었다.

「はるかに」는「훨씬」이라는 의미를 가진 부사입니다. 한 개의 예문을 보겠습니다.
「テストの点数は、予想をはるかに上回っていた:테스트 점수는 예상을 훨씬 상회했다」입니다.

unit. 12 コンビニ屋

어휘연습

어휘	읽기	의미
兼ねる		
意外		
結果		
想像		
酒屋		
揚げ物		

작문연습

1. 편의점에서 택배나 공공요금의 지불도 할 수 있습니다.

2. 편의점의 도시락을 즐기는 사람들의 모임도 있을 정도이다.

3. 편의점의 역할이 대지진 후에 점점 더 중요해졌다.

문제풀이

어휘	읽기	의미
兼ねる	かねる	겸하다
意外	いがい	의외
結果	けっか	결과
想像	そうぞう	상상
酒屋	さかや	술집
揚げ物	あげもの	튀김

1. コンビニで宅配便や公共料金も支払えます。

2. コンビニの弁当を楽しむ人々の集まりもあるほどだ。

3. コンビニの役割が大地震の後、ますます大事になった。

unit. 13 お土産屋

본문회화

ガイド ： ここは地元の名産品を売っているお土産屋です。

旅行者 ： いろんなものを売っていそうですね。看板に書かれた全国発送というのはどういう意味ですか。

ガイド ： ここで買ったものを、日本のどこへでも宅急便で送ってくれるという意味です。

旅行者 ： 便利ですね。荷物が増えなくて済むということですね。

ガイド ： あそこに３０００円以上買ったら、送料が無料になると書かれています。

旅行者 ： なるほど。商売が上手ですね。つい３０００円以上買いたくなります。

어휘 표현

- お土産屋(みやげや) 선물 가게
- 地元(じもと) 당 지역
- 名産品(めいさんひん) 명산품
- 全国(ぜんこく) 전국
- 発送(はっそう) 발송
- 宅急便(たっきゅうびん) 택배
- 荷物(にもつ) 짐
- 増(ふ)える 늘다
- 済(す)む 해결되다, 끝나다
- 以上(いじょう) 이상
- 送料(そうりょう) 송료
- 無料(むりょう) 무료
- なるほど 과연
- 商売(しょうばい) 장사
- つい 그만

 본문해석

가이드 : 이곳은 이 지역의 명산품을 팔고 있는 선물 가게입니다.
여행자 : 여러 물건을 팔고 있는 것 같군요. 간판에 적힌 전국발송이라는 것은 어떤 의미입니까?
가이드 : 여기서 산 것을 일본의 어디라도 택배로 보낸 준다는 의미입니다.
여행자 : 편리하군요. 짐이 늘지 않아도 된다는 것이군요.
가이드 : 저기에 3천 엔 이상 사면 송료가 무료가 된다고 적혀 있습니다.
여행자 : 과연. 장사를 잘하는군요. 그만 3천 엔 이상 사고 싶어졌습니다.

 응용표현

1. 地元のおいしい料理をみなさんの手元にお届けします。
   → 지역의 맛있는 요리를 여러분의 수중에 배달하겠습니다.

2. 共同購入・個人宅配でご注文の商品を全国発送できます。
   → 공동 구입・개인 택배로 주문하신 상품을 전국 발송할 수 있습니다.

3. おにぎりはどこへでも持っていくことができます。
   → 주먹밥은 어디라도 들고 갈 수가 있습니다.

4. 先輩が東京を案内してくれた。
   → 선배가 도쿄를 안내해 주었다.

5. 今日は残業せずに済んだ。
   → 오늘은 잔업하지 않고 끝났다.

어휘표현

□ 料理(りょうり) 요리 □ 手元(てもと) 수중 □ 届(とど)ける 배달하다 □ 共同(きょうどう) 공동 □ 購入(こうにゅう) 구입
□ 個人(こじん) 개인 □ 宅配(たくはい) 택배 □ 注文(ちゅうもん) 주문 □ 商品(しょうひん) 상품 □ 全国(ぜんこく) 전국
□ おにぎり 주먹밥 □ 先輩(せんぱい) 선배 □ 案内(あんない) 안내 □ 残業(ざんぎょう) 잔업 □ 〜せずに 〜하지 않고

unit. 13 お土産屋

응용표현 풀이

1. 地元のおいしい料理をみなさんの手元にお届けします。

→ 지역의 맛있는 요리를 여러분의 수중에 배달하겠습니다.

「地元(じもと)」는「그 지역, 해당 지역」이라는 의미라고 앞에서 공부를 했습니다. 그리고「届(とど)ける」는「배달하다」는 타동사이고, 자동사「배달되다」는「届(とど)く」입니다. 한 개의 예문을 보겠습니다.

「先週注文(せんしゅうちゅうもん)したものが今日(きょう)届いた:지난주에 주문한 물건이 오늘 배달되었다」입니다.

2. 共同購入・個人宅配でご注文の商品を全国発送できます。

→ 공동 구입・개인 택배로 주문하신 상품을 전국 발송할 수 있습니다.

한자음 명사로 이루어진 문장입니다. 단어만 알면 충분히 해석할 수 있으니, 어휘공부를 해 보겠습니다.「共通(きょうつう):공통」「購買(こうばい):구매」「配達(はいたつ):배달」「注意(ちゅうい):주의」「文書(ぶんしょ):문서」「商売(しょうばい):장사」「郵送(ゆうそう):우송」입니다.

3. おにぎりはどこへでも持っていくことができます。

→ 주먹밥은 어디라도 들고 갈 수가 있습니다.

「どこへでも」는 직역을 하면「어디에라도」입니다. 따라서「어디라도」라고 해석을 할 수 있습니다. 한 개의 예문을 보겠습니다.

「家(いえ)の犬(いぬ)は私が行(い)くところにはどこへでもついていく:집의 개는 내가 가는 곳에는 어디라도 따라간다」입니다.

4. 先輩が東京を案内してくれた。

→ 선배가 도쿄를 안내해 주었다.

「~てくれる」는 「다른 사람이 나에게 뭔가를 해 주다」는 의미입니다. 두 개의 예문을 보겠습니다.

「私が泣いているとき、彼も一緒に泣いてくれた:내가 울고 있을 때, 그도 함께 울어주었다」

「今まで私に協力してくれた方々に感謝します:지금까지 저에게 협력해 주었던 분들에게 감사합니다」입니다.

5. 今日は残業せずに済んだ。

→ 오늘은 잔업하지 않고 끝났다.

「~せずに」는 「~しないで」와 같은 의미로 「~하지 않고」라는 뜻입니다. 두 개의 예문을 보겠습니다.

「宿題をせずに学校に行ったら先生に怒られました:숙제를 하지 않고 학교에 갔더니 선생님께 혼났습니다」

「体調が悪い時は、無理せずに休んでください:컨디션이 나쁠 때는 무리하지 말고 쉬어주세요」입니다.

unit. 13 お土産屋

어휘연습

어휘	읽기	의미
共同		
購入		
個人		
宅配		
発送		
残業		

작문연습

1. 선물가게에서 친구에게 줄 일본전통의 물건을 샀다.

2. 짐이 너무 많아서 호텔로 택배로 보냈다.

3. 전국발송도 가능하지만, 오키나와와 일부지역은 시간이 걸립니다.

문제풀이

어휘	읽기	의미
共同	きょうどう	공동
購入	こうにゅう	구입
個人	こじん	개인
宅配	たくはい	택배
発送	はっそう	발송
残業	ざんぎょう	잔업

1. お土産屋(みやげや)で友(とも)だちにあげる日本伝統(にほんでんとう)の物(もの)を買(か)った。

2. 荷物(にもつ)が多(おお)すぎてホテルに宅配便(たくはいびん)で送(おく)った。

3. 全国発送(ぜんこくはっそう)もできますが、沖縄(おきなわ)と一部(いちぶ)の地域(ちいき)は時間(じかん)がかかります。

unit. 14 薬局（ドラッグストア）

본문회화

ガイド ： ここはドラッグストアです。

旅行者 ： ドラッグストアと薬局はどう違うのですか。

ガイド ： 日本のドラッグストアは、アメリカのドラッグストアと似ています。薬だけでなく、化粧品や日用雑貨を売っています。

旅行者 ： 本当ですね。洗剤やトイレットペーパーもありますね。

ガイド ： ちょっとしたスーパーです。しかも比較的遅い時間まで営業しています。

旅行者 ： あそこの処方箋受付と書かれた看板は何ですか。

ガイド ： 病院からの処方箋を持っている人のための受付です。

旅行者 ： 本格的な薬局も兼ねているのですね。

어휘 표현

□ 薬局 약국 □ 違う 다르다 □ 似る 닮다 □ 化粧品 화장품 □ 日用 일용
□ 雑貨 잡화 □ 洗剤 세제 □ ちょっとした 자그마한 □ しかも 게다가
□ 比較的 비교적 □ 遅い 늦다 □ 営業 영업 □ 処方箋 처방전 □ 受付 접수
□ 病院 병원 □ 本格的 본격적 □ 兼ねる 겸하다

본문해석

가이드 : 이곳은 드러그스토어입니다.
여행자 : 드러그스토어와 약국은 어떻게 다릅니까?
가이드 : 일본의 드러그스토어는, 미국의 드러그스토어와 닮았습니다. 약뿐만 아니라, 화장품이랑 일용잡화를 팔고 있습니다.
여행자 : 정말이군요. 세제랑 화장실휴지도 있군요.
가이드 : 자그마한 슈퍼입니다. 게다가 비교적 늦은 시간까지 영업하고 있습니다.
여행자 : 저곳의 처방전 접수라고 적힌 간판은 무엇입니까?
가이드 : 병원에서 준 처방전을 가지고 있는 사람을 위한 접수입니다.
여행자 : 본격적인 약국도 겸하고 있는 것이군요.

응용표현

1. あなたはだれかに似ているといわれたことはありますか。
   → 당신은 누군가를 닮았다고 들은 적 있습니까?

2. お礼の気持ちや感謝を込めてちょっとしたプレゼントを渡すことってありますよね。 → 답례의 마음과 감사를 담아서 자그마한 선물을 건네는 것은 있죠.

3. 広い海水浴場ですが、比較的落ち着いた雰囲気で、のんびりと出来ました。 → 넓은 해수욕장입니다만, 비교적 차분한 분위기로 느긋하게 보낼 수가 있었습니다.

4. 受付の具体的な仕事内容について解説します。
   → 접수(처)의 구체적인 업무내용에 대해서 해설하겠습니다.

5. 本格的な夏空が続くようになるのは、８月にずれ込む可能性が高くなっています。 → 본격적인 여름 하늘이 계속되는 것은, 8월로 넘어갈 가능성이 높아졌습니다.

어휘표현

□ お礼 답례, 인사 □ 感謝 감사 □ 込める 담다 □ 渡す 건네다 □ 海水浴場 해수욕장
□ 落ち着く 차분하다 □ 雰囲気 분위기 □ のんびり 느긋함 □ 具体的 구체적
□ 内容 내용 □ 解説 해설 □ 夏空 여름 하늘 □ ずれ込む 그 다음 기한까지 넘어가게 되다 □ 可能性 가능성

간판_第１４課 薬局（ドラッグストア） | 433

unit. 14 薬局（ドラッグストア）

응용표현 풀이

1. あなたはだれかに似ているといわれたことはありますか。

→ 당신은 누군가를 닮았다고 들은 적은 있습니까?

「似る:닮다」는 반드시 조사「に」와 같이 사용하여「~に似ている」라고 표현해야 합니다. 한 개의 예문을 보겠습니다.

「君の姿は私の後輩に似ている:너의 모습은 나의 후배를 닮았다」입니다.

2. お礼の気持ちや感謝を込めてちょっとしたプレゼントを渡すことってありますよね。

→ 답례의 마음과 감사를 담아서 자그마한 선물을 건네는 것은 있죠.

「~を込めて」는「눈에 보이지 않는 무언가를 담아」라는 의미입니다. 두 개의 예문을 보겠습니다.

「感謝の気持ちを込めて、先生に手紙を書いた:감사의 마음을 담아 선생님께 편지를 썼다」

「娘のために毎日愛情を込めてお弁当を作っている:딸을 위해서 매일 애정을 담아 도시락을 싸고 있다」입니다.

3. 広い海水浴場ですが、比較的落ち着いた雰囲気で、のんびりと出来ました。

→ 넓은 해수욕장입니다만, 비교적 차분한 분위기로 느긋하게 보낼 수가 있었습니다.

「のんびり」는「느긋하게, 유유자적」이라는 의미입니다. 한 개의 예문을 보겠습니다.

「疲れているので温泉でのんびり過ごしたい:지쳐서 온천에서 느긋하게 보내고 싶다」입니다.

4. 受付の具体的な仕事内容について解説します。

→ 접수(처)의 구체적인 업무내용에 대해서 해설하겠습니다.

「受付」는 「접수, 접수처」 두 개의 의미를 가지고 있습니다. 「受付先」라고 하면 틀린 표현이 되니 주의하시기 바랍니다. 한 개의 예문을 보겠습니다.

「受付は３階の奥にあります:접수처는 3층의 안쪽에 있습니다」 입니다.

5. 本格的な夏空が続くようになるのは、８月にずれ込む可能性が高くなっています。

→ 본격적인 여름 하늘이 계속되게 되는 것은, 8월로 넘어갈 가능성이 높아졌습니다.

「ようになる」는 「～하게 되다」는 의미인데, 「동사의 기본형」에 접속이 됩니다. 한 개의 예문을 보겠습니다.

「うちの子は一人で自転車に乗れるようになりました:우리집 아이는 혼자서 자전거를 탈 수 있게 되었습니다」 입니다.

unit. 14 薬局（ドラッグストア）

어휘연습

어휘	읽기	의미
感謝		
海水浴場		
比較的		
受付		
解説		
本格的		

작문연습

1. 슈퍼에 가지 않아도 드러그스토어에서 일상용품을 살 수 있습니다.

2. 처방전이 없어도 드러그스토어에서 약을 구입할 수 있습니다.

3. 이 박물관은 본격적인 일본풍 건축의 기술력으로 건설한 건물입니다.

문제풀이

어휘	읽기	의미
感謝	かんしゃ	감사
海水浴場	かいすいよくじょう	해수욕장
比較的	ひかくてき	비교적
受付	うけつけ	접수(처)
解説	かいせつ	해설
本格的	ほんかくてき	본격적

1. スーパーへ行かなくてもドラッグストアで日用品を買うことができます。

2. 処方箋がなくてもドラッグストアで薬が購入できます。

3. この博物館は本格的な和風建築の技術力で建設したビルです。

unit. 15 洋服屋

본문회화

旅行者 ： ここは洋服屋さんですね。

ガイド ： そうです。

旅行者 ： １階はレディース、２階はメンズとキッズと書いてありますね。

ガイド ： １階は婦人服、２階は紳士服と子供服の売り場になっています。

旅行者 ： 今はセール中みたいですね。

ガイド ： 本当ですね。５０％と書かれた赤い張り紙が貼ってあります。

旅行者 ： 一斉処分と書かれた張り紙も見えます。

ガイド ： ラッキーですね。大売出し、大セールという意味です。少しウインドウショッピングでもしていきましょうか。

어휘 표현

- 洋服屋（ようふくや）옷집
- 婦人服（ふじんふく）부인복
- 紳士服（しんしふく）신사복
- 子供服（こどもふく）아동복
- 売り場（うりば）매장
- 赤い（あかい）빨갛다
- 張り紙（はりがみ）벽보
- 貼る（はる）붙이다
- 一斉（いっせい）일제
- 処分（しょぶん）처분
- 大売出し（おおうりだし）대매출
- 意味（いみ）의미

여행자	: 이곳은 옷집이군요.
가이드	: 그렇습니다.
여행자	: 1층은 여자, 2층은 남자와 아이라고 적혀 있군요.
가이드	: 1층은 부인복, 2층은 신사복과 아동복의 매장입니다.
여행자	: 지금은 세일 중인 것 같습니다.
가이드	: 정말이군요. 50%라고 적힌 빨간 벽보가 붙여져 있습니다.
여행자	: 일제 처분이라고 적힌 전단지도 보입니다.
가이드	: 행운입니다. 대매출, 대세일이라는 의미입니다. 조금 아이쇼핑이라고 하고 갑시다.

1. 宝くじ公式サイトにて、全国の宝くじ売り場を探すことができます。
   → 복권 공식사이트에서, 전국의 복권매장을 찾을 수가 있습니다.

2. 明日は晴れるみたいだね。天気予報で言っていたよ。
   → 내일은 맑을 것 같군. 일기예보에서 말했어.

3. 閉店をお知らせする張り紙がありました。
   → 폐점을 알리는 벽보가 있었습니다.

4. お店が開店すると同時に一斉にお客さんが入ってきた。
   → 가게가 개점을 하자 마자 일제히 손님이 들어왔다.

5. この報告書は朝までかかってでも終わらせなければならない。
   → 이 보고서는 아침까지 걸려서 라도 마치지 않으면 안 된다.

어휘 표현

☐ 宝くじ 복권 ☐ 公式 공식 ☐ ~にて ~에서 ☐ 全国 전국 ☐ 探す 찾다
☐ 晴れる 맑다 ☐ 天気予報 일기예보 ☐ 閉店 폐점 ☐ 知らせる 알리다 ☐ 開店 개점
☐ 同時 동시 ☐ お客さん 손님 ☐ 報告書 보고서 ☐ 朝 아침 ☐ 終わる 끝나다

洋服屋

응용표현 풀이

1. 宝くじ公式サイトにて、全国の宝くじ売り場を探すことができます。

→ 복권 공식사이트에서, 전국의 복권매장을 찾을 수가 있습니다.

「にて」는「で」와 같은 의미로「~에서, ~으로」라는 의미입니다. 한 개의 예문을 보겠습니다.「東京にてオリンピックが開催される:도쿄에서 올림픽이 개최된다」입니다.

2. 明日は晴れるみたいだね。天気予報で言っていたよ。

→ 내일은 맑을 것 같군. 일기예보에서 말했어.

「~みたいだ」는「~인 것 같다」라고 앞에서 공부했습니다.「みたい」는「な형용사」활용을 합니다. 두 개의 예문을 보겠습니다.「今年の誕生日も、去年みたいにホテルでパーティーをした:올해의 생일도 작년처럼 호텔에서 파티를 했다」「チョコレートみたいな甘い物は食ると気持ちがよくなる:초콜릿 같은 단 것을 먹으면 기분이 좋아진다」입니다.

3. 閉店をお知らせする張り紙がありました。

→ 폐점을 알리는 벽보가 있었습니다.

「張り紙」는「벽보」라는 의미입니다. 어려운 문장이 없으니 어휘공부를 해 보겠습니다.「閉鎖:폐쇄」「開店:개점」「出張:출장」「膨張:팽창」「紙面:지면」「表紙:표지」입니다.

4. お店が開店すると同時に一斉にお客さんが入ってきた。

→ 가게가 개점을 하자 동시에 일제히 손님이 들어왔다.

「동사현재형+と同時に」는 「~하자 마자」라는 의미이고 「一斉に」는 「일제히」라는 의미입니다. 각각의 예문을 보겠습니다.

「私が電車に乗ると同時に電車のドアが閉まった:내가 전철을 타자 마자 전철의 문이 닫혔다」

「来週の後半に一斉に梅雨入りする可能性がある:다음주의 후반에 일제히 장마철에 들어갈 가능성이 있다」입니다.

5. この報告書は朝までかかってでも終わらせなければならない。

→ 이 보고서는 아침까지 걸려서 라도 마치지 않으면 안 된다.

「~なければならない」는 「~해야 한다」는 의미입니다. 한 개의 예문을 보겠습니다.

「車に乗る時はシートベルトをしなければなりません:자동차를 탈 때는 안전벨트를 매야만 합니다」입니다.

洋服屋

어휘연습

어휘	읽기	의미
宝くじ		
公式		
天気予報		
張り紙		
同時		
一斉に		

작문연습

1. 백화점의 1층에는 각 층의 매장안내의 전단지가 있습니다.

2. 세일기간 중에는 손님이 많기 때문에 조금 빨리 가는 것이 좋습니다.

3. 월급날 전이어서 아이쇼핑으로 백화점을 둘러보았다.

 문제풀이

어휘	읽기	의미
宝くじ	たからくじ	복권
公式	こうしき	공식
天気予報	てんきよほう	일기예보
張り紙	はりがみ	벽보
同時	どうじ	동시
一斉に	いっせいに	일제히

1. デパートの１階には各階の売り場案内のチラシがあります。

2. セール期間中にはお客さんが多いから少し早めに行ったほうがいいです。

3. 給料日の前だったのでウインドウショッピングでデパートを見回った。

초판인쇄_2020년 11월 14일
초판발행_2021년 01월 17일
저자_이장우, 김영민, 모모
펴낸이_이장우
펴낸곳_도서출판 예빈우
표지디자인_손홍림
등 록 일 자_2014년 1월 17일
등록번호_제 398 - 2014 - 000001호
주소_경기도 구리시동구릉로129번길24, 103동 801호 (인창동 성원아파트)
전화_070-8621-0070
홈페이지_www.yebinwoo.com (도서출판예빈우)
         www.leejangwoo.com (이장우닷컴)
이메일_jpt900@hanmail.net

ISBN 979-11-86337-48-6(13730)

Copyright ⓒ 2020 이장우

＊ 이 교재의 내용을 사전 허가없이 전재하거나 복제할 경우 법적인 제재를 받게 됨을 알려 드립니다.
＊ 잘못된 책은 구입하신 서점이나 본사에서 교환해 드립니다.
＊ 정가는 표지에 표시되어 있습니다.